rowohlts monographien

HERAUSGEGEBEN

VON

KURT KUSENBERG

GOTTFRIED KELLER

IN
SELBSTZEUGNISSEN
UND
BILDDOKUMENTEN

DARGESTELLT
VON
BERND BREITENBRUCH

ROWOHLT

Dieser Band wurde eigens für «rowohlts monographien» geschrieben
Den Anhang besorgte der Autor
Herausgeber: Kurt Kusenberg. Redaktion: Beate Möhring
Umschlagentwurf: Werner Rebhuhn
Vorderseite: Gottfried Keller im Alter von 68 Jahren.
Radierung von Karl Stauffer-Bern (Rowohlt Archiv)
Rückseite: Landschaft bei Zürich. Gemälde von Gottfried Keller, 1840
(Sammlung Dr. Max Kühn, Winterthur)

1.–20. Tausend	Februar 1968
21.–25. Tausend	Februar 1971
26.–28. Tausend	Mai 1973
29.–31. Tausend	Juli 1974
32.–34. Tausend	Februar 1976
35.–38. Tausend	Januar 1977

Veröffentlicht im Rowohlt Taschenbuch Verlag GmbH,
Reinbek bei Hamburg, Februar 1968

Gesetzt aus der Linotype-Aldus-Buchschrift
und der Palatino (D. Stempel AG)
Gesamtherstellung Clausen & Bosse, Leck/Schleswig
Printed in Germany
580-ISBN 3 499 50136 8

INHALT

Gottfried Keller. Gemälde von Frank Buchser, 1872

VERTANE JUGEND

Das Leben Gottfried Kellers zu erzählen ist ein leichtes und schwieriges Unterfangen zugleich. Leicht ist es, weil es eine große Anzahl von zeitgenössischen Berichten über ihn gibt, weil eine ganze Reihe solider biographischer Studien getrieben worden sind und weil seine Werke und neuerdings auch seine Briefe nahezu vollständig ediert und ausführlich kommentiert sind. Es ist schwer, weil sein Leben keine rechte Kontur hat, weil es in ihm keine Pikanterien gibt und weil es arm an großen Begegnungen ist. Spät, erst mit 20 Jahren, verläßt er zum erstenmal das Elternhaus, aber nur für knapp drei Jahre, dann noch einmal als Neunundzwanzigjähriger für sieben Jahre; aber während dieser ganzen Zeit ist er fortwährend auf dem Sprung zurück nach Zürich, wo er dann, abgesehen von ganz wenigen und sehr kurzen Reisen, die zweite Hälfte seines Lebens verbringt.

Zwar liebte er die Geselligkeit und hatte einen großen Freundeskreis, aber es sind wohl liebenswürdige und gescheite, jedoch keineswegs überragende und sehr bedeutende Menschen, mit denen er umgeht und korrespondiert, und zu keinem von ihnen hatte er ein besonders intimes Verhältnis. Das wäre mit seinem *verhältnismäßig kleinen Begriff ... in Beziehung auf Freundschaft* nicht vereinbar gewesen: *Es versteht sich bei mir von selbst, daß alle tüchtigen und offenherzigen Leute sich gegenseitig gut sind ... Es mag eine Zeit gegeben haben, wo die großen leidenschaftlichen und idealen Freundschaften gerechtfertigt waren; jetzt aber, glaube ich, sind sie es nicht mehr.*[1*] An ihm ranggleichen Männern ist er, auch wenn er gesellschaftlich mit ihnen bekannt war, meistens vorbeigegangen: an Jacob Burckhardt, der von 1855 bis 1858 in Zürich lehrte, an Conrad Ferdinand Meyer, der fast sein ganzes Leben dort verbrachte.

Leicht fällt die hier geforderte Form der Darstellung auch deshalb, weil Kellers Selbstzeugnisse, außer in den Fällen der dann aber überdeutlichen Stilisierung, bis ins letzte verläßlich sind. Nicht der leiseste Hauch von Schizophrenie trübte sein Bewußtsein, nie verstellte er sich, nie belog er sich selbst. Man lese nur im *Grünen Heinrich* nach, was dort über das *Erkennen und Bekennen der Sündhaftigkeit* steht: *Diese Lehre traf auf eine verwandte Richtung in mir, welche tief in meiner Natur begründet ist, wie in derjenigen jedes ordentlichen Menschen; sie besteht darin, daß man jeden Augenblick sich selbst klaren Wein einschenken soll, nie und in keiner Weise sich blauen Dunst vormachen, sondern das Unzulängliche und Fratzenhafte, das Schwache und Schlimme sich und Andern offen eingestehen.*[2] Schwer dagegen ist es, ein Bild seines wenn nicht widersprüchlichen, so doch sehr komplizierten Charakters zu zeichnen, an dem alle vier Temperamente Anteil zu haben scheinen. In der Jugend überwog das Melancholische und Phlegmatische, mit zunehmendem Alter

---

* Die hochgestellten Ziffern verweisen auf die Anmerkungen S. 164 f.

verstärkt sich die sanguinische Komponente seiner Natur; der ziemlich starke cholerische Einschlag zieht sich durch alle Lebensalter hindurch.

Die fast durchweg sehr langen Zeiträume zwischen Planung und Niederschrift seiner Dichtungen machen es notwendig, eine Biographie des Werkes, wenn man so sagen darf, zu schreiben. Das wird erleichtert durch die verhältnismäßig zahlreichen Äußerungen zum eigenen Schaffen. Dieses in bezug auf die Einzelwerke sinnvolle entwicklungsgeschichtliche Verfahren ist auf das Künstlertum ihres Autors nur schwer anwendbar. Der spät, erst im 24. Lebensjahr beginnende Lyriker gelangt in wenigen Jahren auf die Höhe der Meisterschaft, um dann plötzlich abzubrechen. Der Epiker schreibt seinen ersten größeren Versuch noch später, in der ersten Hälfte seines vierten Lebensjahrzehnts. Aber er beherrscht von Anfang an alle stilistischen und kompositorischen Möglichkeiten. Gleichzeitig skizziert er im Umriß fast alle seine noch folgenden Schriften. Die Geschichte der Epik Kellers ist, wenn man überhaupt von einer solchen sprechen will, die eines oft wiederholten Abstiegs von einer schon zu Beginn erlangten Höhe, die er erst in seinem sechsten Lebensjahrzehnt wieder erreicht und überbietet.

Keller war ein fleißiger Briefschreiber. Wir wissen daher sehr viel über seine späteren Jünglings- und über seine Mannesjahre, die, insoweit es eine Frage des Stoffreichtums ist, leicht darzustellen sind. Über sein Elternhaus sind wir schlecht unterrichtet; es ist deshalb schwer, Genaueres über seine Kindheit zu sagen. Mit dieser aber müssen wir beginnen.

Zunächst einige unerläßliche und sichere Fakten. Gottfried Keller ist am 19. Juli 1819 in Zürich geboren. Seine Eltern stammen beide aus Glattfelden, einer Landgemeinde im Norden des Kantons. Die Vorfahren des Vaters waren Bauern und Handwerker; der Vater selbst hatte eine Drechslerlehre erhalten, war während der Freiheitskriege auf Wanderschaft gewesen und hatte sich in der Fremde Weltläufigkeit und Gewandtheit erworben. Er war tüchtig, phantasievoll und bildungsbeflissen; gleich nach seiner Rückkehr in die Heimat warb er um die über drei Jahre ältere Elisabeth Scheuchzer, die Tochter des Dorfarztes. Diese hatte eine weniger bewegliche und strengere Natur. Ihre Hauptugenden waren Ökonomie und Sparsamkeit.

Unmittelbar nach der Eheschließung zog das Paar nach Zürich, wo es dem Vater bald gelang, sich selbständig zu machen und ein eigenes Haus zu erwerben, das Haus «Zur Sichel» am Rindermarkt, in dem Gottfried Keller aufgewachsen ist. In rascher Folge wurden sechs Kinder geboren, von denen aber nur Gottfried und die um beinahe drei Jahre jüngere Regula am Leben blieben. Der Vater starb schon am 12. August 1824. Der gerade fünfjährige Knabe konnte die Tragweite dieses Unglücks noch nicht ermessen. Der Jüngling und Mann hat sie anscheinend überschätzt, hat er darin doch die Wurzel oder zumindest eine der beiden Wurzeln – über die andere wird noch zu sprechen sein – seiner verfehlten und planlosen Jugend gesehen. *Der*

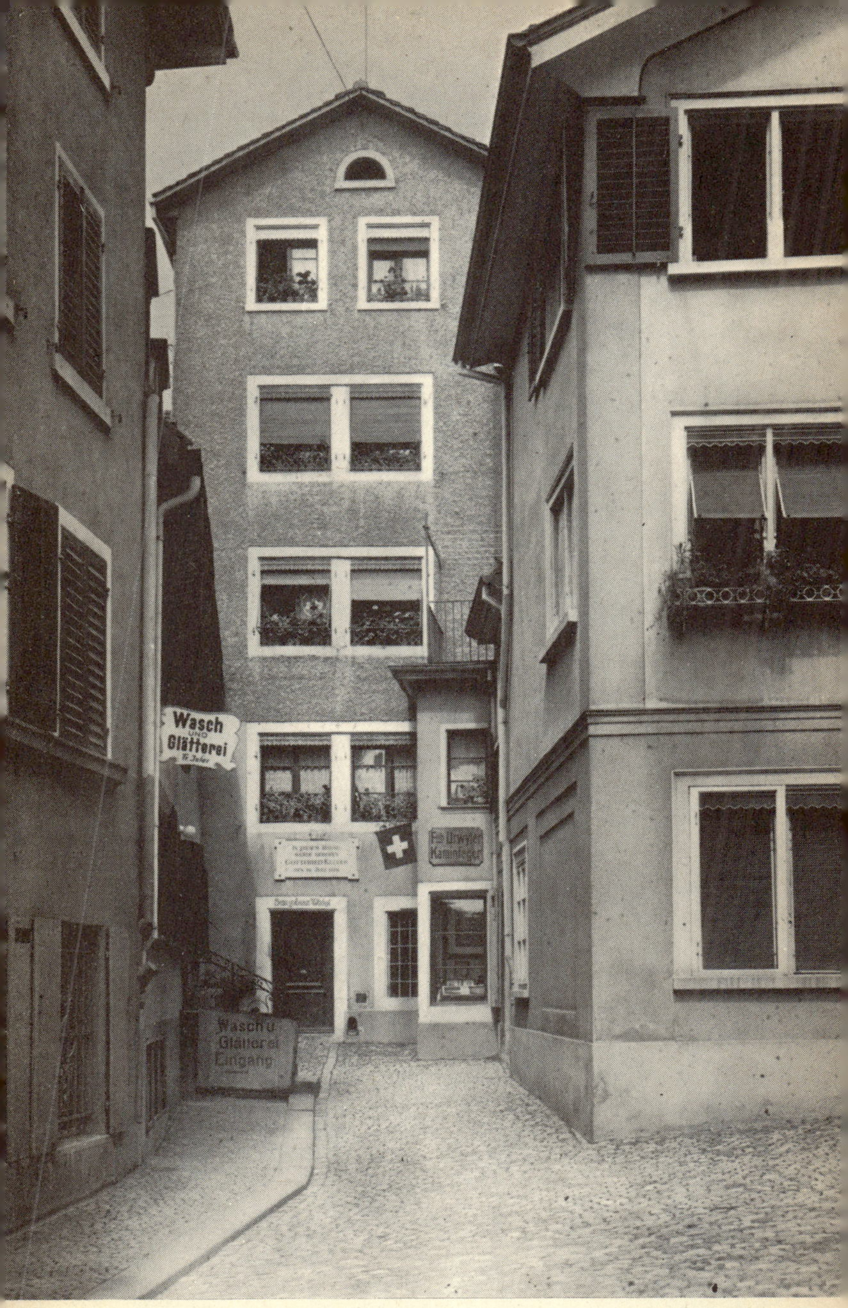

Das Haus «Zum goldenen Winkel» in Zürich, Kellers Geburtshaus

Mensch rechnet immer das, was ihm fehlt, dem Schicksale doppelt so hoch an als das, was er wirklich besitzt; so haben mich auch die langen Erzählungen der Mutter immer mehr mit Sehnsucht und Heimweh nach meinem Vater erfüllt, welchen ich nicht mehr gekannt habe ... Ich kann mich nicht enthalten, so sehr ich die Torheit einsehe, oft Luftschlösser zu bauen und zu berechnen, wie es mit mir gekommen wäre, wenn mein Vater gelebt hätte, und wie mir die Welt in ihrer Kraftfülle von frühester Jugend an zugänglich gewesen wäre ... So aber muß ich mich darauf beschränken, je mehr ich zum Manne werde und meinem Schicksal entgegenschreite, mich zusammenzufassen und in der Tiefe meiner Seele still zu bedenken: Wie würde er nun an deiner Stelle handeln oder was würde er von deinem Tun urteilen, wenn er lebte?[3]

Keller hat nicht nur den Vater entbehren, sondern bis zu seinem fünfzehnten Lebensjahr auch den Stiefvater ertragen müssen. Die fast idyllische, aber auch folgenlose Zweisamkeit mit der Mutter, wie wir sie aus dem *Grünen Heinrich* kennen, ist erfunden; man tut überhaupt gut, den Roman nach einem späteren Zeugnis nur *in den Grundzügen der inneren Erfahrung*[4] autobiographisch zu nehmen. Die Mutter führte das Geschäft ihres Mannes nach dessen Tod weiter und heiratete zwei Jahre später ihren ersten Gesellen Hans Heinrich Wild. Diese Ehe war unglücklich und mußte 1834 wieder geschieden werden. Schwerlich waren es erfreuliche und beglückende Eindrücke, die Keller in einem solchen Elternhaus empfing. Er hat sich darüber nie geäußert, wie es überhaupt nicht seine Art war, anderen mit Dingen und Verhältnissen, die ihn bedrückten, beschwerlich zu fallen. Doch wissen wir, daß er seiner Mutter ihre zweite Eheschließung übelgenommen und darin eine Untreue gegen den geliebten und kaum gekannten Vater gesehen hat. Eine Notiz zum *Grünen Heinrich* aus der Heidelberger Zeit, die im Roman, wohl aus Rücksicht auf die Mutter, keine Entsprechung hat, zwingt zu dieser Annahme: *Die glückliche heitere Jugend der Frau Lee, ihr Liebesverhältnis und ihre Untreue. Die Idee der lebenslänglichen Buße, auch i h r tragisches Schicksal hat eine frühe Schuld zum Träger.*[5]

Die Gestalt der *Frau Regel Amrain* aus der gleichnamigen Novelle von 1855 sollte der Mutter deutlich machen, welches Verhalten der Sohn von ihr erwartet hätte. Auch sie wird von ihrem ersten Gesellen umworben. Aber obwohl sie nicht verwitwet, sondern böswillig von ihrem Mann verlassen und ihm daher auch moralisch nicht zur Treue verpflichtet ist, widerstrebt es ihr, *sich öffentlich und mit schimpflichen Beweisgründen von einem Manne zu trennen, der ihr einmal wohlgefallen und von dem sie drei Kinder hatte; und in der Sorge für diese Kinder wollte sie auch keinen fremden Mann über das Haus setzen ...*[6]

Obwohl der *Grüne Heinrich* die Existenz des Stiefvaters und auch die der Schwester Regula verschweigt, müssen wir ihn für die Hauptquelle von Kellers erstem Lebensjahrzehnt nehmen, ist doch, nach seinem eigenen Zeugnis, *die eigentliche Kindheit, sogar das Anekdo-*

Der Vater: Hans Rudolf Keller. Anonymes Bildnis

tische darin, so gut wie wahr[7]. Und selbst in diesem Verschweigen ist eine Art von Wahrheit enthalten, denn die Aussparung des familiären Bereiches ist ein diskreter Ausdruck dafür, daß der Knabe von daher keine bildenden Einflüsse empfing.

Diese kamen von verschiedenen Seiten, zunächst von der Schule, in die er mit sechs Jahren eintrat. *Ich ... befand mich wohl in derselben, da das erste Lernen rasch aufeinander folgte und, leicht faßlich, täglich fortschritt. Auch die Einrichtung derselben hatte viel Kurzweiliges, ich ging gern und eifrig hinein, sie bildete mein öffentliches Leben und war mir ungefähr, was dem neugierigen Athenien-*

Die Mutter: Elisabeth Keller, geb. Scheuchzer. Anonymes Bildnis

ser die Gerichtsstätte und das Theater. Es war keine öffentliche Anstalt, sondern das Werk eines gemeinnützigen wohltätigen Vereins und dazu bestimmt, bei dem damaligen Mangel guter niedriger Volksschulen, den Kindern dürftiger Leute eine bessere Erziehung zu verschaffen, und hieß daher Armenschule.[8] Über seine Leistungen in dieser Anstalt weiß man nichts, aber bestimmt waren die Anforderungen so elementar, daß er sie spielend bewältigte und bei weitem nicht ausgelastet war. *Wirklich machte mir das Lernen weder Mühe noch Kummer, und ich war, ohne zu wissen wie, zu der Würde herangediehen, die kleineren Genossen unterrichten zu dürfen.*[9]

Auch in der unterrichtsfreien Zeit scheint er sich meistens außerhalb der mütterlichen Wohnung aufgehalten zu haben, bei seinen Schulkameraden und in deren Familien. *Die tatkräftigen und stimmführenden Größen der Bubenwelt ließen meine Nähe immer gelten, nahmen mich in Schutz und entdeckten öfter mit wohlwollender Herablassung, daß ich zu mehrerem zu gebrauchen sei als es den Anschein hatte; einzelne schlossen sich an mich an und blieben mir dann längere Zeit getreu in allerlei Bestrebungen. Ich drang mit den verschiedensten Kindern, je nach Bedürfnis und Laune, in die elterlichen Häuser und war als ein vermeintlich stilles gutes Kind gern gesehen, während ich mir genau den Haushalt und die Gebräuche der armen Leute ansah und dann wieder wegblieb, um mich in mein Hauptquartier bei der Frau Margret zurückzuziehen, wo es am Ende immer am meisten zu sehen gab.*[10]

Die Frau Margret hieß in Wirklichkeit Anna Hotz und wohnte seit 1828 zusammen mit ihrem Mann, dem Trödler Jakob Hotz, im Hause der Mutter. Bei ihr gab es nicht nur alten Hausrat, Waffen, Uhren, Kruzifixe und ähnliches zu sehen, nicht nur *verschiedene Bibeln, alte Kosmographieen mit zahllosen Holzschnitten, fabelgespickte Reisebeschreibungen... nordische, indische und griechische Mythologieen... mit großen zusammengefalteten Kupferstichen*[11], sondern vor allem auch eine Menge zu hören, aus dem Mund der Frau selber und aus dem Mund ihrer zahlreichen Bekannten, die sich abends bei ihr versammelten. Lassen wir Keller selbst sprechen. Frau Margret wurde *bei der Einfachheit und Nüchternheit meiner Mutter, für mich das... was sonst sagenreiche Großmütter und Ammen für stoffbedürftige Kinder sind*[12]*... ich weiß nicht, wie es kam, daß ich mich plötzlich am Tage oft in dem kurzweiligen Gewölbe mitten unter den Geschäftigen und am Abend zu Füßen der Frau sitzen fand, welche mich in große Gunst genommen hatte. Ich zeichnete mich durch meine große Aufmerksamkeit aus, wenn die wunderbarsten Dinge von der Welt zur Sprache kamen*[13]*... ich hatte so die Gelegenheit, unmittelbar aus der Quelle zu schöpfen, was man sonst den Kindern der Gebildeten in eigenen Märchenbüchern zurecht macht. Wenn der Stoff auch nicht so rein und zierlich unbefangen war wie in diesen und nicht für eine so unschuldige kindliche Moral berechnet, so enthielt er nichtsdestoweniger immer eine menschliche Wahrheit und machte... meine Einbildungskraft freilich etwas frühreif und für starke Eindrücke empfänglich, etwa wie die Kinder des Volkes früh an die kräftigen Getränke der Erwachsenen gewöhnt werden, ohne zu verderben. Denn was ich hörte, beschränkte sich nicht allein auf diese übersinnliche Fabelwelt; sondern die Leute besprachen auch auf die leidenschaftlichste Weise ihre eigenen und fremde Schicksale, und hauptsächlich das lange Leben der Frau Margret und ihres Mannes war reich an ernsten und heitern Geschichten, an Beispielen der Gerechtigkeit und Ungerechtigkeit, der Gefahr, Not, Verwicklung und Befreiung; Hunger, Krieg, Aufruhr und Pestilenz hatten sie gesehen; jedoch ihr eigenes Verhältnis zueinander war so sonderbar von*

Leidenschaften bewegt, und es traten so ursprünglich dämonische Gewalten der Menschennatur darin zu Tage, daß ich mit kindlich erstauntem Auge in die wilde Flamme sah und für ein späteres Verständnis schon tiefe Eindrücke empfing.[14]

So wuchs Keller heran als ein sich selbst überlassener, aber aufmerksamer Knabe, zu dessen sorgfältiger Erziehung die Mutter weder besonderes Geschick noch Zeit hatte, denn nach der Aufgabe des Geschäftes hatte sie für zahlreiche Mieter, meist Handwerksburschen, zu sorgen, die von ihr auch verköstigt wurden. Selbst wenn er zu Hause war, hatte er wenig Berührung mit der Familie und beschäftigte sich still mit seiner Steinsammlung, seiner Tiermenagerie und seinem Wachsfigurenkabinett, wie man das im *Grünen Heinrich* nachlesen kann. Es war keine harte Kindheit, aber auch keine glanzvolle und vor allem: eine unkindliche, unbehütete und früh der Gewöhnlichkeit und Banalität der Erwachsenenwelt ausgesetzte. Die zeitige Berührung mit dem Allzumenschlichen mag ihn schon als Kind illusionslos gemacht und seine melancholische Veranlagung gefördert haben; aber auch sein cholerisches Temperament ist schon sehr bald durchgebrochen. Man denke nur daran, wie er seinen Freund, mit dem er um die Wette gelogen und der ihn ungewollt zur Beraubung seines Sparkästchens veranlaßt hatte, in jäh aufflackerndem Zorn verprügelt: er warf *ihn unversehens nieder und schlug ihn mit der Faust ins Gesicht,* und hinterher konnte er *denselben nicht mehr ansehen*[15]. Keine übermütige Rauferei also, wie sie unter Kindern vorkommt, sondern eine unversöhnlichem Groll entspringende und ziemlich rohe Abstrafung.

1831 wurde Keller in das sogenannte Landknabeninstitut aufgenommen, eine höhere Schule, die für die Angehörigen der Landschaft des Kantons – seiner Abstammung nach war er ein solcher und ist es sein Leben lang geblieben – gegründet worden war. Die Abteilung, die er besuchte, bereitete nicht auf gelehrte Studien vor. Sie war *für solche bestimmt, welche sich später dem Gewerb- oder Handelsstande widmen wollten; daher wurde in den niederen Klassen, durch welche ich gelangte, außer dem Deutschen nur Französisch und Italienisch gelehrt*[16]. Welche Vorstellungen die Mutter von dem zukünftigen Beruf ihres Sohnes gehabt hat, als sie ihn dort unterbrachte, ist unklar; jedenfalls war es den Handwerkerfreunden ihres Mannes, mit denen sie immer noch zusammenkam und von denen sie sich bestimmt hat beraten lassen, undenkbar, daß man jemanden aus ihren Kreisen studieren läßt. In dem damals noch sehr provinziellen Zü-

Zürich um 1830

rich – die Stadt zählte nur wenig mehr als 10 000 Einwohner, bekam erst 1833 eine Universität und 1834 die erste stehende Bühne – konnten es sich ohnehin nur begüterte Leute leisten, ihre Söhne auswärts auf eine Hochschule zu schicken.

Kellers Kindheit und noch mehr seine Jugend war von dem Zeitpunkt seines Eintritts in das Landknabeninstitut eine Kette von einem *immerwährenden Mißlingen* seines *Zusammentreffens mit der übrigen Welt*[17]. Er fand sich jetzt in eine neue Umgebung versetzt, in der er sich unterlegen fühlte. Zunächst gesellschaftlich: *Statt wie früher der bestgekleidete und vornehmste meiner Mitschüler zu sein, war ich in meinen grünen Jäckchen, welche ich aufs äußerste ausnutzen mußte, nun einer der unansehnlichsten und bescheidensten, und das nicht nur in Ansehung der Kleidung, sondern auch des Benehmens. Die Mehrzahl der Knaben gehörte dem altherkömmlichen und bewußtvollen Bürgerstande an, einige waren vornehme feine Herrenkinder und einige hinwieder stammten von reichen Dorfmagnaten, alle aber hatten ein sicheres Auftreten und Gebahren, entschiedene Manieren und einen fixen Jargon im Sprechen und Spielen, vor welchem ich blöde und unsicher dastand.*[18] Die Geschichte von der endgültigen Plünderung seines Schatzkästleins, wie sie im *Grünen Heinrich* erzählt wird, mag erfunden sein, aber sie ist bezeichnend für Kellers damals schon ausgebildete lebenslange Unfähig-

Die kantonale Industrieschule
im ehemaligen Chorherrengebäude zum Großmünster.
Zeitgenössische Lithographie

keit, Dürftigkeit und gesellschaftliche Zurücksetzung zu ertragen. Er verschwendet sein Geld, um auf dem Pfingstausflug und nachher einen kurzen Sommer hindurch es mit den Schulkameraden im Zechen und Sich-Gütlichtun aufnehmen zu können.

Auch mit dem Lernen ging es in der neuen Schule nicht so gut voran. *Das einzige Element, in dem ich sicher lebte wie in der Lebensluft, war die Sprache.*[19] Der Hauptakzent jedoch lag, der praktischen Ausrichtung der Anstalt gemäß, auf den Realien. Für diese zeigte Keller nur Sinn, wenn sie in einem größeren Zusammenhang dargeboten wurden, was in dieser Schule anscheinend nicht geschah. *In allen Schulen, wo kein Latein getrieben wird, betrachtet man den Unterricht als einen Dampf, der möglichst rasch durch das Gehirn der Jugend gejagt werden müsse, um wieder zu verfliegen. Dies Ein Mal und nie wieder Hören der Gegenstände, dies regelmäßige und vollkommene Vergessen dessen, was die einzelnen Naturen in den Jahren des Unverstandes nicht ansprach und was sie später doch so gerne wissen möchten, hat etwas Grauenhaftes in sich ... Es sind vielleicht nicht die schlechteren Gewächse der Schule, welche für das, dessen Zweck sie einstweilen nicht einsehen, böswilligst keinen Sinn zeigen und beharrlich darin nichts tun ... Man begann uns Weltgeschichte zu diktieren, und unzählige Namen orientalischer Urvöl-*

ker schwirrten an uns vorüber, während wir gleichzeitig die Geographie von Europa betrieben, von dessen Bewohnern wir nichts vernahmen zu selber Zeit, und als die Sache umgekehrt wurde, hatten die meisten die entsprechende Kenntnis schon gründlich vergessen oder wußten sie nicht anzuwenden; denn eben diese Einsicht kommt erst mit der reiferen Jugend, welcher die Welt anfängt deutlich und wichtig zu werden.[20]

Ab Ostern 1833 war Keller Schüler der neu eröffneten kantonalen Industrieschule. Der *Grüne Heinrich* verschweigt diesen abermaligen Wechsel, ein Zeichen, daß er von da an hinsichtlich des Faktischen immer weniger als Autobiographie gelesen werden darf. Doch im Psychologischen können wir ihm nach wie vor trauen und dürfen das Folgende auf die kurze Zeit, die Keller in der Industrieschule zubrachte, beziehen. *Doch als ich mich ungefähr dem funfzehnten Jahre näherte und die Stimme sich zu verändern begann, brach durch alle Verwirrung hindurch ein helleres Licht; in dem Maße als man uns Heranwachsende ernster, aber auch rücksichtsvoller behandelte, fing an die eigentliche Lernbegierde aufzutauen, und wie ich ahnte, daß alle Kenntnisse wohl ineinander münden und sich zu einem lichten Zwecke verflechten würden, lernte ich die wirkliche und gewissenhafte Mühe kennen, welche nicht nur mit dem Talente spielen, sondern auch mit Lust arbeiten kann.*[21] Er freute sich *auf die höheren Klassen,* besonders auf *die tiefere und ausführlichere Behandlung der Sprache, das Lesen und Erklären von Schriftstellern verschiedener Zungen ...*[22]

Mit dem Studium der romanischen Literaturen war schon begonnen worden. Sein Französischlehrer Johann Schultheß lieh ihm *mit Wohlwollen ehrwürdige Franzbände französischer Klassiker*[23] und leitete ihn bei der Übersetzung des «Don Quijote» *aus dem Französischen des Mr. Florian*[24]. Wir halten diese frühe Bekanntschaft mit der Dichtung der Romanen – bezeugt ist außer der mit Cervantes und den Franzosen allerdings nur die mit Ariost, die ihm sein späterer Lehrer Rudolf Meyer, der «Römer» des *Grünen Heinrich,* vermittelte – für wesentlich. Wir werden noch zu zeigen haben, wie sehr seine eigene Kunst zunehmend romanischem Geist verpflichtet ist.

Keller war im besten Zuge, ein eifriger Lerner zu werden. Seine Schulzeugnisse beweisen das. Er hat lauter erste und zweite Noten. Da erstickte ein harmloser Lausbubenstreich diese hoffnungsvollen Ansätze im Keim. Die aristokratisch gesinnte Jugend der dritten Klasse veranstaltete eine übermütige Demonstration gegen den wegen seiner politischen Radikalität unbeliebten Rechenlehrer Heinrich Egli, die in weiter nichts als in dem gemeinsamen Abholen der Schreibhefte in dessen Wohnung bestand. Keller, der erst in die zweite Klasse ging und zufällig dem Haufen begegnete, wurde zur Teilnahme aufgefordert. Nicht aus Haß gegen den Lehrer, der kränklich und unbeholfen war und mit dem er *ein heimliches Mitleid*[25] hatte, sondern weil seiner lebhaften Phantasie *sogleich gelesene Volks-*

bewegungen und Revolutionsszenen[26] vorschwebten, schlägt er die Bildung eines geordneten Zuges vor. Bei der Untersuchung der kleinen Ausschreitung erschien er deshalb als der eigentliche Rädelsführer und wurde am 9. Juli 1834 von der Schule verwiesen.

Keller ist über dieses ungerechte Urteil nie hinweggekommen und hat in ihm eine Art geistige Hinrichtung gesehen, die er neben seiner Vaterlosigkeit für seine vertane Jugend verantwortlich machte. *Wenn über die Rechtmäßigkeit der Todesstrafe ein tiefer und anhaltender Streit obwaltet, so kann man füglich die Frage, ob der Staat ein Recht hat, ein Kind oder einen jungen Menschen, die gerade nicht tobsüchtig sind, von seinem Erziehungssysteme auszuschließen, zugleich mit in den Kauf nehmen. Gemäß jenem Vorgange wird man mir, wenn ich im späteren Leben in eine ähnliche ernstere Verwicklung gerate, bei gleichen Verhältnissen und Richtern, wahrscheinlich den Kopf abschlagen; denn ein Kind von der allgemeinen Erziehung ausschließen, heißt nichts anderes als seine innere Entwicklung, sein geistiges Leben köpfen.*[27] An Privatunterricht war nicht zu denken, der Mutter fehlten dazu die Mittel. So war er ganz unvermittelt vor die Frage der Berufswahl gestellt.

Keller hat sich immer gegen die Etikettierung als sogenannte Doppelbegabung gewehrt. Leider rechne man ihn *zu jener zweifelhaften Geisterschar, welche mit zwei Pflügen ackert und in den Nachschlagebüchern den Namen «Maler und Dichter» führt. Sie sind es, bei deren Dichtungen der Philister jeweilen beifällig ausruft: Aha, hier sieht man den Maler! und vor deren Gemälden: Hier sieht man den Dichter! Die Naiveren unter ihnen tun sich wohl etwas zugute auf solches Lob; aber andere, die ihren Lessing nicht vergessen, fühlen sich ihr Leben lang davon beunruhigt, und es juckt sie stets irgendwo, wenn man von der Sache spricht. Jene blasen behaglich auf der Doppelflöte fort, diese entsagen bei erster Gelegenheit dem einen Rohr, so leid es ihnen tut.*[28]

Alle Selbstzeugnisse stimmen darin überein, daß sich die schriftstellerische Produktionslust zuerst geregt habe, ja schon von Anfang an da gewesen sei. Der Roman verfolgt das Aufkeimen der dichterischen Phantasie bis in die frühe Kindheit zurück, wobei er den Erlebnissen des Knaben in der Wohnung des Ehepaars Hotz besondere Bedeutung beimißt. *Mit all diesen Eindrücken beladen, zog ich dann über die Gasse wieder nach Hause und spann in der Stille unserer Stube den Stoff zu großen träumerischen Geweben aus, wozu die erregte Phantasie den Einschlag gab. In der Tat muß ich auf diese erste Kinderzeit meinen Hang und ein gewisses Geschick zurückführen, an die Vorkommnisse des Lebens erfundene Schicksale und verwickelte Geschichten anzuknüpfen und so im Fluge heitere und traurige Romane zu entwerfen ...*[29]

Sie verflochten sich in seiner Phantasie so sehr *mit dem wirklichen Leben,* daß er *sie kaum von demselben unterscheiden konnte. Daraus nur kann ich mir unter anderm eine Geschichte erklären, welche ich ungefähr in meinem siebenten Jahre anrichtete und die ich gar nicht begreifen könnte, da die schlimme Art derselben sonst nicht in meinem Wesen liegt und sich zeither auch in keiner Weise wiederholt hat.*[30] Der Knabe wird dabei betroffen, wie er unanständige und rohe Worte vor sich hin murmelt. Gegenüber seinen Lehrern, die ihn deswegen zur Rede stellen, gibt er vor, sie von älteren Schülern gehört zu haben. Farbig und detailliert schildert er, wo, wann und bei welcher Gelegenheit das geschehen ist, so daß man ihm glaubt und die zu Unrecht Beschuldigten hart bestraft werden. Eine erste Ahnung von der Macht des Wortes steigt in ihm auf. *Soviel ich mich dunkel erinnere, war mir das angerichtete Unheil nicht nur gleichgültig, sondern ich fühlte eher noch eine Befriedigung in mir, daß die poetische Gerechtigkeit meine Erfindung so schön und sichtbarlich abrundete, daß etwas Auffallendes geschah, gehandelt und gelitten wurde, und das infolge meines schöpferischen Wortes.*[31]

Im Landknabeninstitut beginnt Keller damit, Gebilde seiner Phantasie schriftlich zu fixieren. *Schon vor Jahren in der ersten Schule hatte ich Orthographie und Interpunktion mir vollkommen angeeignet und wie man sprechen lernt. Nachher hielt meine kleine Schreibkunst mit meiner Erfahrung Schritt, und was ich sagen wollte, konnte ich richtig niederschreiben und wunderte mich, wie gerade dies so viele Schüler in Verzweiflung setzte. Stilkünste und Wendungen merkte ich aus den gelesenen Büchern; was mir, nach meinem jeweiligen Geschmacke, auffiel, das wandte ich aus Nachahmungstrieb an, bis ich besser unterscheiden lernte. Daher fielen meine Aufsätze umfangreich und überschwänglich aus, ich schriftstellerte förmlich darin mit großer Liebhaberei und erschöpfte jedesmal den Stoff nach allen Seiten, soweit der Verstand reichte.*[32]

In diese Zeit fallen auch die ersten dramatischen Stilübungen, die zu einem großen Teil erhalten sind. *Als ich im dreizehnten Jahr mit Nachbarssöhnchen die üblichen Puppenspiele betrieb und die Stücke zu fehlen begannen, erfand und schrieb ich ohne Anstoß sofort eine Anzahl kleiner Dramen, zu denen ich gleich die Szenerien herstellte.*[33] Doch fiel es dem in einem gänzlich unliterarischen Milieu Aufgewachsenen nicht im Traum ein, daß man aus der Schriftstellerei einen Beruf machen könne. *Ich könnte mich nun mit dem besten Willen nicht entsinnen, daß ich bei all diesen von niemand beachteten Schreibereien irgend einen Zukunftszweck oder eine geheime Hoffnung gehegt hätte. Es war vielmehr eine aus sich selbst geborne Übung, die nur um ihrer selbst willen existierte. Als einst das Namensfest eines jungen Mädchens gefeiert wurde und ich meiner kleinen Gabe ein Gedicht beizulegen wünschte, war mir die Angelegenheit so wichtig und feierlich, daß ich gar nicht daran dachte, dergleichen etwa selbst zustande zu bringen, sondern ein kleines Liedchen in einer Anthologie aussuchte und sorgfältig abschrieb.*[34]

Seine Hinwendung zur Malerei dagegen führt Keller nicht auf eine ursprüngliche Anlage, sondern auf eine Reihe von Zufällen zurück. Seine ersten Versuche habe er gemacht, als die Plünderung des Schatzkästchens entdeckt worden war und die Mutter ihm deshalb ernstlich zürnte. *Es waren gerade etwa acht Tage Ferien, ich blieb von selbst im Hause und suchte alle Winkel auf, in denen ich den Frieden und die Ruhe der früheren Tage wiederfand. Ich war gründlich still und traurig, zumal die Mutter ihren Ernst beibehielt, ab- und zuging, ohne vertraulich mit mir zu sprechen ... Unter den Trümmern und Erinnerungen meines verflogenen Wohlstandes befand sich ein großer Farbenkasten, welcher gute Farbentafeln enthielt ... Sie gaben reichliche, gesättigte Tinten, ich fing an, mit selben Versuche anzustellen und lernte sie mischen ... Ich hatte schon längst mit Verwunderung eine alte in Öl gemalte Landschaft betrachtet, welche an unserer Wand hing ... Stundenlang stand ich auf einem Stuhle davor und versenkte den Blick in die abhaltlose Fläche des Himmels und in das unendliche Blattgewirre der Bäume, und es zeugte nicht eben von größter Bescheidenheit, daß ich plötzlich unternahm, das Bild mit meinen Wasserfarben zu kopieren.*[35]

In der Schule galt er *für nichts weniger als für einen talentvollen Zeichner. Monatelang klebte der gleiche Bogen auf meinem Reißbrette, ich quälte mich verdrossen ab, einen kolossalen Kopf oder ein Ornament mit dem magern Bleistifte zu kopieren, Dutzende von Linien wurden ausgelöscht und blieben halb sichtbar, bis die richtige stehen blieb, das Papier wurde beschmutzt und durchgerieben und verkündete einen faulen und verdrießlichen Zeichner. Sobald ich*

Motiv aus Glattfelden mit dem Scheuchzerhaus.
Zeichnung von Gottfried Keller

aber nach Hause kam, warf ich diese Schulkunst beiseite und machte mich mit eifrigem Fleiße hinter meine Hauskunst. Nach jenem ersten Versuche, eine gemalte Landschaft zu kopieren, hatte ich fortgefahren, dergleichen Gebilde in Wasserfarben hervorzubringen; da ich nun aber weiter keine Vorbilder besaß, mußte ich sie auf eigene Faust ins Leben rufen und tat dieses mit anhaltendem und dankbarem Fleiße.[36]

Jetzt sollte der Fünfzehnjährige sich plötzlich für einen Beruf entscheiden. Gelernt hatte er nach seinem späteren Urteil bei seiner *Hauskunst* nichts. Er sei darin *immer auf dem nämlichen Standpunkte gänzlicher Erfahrungs- und Unterrichtslosigkeit*[37] stehengeblieben. Nur weil die *Kunst ... dem halben Kinde als das Buntere und Lustigere erschien*[38] und weil seine *häusliche Beschäftigung ... in letzter Zeit beinahe ausschließlich in Zeichnen und Malen bestanden*[39] hatte, tat er den *vorläufigen Ausspruch*, daß er *ein Maler werden wolle*[40]. Außerdem handelte es sich dabei, im Gegensatz zur Schriftstellerei, *um eine beruflich bestimmte Tätigkeit ... Denn ein «Kunstmaler» zu werden, war, wenn auch schlecht empfohlen, doch immerhin bürgerlich zulässig. Der Zufall, daß nur angebliche Landschafter am Orte zugänglich für mich waren, entschied für die Landschaftsmalerei ...*[41]

Den Spätsommer nach der Ausstoßung aus der Schule verbrachte Keller bei seinem Onkel Heinrich Scheuchzer, dem Bruder der Mutter, in Glattfelden. Er war nicht, wie es im *Grünen Heinrich* dargestellt wird, zum erstenmal dort und fand auch nicht den munteren und beweglichen Familienkreis vor, der dort geschildert wird. Viele Jahre später äußerte die Schwester Regula gegenüber Adolf Frey, «bei den Verwandten auf dem Lande» sei es «so langweilig» gewesen, «daß sie nicht begreifen konnte, wie der Bruder es dort aushielt»[42]. Auch die *Liebessachen des Buches*, gemeint sind Anna und Judith, die ebenfalls in den Umkreis des Dorfes gehören, sind *freie Novellen ohne biographische Grundlage*[43]. Ganz genau stimmt das nicht. Für Anna gibt es ein Urbild. Es ist Henriette Keller, deren Familie im Hause der Mutter wohnte und die manchmal die Ferien zusammen mit Gottfried in Glattfelden verbrachte. Sie war, wie Anna, schwindsüchtig und starb, noch nicht zwanzig Jahre alt, in Richterswil, wohin die Familie verzogen war. Ihr galt Kellers erste zarte Neigung. Nur so weit gehen die Entsprechungen zur Romangestalt. Ihr Vater war nicht, wie der Annas, der verständnisvolle ältere Freund, in dem Heinrich eine Art Vaterersatz fand, sondern ein verkommener Mensch, der von seiner Frau geschieden war.

Inzwischen war ein Lehrer für Keller gefunden. Es war Peter Steiger, der «Habersaat» des *Grünen Heinrich*, bei dem er eine gewisse Gewandtheit im Kopieren erlangte, sonst aber wenig gefördert wurde. *Abgesehen von seinem Grundsatze der Reinlichkeit und Durchsichtigkeit des Vortrages, hegte er, in Beziehung auf innern Gehalt, nur noch eine einzige Tradition ... nämlich die des Sonderbaren und Krankhaften, was mit dem Poetischen und Malerischen und Genia-*

Baumstudie mit Reh.
Tuschzeichnung von Gottfried Keller, 1834

len verwechselt wurde. Er wies mich an, hohle, zerrissene Weidenstrünke, verwitterte Bäume und abenteuerliche Felsgespenster aufzusuchen mit den bunten Farben der Fäulnis und des Zerfalls, und pries mir solche Dinge als interessante Gegenstände an.[44] Die wenigen Blätter, die aus der Lehrzeit bei Steiger erhalten sind, zeigen den unerfahrenen Keller als dessen gelehrigen Schüler. Die bevorzugte Tuschmanier eignete sich besonders gut für ein effektvolles Helldunkel und für eine bizarre und kantige Linienführung. Alles erscheint in gespenstiger und greller Beleuchtung.

Schon damals scheinen Keller Zweifel an der Richtigkeit seiner

Johann Müller. Zeichnung von Gottfried Keller, 1836

Gottfried Keller im Alter von 18 Jahren. Skizze von Johann Müller

Berufswahl gekommen zu sein. Es hat ganz den Anschein, daß er das Malen nur mit halbem Herzen und mit wenig Eifer betrieb. Den größten Teil seiner Zeit verbrachte er lesend. Im Winter 1834/35 wurde er mit den Werken Jean Pauls bekannt, die er in langen Nächten verschlang. Und als er im Frühjahr im Freien nach der Natur malen sollte, vertrödelte er die Zeit mit Lektüre und Kindereien. *Ich ging immer schwer bepackt früh hinaus, warf mich an einer einsamen Stelle nieder und verzehrte zuerst die Eßwaren, so mir die Mutter für den ganzen Tag mitgegeben; alsdann las ich in einem mitgenommenem Buche, schaute in die Wellen der plaudernden Bäche, machte mit jedem Stein Bekanntschaft und wiederholte wohl gar längst vergessene kindische Spiele, wie wenn ich dieselben vor Jahren nicht ganz ausgespielt hätte, indem ich allerlei Wasserbauten aufführte, irrende Insekten verfolgte und schamhaft um mich spähte, ob mich niemand dabei belausche ... fand ich eine recht abgelegene und geheimnisvolle Stelle, so ließ ich mich dort nieder und fertigte rasch eine Zeichnung eigener Erfindung an, um ein Produkt nach Hause zu bringen.*[45]

Nach der Autobiographie von 1876 hatte er *mit sechzehn Jahren als Kunstschüler einen schriftstellerischen Rückfall.* Nach der Lektüre von Lessings «Emilia Galotti» füllte er *plötzlich wochenlang ein dickes Manuskript mit der krassesten Nachahmung ... Ebensowenig original waren einige religionsphilosophische Aufsätze und idyllische Naturschilderungen, die ich in Gestalt Jean Paulscher Traumbilder in ein dickes Schreibbuch eintrug.*[46] Eines dieser Stücke, von Baechtold unter dem Titel *Eine Nacht auf dem Uto* zum erstenmal herausgegeben, ist erhalten geblieben. Er ist so schülerhaft und hält sich so ängstlich an sein Vorbild, daß es nicht erlaubt ist, von ihm aus auf die Gedankenwelt des jungen Keller zu schließen.

Ebensowenig gestattet dies ein etwas späterer Brief an Johann Müller aus Frauenfeld, mit dem er seit 1835 korrespondierte. Er stilisiert diese etwa fünf Jahre währende Freundschaft, in der Zeit zwischen der Ausstoßung aus der Schule und der Abreise nach München die einzige derartige Beziehung des immer mehr Vereinsamenden, ebenfalls nach Jean Paulschem Muster und gibt ihr einen penetrant literarischen Anstrich. Zwei wahre Freunde *lieben sich nur aus Eigennutz, damit ihr teures Ich einen treuen Freund habe; d. h. sie sollen eigentlich nur e i n Ich haben, und dieses Ich soll jeder pflegen, unterhalten, schützen; ihre Freundschaft ist also nichts als Eigenliebe, weil jeder seinen Anteil an dem gemeinschaftlichen Ich hat und denselben mit allem Intresse zu befördern sucht. Aber es ist ein göttlicher Egoismus, es ist der nämliche, der das Universum aus unsers Schöpfers Geist hervorrief; und einen Freund, der diesen Egoismus mit mir teilte, würde ich als das höchste Gut der Erde betrachten ... Wir wollen also einander ein wenig auskundschaften und sehen, ob wir uns fügen – nicht so, der Ausdruck ist schlecht, ich wollte sagen: ineinander schmelzen, prasseln, aufglühen, blühen, den Himmel über uns röten und miteinander in Asche zusammenfallen können.*[47] Müllers Briefe sind in einem noch wörtlicheren Sinne Literatur, denn sie bestanden zum größten Teil aus Plagiaten aus Zimmermann, Rousseau, Sterne, Hippel und anderen. Keller hat ihm das sehr übelgenommen, als er es entdeckte. Was wie Freundschaft ausgesehen hatte, erwies sich nun als Spiegelfechterei. Die imaginäre Beziehung zu Müller erscheint wie ein novellistischer Ausdruck der Einsamkeit seiner Jünglingsjahre.

Schon längst hatte Keller aufgehört, Schüler Peter Steigers zu sein, als er im Frühsommer 1837 Rudolf Meyer, den «Römer» aus dem *Grünen Heinrich*, kennenlernte. Ab Juni arbeitete er unter dessen Leitung, und vom November 1837 bis März 1838 erhielt er von ihm bezahlten Unterricht. Es ist erstaunlich, wie rasch sich sein Talent unter Meyers Aufsicht entwickelt hat. Schon im August, knapp zwei Monate nach der ersten Bekanntschaft mit ihm, entstehen zwei Aquarelle, die zu seinen besten Leistungen zählen. Alles Manierierte und Gesuchte ist verschwunden. Die Zeichnung ist, wozu schon

Brunnen auf dem Stock in Enge.
Aquarell von Gottfried Keller, August 1837

die jetzt bevorzugte Aquarelltechnik zwingt, sehr viel feiner und gewissenhafter. Der sommerliche Glanz, der über den beiden Landschaften liegt, wird durch die minuziöse Klarheit des Vorder- und Mittelgrundes und durch die duftige Gestaltung des Hintergrundes genau wiedergegeben. Im Winter 1837/38 kopierte er fleißig aus Meyers Mappe. Er lernte jetzt *endlich die wahre Arbeit und Mühe kennen,* ohne daß ihm *dieselbe lästig wurde, da sie in sich selbst den Lohn der immer neuen Erholung und Verjüngung trägt . . .*[48] Auch in anderer Beziehung wurde er durch Meyer gefördert. Durch ihn lernte er Homer und Ariost kennen. Die dreißigtägige ununterbrochene Goethe-Lektüre fällt nach der Schilderung im *Grünen*

Gottfried Keller in München. Zeichnung von Johann Salomon Hegi

Heinrich in die Zeit unmittelbar vor der Bekanntschaft mit Meyer. Man möchte sich aber gerne vorstellen, daß die Verdrängung Jean Pauls durch Goethe Hand in Hand ging mit der neuen objektiven und gegenstandstreuen Sehweise, die ihm sein Lehrer vermittelte.

Der Unterricht bei Meyer fand ein jähes Ende. Was im Roman über den Geisteszustand Römers erzählt wird, trifft ohne Einschränkung auf dessen Urbild zu. Er hielt sich für einen Napoleoniden und glaubte, als solcher in die Verwicklungen der großen europäischen Politik verflochten zu sein. Im März 1838 verließ er plötzlich Zürich, weil er sich einbildete, anderswo nötiger gebraucht zu werden. Die Honorarrückforderung von Kellers Mutter war jedoch, entgegen der Darstellung im *Grünen Heinrich*, nicht die unmittelbare Ursache des Krankheitsausbruches. Der letzte Brief Meyers an Keller ist freundschaftlich, keine Verfluchung wie der Römers an Heinrich.

Über die beiden folgenden Jahre wissen wir so gut wie nichts. Keller hat während dieser Zeit nur ganz wenig gemalt. Er begann, seine künstlerischen Ambitionen zu bereuen und sehnte sich nach einem obskuren und schmerzlosen Dasein. *Preise der Tor sich glücklich, der nie den inneren Wert der Kunst empfunden hat; denn in seliger Trägheit fließen seine Tage dahin, während der andere, das Licht im Auge, seine Ruhe zerfetzt, rastlos sein Ideal verfolgt, das Leben verscherzt, sich durchringt, um – am Ziele zu Grunde zu gehen.*[49] In trüber Stimmung verbringt er seinen 20. Geburtstag. *Nun bin ich volle zwanzig Jahre alt, und kann noch nichts, und stehe immer auf dem alten Flecke, und sehe keinen Ausweg, fortzukommen, und muß mich da in Zürich herumtreiben, während andere in diesem Alter schon ihre Laufbahn begonnen haben.*[50]

Da nahm er doch noch einen letzten Anlauf. Gegen den Widerstand der Mutter und des Onkels, der sein Vormund war, setzte er es durch, daß das aus der Hinterlassenschaft seiner Großmutter väterlicherseits ihm zustehende Erbe ihm zu einem Teil ausbezahlt wurde. Dieses Geld sollte ihm den Besuch der Kunstakademie in München ermöglichen. Am 26. April 1840 reiste er dorthin ab. München war für einen Landschaftsmaler damals nicht der richtige Ort. Es war die Zeit, in der Cornelius und Kaulbach dort wirkten und die Historienmalerei blühte. Außerdem hätte Keller, um nach der Natur malen zu können, die Stadt öfter verlassen und aufs Land gehen müssen. Seine Mittel erlaubten ihm das aber nicht. So malte er denn in München – Züricher Landschaften in Öl nach den Skizzen seiner mitgebrachten Studienmappe. In die Öltechnik führte ihn sein Landsmann Wilhelm Scheuchzer ein, mit dem er ein einziges Mal eine – verregnete – Studienreise aufs Land machte. Schüler der Königlichen Akademie ist er nie gewesen, da es dort für einen Landschafter nichts zu lernen gab. Nachdem sein Vorrat an Züricher Motiven erschöpft war, versuchte er es mit Phantasielandschaften. Man muß ihm bescheinigen, daß er fleißig gewesen ist, aber auf dem eingeschlagenen Weg konnte er unmöglich an sein Ziel gelangen.

Mindestens das erste Münchener Jahr war für ihn eine glückliche Zeit. In Zürich hatte man ihn allmählich schon als gescheiterte Existenz angesehen. Die provinzielle Atmosphäre dieser Stadt war ihm zur Qual geworden. Wie anders war es doch in München! *Ich befinde mich sehr wohl hier, man kann über die Straße gehen, ohne daß man von allen Seiten begafft oder für stolz ausgeschrieen wird. Kein Mensch achtet auf den andern, alles geht bunt durcheinander; kommt man aber mit den Leuten in Berührung, so sind sie höflich und gefällig ...*[51] Er suchte und fand Gesellschaft. Meist ging er mit den in München lebenden Schweizer Studenten und Künstlern um, die sich zu einer Schweizergesellschaft zusammengeschlossen hatten. Mit dem um fünf Jahre älteren Salomon Hegi aus Zürich schloß er eine Freundschaft fürs Leben. Anfangs war er sparsam, dann aber hielt er es für wichtiger, viel unter Menschen zu gehen, um sich ein gewandteres Benehmen anzueignen. *Was mich betrifft, so habe ich am Anfange gewaltig gegeizt und bin nirgends hingegangen; wann ich an einem Tag etwas übers bestimmte Maß hinaus gebraucht ha-*

Aussicht vom Zürichberg ins Limmattal. Ölgemälde von Gottfried Keller

be, so fraß ich den andern gar nichts; allein das war sehr dumm ... ich war von Hause aus in vielen Sachen noch sehr ungeschliffen und schüchtern, und das ändert sich nicht, wenn man in der Fremde hinter dem Ofen hockt. Ich mische mich also unter die Leute und lerne von jedem, was zu lernen ist.[52] Er genoß das kurze Studentendasein, das ihm vergönnt war, und mag in manche Rauferei verwikkelt gewesen sein, wie eine Tuschzeichnung seines Landsmannes Werdmüller vermuten läßt. Unter diesen Umständen nahm seine Barschaft schnell ab, und als er im August 1840 an Typhus erkrankte und Arzt und Apotheker bezahlen mußte, war er bald ohne Mittel. Im Herbst ließ er sich den Rest seiner Erbschaft schicken.

Trotzdem ist er im Winter 1840/41 voll Hoffnung. *Ich arbeite mit frohem Mut, denn meine Quarks fangen an zu gelingen*[53], schreibt er im Januar 1841 an den vorübergehend in Zürich sich aufhaltenden Hegi. Es ist die Zeit, in der er an dem schönen Ölbild *Aussicht vom Zürichberg ins Limmattal* malt. Im Frühjahr aber verfliegt diese Stimmung. *Dich selbst betreffend,* schreibt er an den Freund, der immer noch in Zürich ist und den er sehr vermißt, *hoffe ich Dich bald hier zu sehen, wo nicht, so dürftest Du mich leicht nicht mehr in München finden, denn das Leben fängt alsgemach an, sich so ein wenig pechiös für mich zu gestalten. Schon habe ich dreimal was ausgestellt, Komplimente darüber eingesammelt, aber noch nie eine von jenen vermaledeiten Ankaufsnummern an meinen Bildchen entdeckt. Dabei kann meine liebe Alte mir nichts mehr schikken, ohne äußerste Einschränkung, und um ihr allen Kummer zu ersparen, schreibe ich ganz fidel nach Hause, als ob ich in den größten Floribus lebte, indes ich ganz gemütlich auf dem räudigsten und schäbigsten Hunde reite, den es jemals gegeben hat.*[54] Wieder einmal will er die Kunst aufgeben. *Schreibe mir bald, denn Briefe sind mir gegenwärtig ein großer Trost. Äußere mir auch unverhohlen Deine Ansichten, ohne Scheu, über meine Lage, denn ich versichere Dich, daß ich nicht einen Pfifferling mehr um die Kunst gebe und es mir nicht die geringste Überwindung kostet, nach Haus zu gehen und Grämpler zu werden, wenn irgend jemand Verständiger es mir anratet ...*[55] Er ist jetzt Redakteur der Wochenzeitung der Schweizergesellschaft, die er so ziemlich allein verfaßte. Das Malen tritt zurück hinter dem Lesen und Schreiben. Eine Anzahl gereimter Romanzen und Trinklieder sind in der Münchener Zeit entstanden, abgesehen von einigen ganz wenigen Stücken aus den Jahren 1837 und 1838 die ersten Versuche dieser Art.

Im August 1841 schlägt er der Mutter vor, ihr Haus mit einer Hypothek von 500 Gulden zu belasten, damit er seine Studien fortsetzen könne. Erst als er tief in Schulden steckt, kann sie sich, die zum Talent ihres Sohnes wenig Zutrauen hat, dazu entschließen, wenigstens 300 Gulden zu leihen. Vergebens versuchte er, etwas zu verdienen. Im Februar 1842 wollte ihm der Münchener Kunstverein ein Bild für 60 bis 80 Gulden abkaufen. Schnell brachte er noch einige Änderungen an, stellte es zum Trocknen an den Ofen und ließ es dort verkohlen. Wenig Glück hatte er auch mit einem Bild, das er im Mai auf eine Züricher Kunstausstellung schickte. Die letzten Münchener Monate verliefen etwa so, wie sie im *Grünen Heinrich* dargestellt sind. Seine Habe wanderte zu einem Trödler, der ihm Gelegenheit gab, mit Anstreichen von Fahnenstangen für die bevorstehende Vermählung des Prinzen Max mit der preußischen Prinzessin Marie einige Gulden zu verdienen. Im November wird ihm die Wohnung gekündigt; es bleibt ihm nichts übrig, als München zu verlassen und in die Heimat zurückzukehren.

POLITIK UND LYRIK

Die Zeit unmittelbar nach der Heimkehr war düster und trostlos. Keller *vegetierte den Winter hindurch ziemlich langweilig und elend*[56]. Trotz der Ergebnislosigkeit des Münchener Aufenthaltes beabsichtigte er zunächst, bei dem erwählten Metier zu bleiben. Er mietete sich außerhalb des mütterlichen Hauses einen Raum, um die für sein altes Malkämmerchen viel zu großen Kartons aufstellen zu

Gottfried Keller überwindet den Pfiferjoggeli.
Tuschzeichnung von J. C. Werdmüller

können. Aber er hatte wenig Lust zum Malen: *... mein inneres Feuer für die spröde Kunst* war *so gering, daß ich mich meistens an den Ofen zurückzog und in trüber Stimmung über meine fremdartige Lage, hinter jenen Kartonwänden versteckt, die Zeit wieder mit Lesen und Schreiben zuzubringen begann*[57].

Es ist scheinbar wieder der alte Schlendrian und die gewohnte Zeitvergeudung, doch kam diesmal bald eine unerwartete Wendung. *Allerlei erlebte Not und Sorge, welche ich der Mutter bereitete, ohne daß ein gutes Ziel in Aussicht stand, beschäftigten meine Gedanken und mein Gewissen, bis sich die Grübelei in den Vorsatz verwandelte, einen traurigen kleinen Roman zu schreiben über den tragischen Abbruch einer jungen Künstlerlaufbahn, an welcher Mutter und Sohn zugrunde gingen.*[58] Das ist ein erster Plan zum *Grünen Heinrich, der erste schriftstellerische Vorsatz,* den Keller *mit Bewußtsein gefaßt*[59] hat. Das wenige, das damals davon niedergeschrieben wurde, ist verloren. Die von Ermatinger geäußerte Vermutung, daß das in jenen Wochen entstandene *Dutzend Seiten*[60] mit dem etwa gleichzeitigen Fragment *Reisetage* identisch sei, ist mit Sicherheit falsch.

Im Frühjahr und Sommer nimmt er für kurze Zeit wieder Zeichenstift und Pinsel zur Hand, ohne etwas Rechtes zuwege zu bringen. Die *klangvolle Störung*[61], die nach der Autobiographie von

1876 die Arbeit am *Grünen Heinrich* vorläufig beendete, ist in den Juli 1843 zu datieren. Der Vorfall ist gewöhnlich genug. Der müßige Maler bekam Herweghs «Gedichte eines Lebendigen» und Grüns «Schutt» in die Finger, tönende, gestelzte und manchmal auch sentimentale politische Lyrik, eine Modeerscheinung des Vormärz. Herweghs Gedichte, 1841 zuerst erschienen, wurden innerhalb von zwei Jahren siebenmal aufgelegt. Keller, der später auf seine Unzeitgemäßheit einen so großen Wert legen wird, begann seinen Weg als Dichter mit krassen Nachahmungen dieser Tagesliteratur. Die Manuskripthefte, in die er seine Gedichte mit genauer Datierung eintrug, bestätigen die Darstellung der Autobiographie: ... *nun begann es in allen Fibern rhythmisch zu leben, so daß ich genug zu tun hatte, die Masse ungebildeter Verse, welche sich täglich und stündlich hervorwälzte, mit rascher Aneignung einiger Poetik zu bewältigen und in Ordnung zu bringen. Es war gerade die Zeit der ersten Sonderbundskämpfe in der Schweiz; das Pathos der Parteileidenschaft war eine Hauptader meiner Dichterei, und das Herz klopfte mir wirklich, wenn ich die zornigen Verse skandierte.*[62]

Fast täglich entstehen jetzt Dutzende von Versen. Wir wollen hier nicht Kellers Weg zum politischen Radikalismus, oder zu dem, was er dafür hielt, verfolgen. Zwar hatte er schon 1839, als eine liberale Regierung den unorthodoxen Theologen David Friedrich Strauß nach Zürich berief und darüber stürzte, auf deren Seite gestanden; aber sein glühender Haß gegen alles, was konservativ war oder dafür galt, entzündet sich erst jetzt, und man hat mit Recht bemerkt, daß er ohne die literarischen Vorbilder nicht erklärt werden kann.[63] Eine andere Deutung besagt Wesentlicheres: Mit den Mächten der Beharrung in der politischen Welt wollte Keller vor allem die Mächte der Beharrung in sich selbst treffen, seinen Hang zu träumerischer Melancholie und zu tatenlosem Phlegma, oder, vorsichtiger ausgedrückt: sein ohnmächtiger Zorn über seine vertane Jugend sucht im politischen Konservativismus ein Ersatzobjekt.[64]

Ein Sonettenpaar vom Dezember 1843 kann das belegen. Wir lassen es hier folgen, nicht wegen seines künstlerischen Wertes – Keller selbst achtete es so gering, daß er es nie veröffentlichte –, sondern als psychologisch-biographisches Dokument und darüber hinaus als ein Beispiel für die Unbeholfenheit und Unselbständigkeit, für die gelegentliche Ungenauigkeit im Sprachlichen und Schiefheit im Metaphorischen in diesen ersten Reimereien.

Der Grüne Baum

1

Ein brausend Gären und ein wildes Wogen,
Ein zagend Raten und ein hilflos Irren,
Ein geistig banges schweres Kettenklirren –
Sind mir die rauhen Tage hingezogen!

Und stündlich neue Träume mich umflogen:
Das war ein Leuchten, Blühen, Klirren, Schwirren,
Das war ein stet Entwickeln und Verwirren,
Und alles hatt am Ende mir gelogen!

Nun aber ist der Kirchhof zugeschlossen,
Der Kirchhof meiner heiß durchkämpften Jugend,
Und stille ruhn die Träum in ihren Särgen!

Draus aber ist ein hoher Baum entsprossen,
Den pfleg ich nun in fester Treu und Tugend,
Und schützend soll er einst mich Müden bergen!

2

Der grüne Baum, er ist die gute Sache,
Zu der ich nun vor aller Welt geschworen,
Die teure Freiheit, die ich mir erkoren
Und zum Symbole meines Schildes mache.

Nun drauf und dran! spring auf, du alter Drache,
Aus gift'gem Moor und Sumpf, die dich geboren!
Schon ziehn die Ritter fröhlich aus den Toren
Und tausend gute Lanzen schimmern: Rache!

Wohl dem, der in verhängnisvollen Zeiten
Sich lehnen kann an eine feste Meinung,
Die treu ihn stützt, wenn alle Schranken zittern!

Und dreimal Wehe! dem, der jetzt zu streiten
Sich weigert mit bedächtiger Verneinung –
Ihm wird der Sturm das schwache Herz zersplittern! [65]

Die Terzette des zweiten Sonetts können als Beleg für die positive Ergänzung der oben angeführten Auslegung gelten: das Freiheitspathos ist Ersatz für den bisher vergebens gesuchten Halt im Leben.

Doch war Kellers politisches Engagement nicht ausschließlich literarisch. Als es im Oktober 1844 und im März 1845 zu Freischarenzügen gegen Luzern kommt, wo über der Jesuitenfrage offener Kampf zwischen der konservativen Regierung und der radikalen Opposition ausgebrochen war, schließt er sich mit der Waffe in der Hand dem Züricher Haufen an, der allerdings beide Male nicht bis zum Ort der Kampfhandlungen gelangte.

Der Produktionsstrom fließt nun für beinahe drei Jahre in fast unverminderter Stärke fort. Bald tritt an die Stelle der politischen Rhetorik eine Art von Lyrik, in der wir schon selbständige Töne zu hö-

Keller – im Vordergrund mit Trommel – beteiligt sich an einem Freischarenzug. Karikatur von Johannes Ruff

ren glauben. Wir meinen die Gedichte, die in der Sammlung von 1846 im Abschnitt *Natur* zusammengefaßt sind. Zum überwiegenden Teil sind sie im Sommer und Frühherbst 1844 entstanden. Diese Naturlyrik hat mit der des jungen Goethe und der Romantik nur wenig mehr zu tun. An einem einzigen Beispiel wollen wir den Unterschied andeuten.

Es ist ein stiller Regentag,
So weich, so ernst – und doch so klar,
Wo durch den Dämmer brechen mag
Die Sonne weiß und sonderbar.

Ein wunderliches Zwielicht spielt
Beschaulich über Berg und Tal,
Und die Natur, lind abgekühlt,
Sie weint und lächelt allzumal!

Wie ein Kristall, von Flor umhängt,
Erglänzt geheimnisvoll die Luft,
Der Tag glimmt spärlich und bedrängt,
Wie Lampenschein in einer Gruft.

Die Hoffnung, das Verlorensein
Sind gleicher Stärke in mir wach;
Das Leben und die Todespein,
Sie ziehn auf meinem Herzen Schach.

Ich aber schaue innerlich
Still lächelnd zu in guter Ruh,
Und meine Seele rüstet sich
Ergebend ihrem Schicksal zu.[66]

Lyrik ist seit dem jungen Goethe in Deutschland vorwiegend Feier der ontischen Einheit von lyrischem Ich und Natur gewesen, der Intention nach auch dort, wo der Lyriker die schmerzliche Erfahrung macht, daß diese Einheit nicht mehr vollziehbar ist, wofür man etwa bei Mörike beliebig viele Belege finden kann. Sie war geboren aus dem Geist des Pantheismus, das deus sive natura wurde abgewandelt in ein ego sive natura. Im Gedicht Kellers besteht freilich auch eine Beziehung zwischen Natur und lyrischem Ich, scheinbar von nicht wesentlich anderer Art. Aber es ist doch nicht ontische Einheit, sondern mit reflektierender Bedächtigkeit konstatierte Parallelität und, was die letzte Strophe andeutet, in der sich der Dichter im Schauen der entnervenden Stimmung entzieht, Entgegensetzung. Die Natur, hier eher erfunden als erlebt, ist Mittel der Selbsterkenntnis und Selbstbesinnung, nicht berückende Macht, die zu selbstvergessener Hingabe verführt. Im *Grünen Heinrich* steht die in diesem Zusammenhang sehr interessante und erhellende Bemerkung, *daß das untätige und einsame Genießen der gewaltigen Natur das Gemüt verweichlicht und verzehrt, ohne dasselbe zu sättigen, während ihre Kraft und Schönheit es stärkt und nährt, wenn wir selbst auch in unserm äußern Erscheinen etwas s i n d und bedeuten, ihr gegenüber*[67]. Hier wie im Gedicht ist sie eine fast feindliche Macht; nur in einer reduzierten Form, als Kulisse und Folie für das Menschliche, ist sie förderlich und helfend.

Anfangs hatte Keller seine Reimereien als Experiment betrieben. Am 11. Juli 1843, in den Tagen also, in denen ihn die Lust dazu so plötzlich packte, schreibt er in sein Tagebuch: *Ich habe nun einmal großen Drang zum Dichten; warum sollte ich nicht probieren, was an der Sache ist?* [68] Noch hat er sich nicht für den Dichter und gegen den Maler entschieden. Nach Ausweis des Tagebuchs verbringt er in diesem Sommer ebenso viel Zeit mit Zeichnen als mit Schreiben. Er mißtraut seinem poetischen Talent und pflegt es zunächst nur mit dem Ziel, *einen Band Gedichte herauszugeben und mit dem Gelde, welches ich dafür erhalten würde, nach München zurückzukehren* [69]. Am 17. August 1843 schickt er seinem ehemaligen Lehrer aus der in der Industrieschule verbrachten Zeit, Dr. Julius Fröbel, eine Anzahl seiner Gedichte. Das war hinsichtlich der praktischen Seite der Sache die richtige Adresse, denn dieser war Begründer und Inhaber des Verlages Literarisches Comptoir in Zürich und Winterthur, in dem auch Herweghs Gedichtsammlung erschienen war. Fröbels Urteil ist ermunternd. Er verweist Keller weiter an Emanuel Scheib, den Herausgeber der Wochenschrift «Die Freie Schweiz», in die dann auch wirklich am 3. Februar 1844 das *Jesuitenlied* eingerückt wird. Der junge Dichter sieht sich zum erstenmal gedruckt.

Im Herbst 1844, als er *einen ziemlichen Pack Reimereien beieinander hatte* [70], übersendet er diesen, ebenfalls auf Fröbels Rat, dem in Zürich lebenden deutschen Emigranten August Adolf Ludwig Follen, dessen Haus «Zum roten Ackerstein» der Mittel- und Treffpunkt der von der deutschen Reaktion Verfolgten war. Vieles erwies sich als nicht brauchbar, aber eine doch ziemlich umfangreiche Auswahl konnte in den Jahrgang 1845 des «Deutschen Taschenbuches», das im Verlag Literarisches Comptoir herauskam, aufgenommen werden. Auch der Jahrgang 1846 brachte eine stattliche Auswahl Kellerscher Gedichte, die zusammen mit denen des Vorjahres und einigen noch ungedruckten Stücken den Bestand der auf Vermittlung Follens von Winter in Heidelberg übernommenen *Gedichte* von 1846 ausmachen. Der Band enthält viel Mittelmäßiges, viel Talentvolles und kaum etwas Vollendetes, aber sein Erscheinen markiert Kellers endgültige Entscheidung für den Dichter.

Für die Beiträge zum «Deutschen Taschenbuch» bezog der Fünfundzwanzigjährige, der bisher beinahe ausschließlich von Mutter und Schwester gelebt hatte, zum erstenmal in seinem Leben ein Honorar. Zum erstenmal glaubt er seinem Stern vertrauen zu dürfen. Ein Brief vom 16. September 1845 an einen Freund aus der Münchener Zeit, an Rudolf Leemann, ist voll von Zuversicht und freudiger Hoffnung. *Du bist in Deinem schwarzen Habit und mit Deinen schwarzen Haaren die dunkle Gestalt, an die sich meine meisten Erinnerungen an eine graue, kummervolle Zeit knüpfen, an eine Zeit, wo ich Jugend und Leben beinah für verloren hielt, und ich darf Dir jetzt schon sagen, daß ich damals, in meinem Zimmer in der Schützenstraße, manchmal trostlos auf meinem Bette herumgekugelt bin.* Dann schildert er dem Freund, wie er nach der Rückkehr nach Zü-

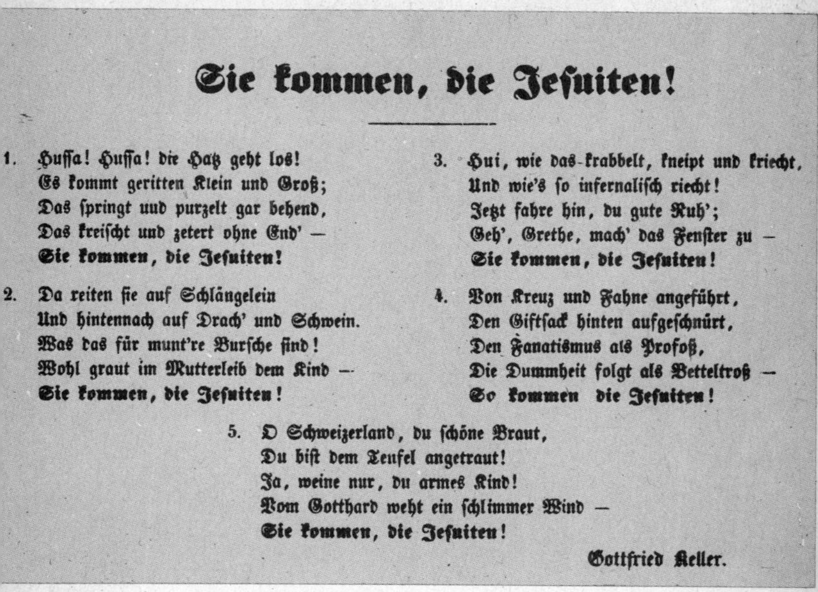

Sie kommen, die Jesuiten!

1. Hussa! Hussa! die Hatz geht los!
Es kommt geritten Klein und Groß;
Das springt und purzelt gar behend,
Das kreischt und zetert ohne End' –
Sie kommen, die Jesuiten!

2. Da reiten sie auf Schlängelein
Und hintennach auf Drach' und Schwein.
Was das für munt're Bursche sind!
Wohl graut im Mutterleib dem Kind –
Sie kommen, die Jesuiten!

3. Hui, wie das krabbelt, kneipt und kriecht,
Und wie's so infernalisch riecht!
Jetzt fahre hin, du gute Ruh';
Geh', Grethe, mach' das Fenster zu –
Sie kommen, die Jesuiten!

4. Von Kreuz und Fahne angeführt,
Den Giftsack hinten aufgeschnürt,
Den Fanatismus als Profoß,
Die Dummheit folgt als Betteltroß –
So kommen die Jesuiten!

5. O Schweizerland, du schöne Braut,
Du bist dem Teufel angetraut!
Ja, weine nur, du armes Kind!
Vom Gotthard weht ein schlimmer Wind –
Sie kommen, die Jesuiten!

Gottfried Keller.

Erstdruck von Kellers «Jesuitenlied» in der Zeitschrift «Die Freie Schweiz» vom 3. Februar 1844

rich plötzlich aufs Versemachen verfallen ist. *Es war aber dummes und schlechtes Zeug, das ich machte, das längst beiseite geworfen ist. Einzelnes davon verschaffte mir aber Aufmunterung, bis ich zuletzt eine Sammlung besserer Sachen beisammen hatte, welche ich kompetenten und einflußreichen Personen mitteilte. Sie wurde hin und her beguckt und geworfen; endlich hieß es, ich sei ein «Dichter», und von da an kam ich in ausgezeichnete, ehrenvolle Gesellschaft und begann literarische Studien. Das Malen ist nun an den Nagel gehängt, wenigstens als Beruf ... Daneben habe ich dramatische und andere Spukereien die Menge im Kopf und, falls es nicht ein Strohfeuer gewesen ist, eine schöne Zukunft.*[71]

Die *ausgezeichnete, ehrenvolle Gesellschaft* traf Keller im Hause Follens. Besonders eng war in der Folgezeit die Freundschaft mit dem Hauptmann und Militärschriftsteller Wilhelm Schulz aus Darmstadt und mit Ferdinand Freiligrath, der im März 1845 mit seiner Frau und deren Schwester, Marie Melos, nach Zürich gekommen war. Für letztere empfand Keller im Winter 1845/46 eine starke Neigung. Näheres darüber ist nicht bekannt. Wir wissen nur, daß er sich ihr nicht erklärt hat und über seinem Zaudern und seiner Unentschlossenheit in tiefe Depressionen verfiel. In dieser Stimmung ist der grausige Zyklus *Gedanken eines lebendig Begrabenen* entstanden. Die Situation des lebendig Begrabenseins steht für Kellers schwierige

Psyche. Begraben ist er in der Schwerfälligkeit seiner Natur, die doch gleichzeitig voll glühenden Lebensverlangens ist. Wie ein Grab engen ihn seine immer noch ungesicherten materiellen Verhältnisse ein. Auch sein nicht sehr vorteilhaftes Äußere macht ihn ungeeignet für die Rolle eines Liebhabers: er hatte zu schwache und zu kurze Beine und war nur 1,50 Meter groß.

Wir zitieren zwei Strophen aus den *Gedanken eines lebendig Begrabenen,* die sich ohne Zweifel auf Marie Melos beziehen und die anzudeuten scheinen, daß es einen Augenblick gegeben hat, in dem seine Liebe doch nicht ohne Aussichten war. Er hat ihn nicht wahrgenommen, weil er nicht den Mut fand, sich ihr zu bekennen.

Warum hab ichs der e i n e n *nicht gesagt*
Daß junge Liebe mir im Herzen sprosse?
Ich hab gezaudert und es nicht gewagt –
Die Krankheit kam und diese tolle Posse.

Wenn einsam s i e *vielleicht und ungeliebt,*
Nachdenklich manchmal ihre Augen senkt,
O wüßte sie dann, daß ein Herz es gibt,
Das hier im Grab lebendig an sie denkt![72]

Diese Vermutung wird gestützt durch ein Gedicht, das im Laufe des Jahres 1846, jedenfalls nach der Veröffentlichung der *Gedichte,* entstanden sein muß.

Winternacht

Nicht ein Flügelschlag ging um die Welt,
Still und blendend lag der weiße Schnee,
Nicht ein Wölklein hing am Sternenzelt,
Keine Welle schlug im starren See.

Aus der Tiefe stieg der Seebaum auf,
Bis sein Wipfel in dem Eis gefror;
An den Ästen klomm die Nix herauf,
Schaute durch das grüne Eis empor.

Auf dem dünnen Glase stand ich da,
Das die schwarze Tiefe von mir schied;
Dicht ich unter meinen Füßen sah
Ihre weiße Schönheit Glied für Glied.

Mit ersticktem Jammer tastet' sie
An der harten Decke her und hin.
Ich vergaß das dunkle Antlitz nie,
Immer, immer liegt es mir im Sinn.[73]

Das Gedicht erweckt fast den Anschein, als habe Marie Melos auf ein erlösendes Wort gewartet, als sei sie die Schmachtende gewesen und als habe die Eisdecke seines Schweigens die Liebe am Aufblühen verhindert. Jetzt freilich war es für alles zu spät, denn im Juli 1846 ging Freiligrath mit seiner Familie nach London. Dreißig Jahre später entspann sich ein Briefwechsel zwischen Keller und Marie Melos, zu dem übrigens sie, die ebenfalls unverheiratet geblieben war, den Anstoß gab: auch das ein Hinweis darauf, daß sie ihm geneigt gewesen ist.

Ferdinand Freiligrath

Einen Augenblick noch wollen wir bei der *Winternacht* verweilen, die mehr ist als ein willkommenes Objekt für biographische Ausschlachtung. Was Keller in der Euphorie der Jahre 1844 und 1845 nicht gelungen war, glückt ihm jetzt im Schmerz. Die *Winternacht* ist sein erstes vollkommenes lyrisches Gebilde. Noch weniger als das oben betrachtete ist sie ein unmittelbares Erlebnisgedicht; daß eine Nixe am Seebaum heraufsteigt, kann man nicht erleben, das kann man nur erfinden. Das zugrunde liegende Erlebnis erscheint im Spiegel einer Vision, die ausgeprägt epische Züge trägt. Etwas geringschätzig hatte er in einer Tagebucheintragung vom 15. Juli 1843 von derjenigen Art von Lyrik gesprochen, *wo der Dichter nur innere Zustände und Gefühle ausspricht. Denn hier braucht er nicht aus sich herauszugehen und darf nur den Schnabel auftun, um die Melodien herausströmen und überschwellen zu lassen ...*[74] Hier hat er sie endgültig überwunden. Das Element seiner Lyrik ist fortan das phantasievoll ersonnene Concetto, in dem Trauer und Freude, Schmerz und Beglückung und was sonst immer die Seele bewegen mag, zu einem Bild oder Vorgang von kristallischer Durchsichtigkeit gerinnen.

Aus Verdruß über den verfehlten Liebeshandel treibt sich Keller im Sommer 1846 mit den Kupferstechern Johannes Ruff, Irminger und Lukas Weber in den Gasthäusern herum. Seinen Zorn über den eigenen Unstern ließ er, wie so oft vorher und nachher, auf dem Rücken anderer Leute aus. Beim Winterthurer Freischießen im Juni 1846 prügelt er den Juristen und Publizisten Amman, was ihn ein Jahr später noch freut. *Ich hatte doch einen guten Instinkt damals, und ich segne den Wein, der mich veranlaßte, dem widerlichen Ohrfeigengesicht sein Recht angedeihen zu lassen. Feig war er auch, denn er ist stärker als ich und ließ sich doch prügeln.*[75] Auch sonst machte er sich viel Bewegung, um sein Leid zu vergessen. Mit dem Dichter und Musiker Schnyder von Wartensee und einem Neffen Follens machte er eine Reise nach Graubünden. Ebenfalls als eine Art Therapie, als Flucht in Zynismus und Frivolität verstehen wir den im Sommer entstandenen Zyklus *Von Weibern,* der Heine nachempfunden ist und dessen Ton manchmal gar nicht so schlecht trifft. Zweifellos war dieser ein besserer Lehrmeister als Herwegh. Keller, der sich später jedes lyrische Talent absprach, hielt diesen unter seinem Einfluß entstandenen Zyklus immerhin für *erträglich; es sollen gerade keine Schilderungen der Leidenschaft, sondern bloß weiblicher Marotten und Schicksale sein, und auch dies nicht ausdrücklich, sondern leichte, wunderliche Klänge . . .*[76] Auf Heine, über den er in Berlin eine bitterböse Satire schreiben sollte, hielt er damals große Stücke. Er habe *alle Erfordernisse eines sogenannten Klassikers, welcher die Literatur seiner Nation entschieden erweitert und vervollständigt . . .* Gleichzeitig weiß er aber, daß es sinnlos ist, ihn nachzuahmen. Denn er nimmt *einen Rang* ein, *den er sich selbst geschaffen, der vorher nicht vorhanden war und den nach ihm keiner mehr einnehmen kann . . .*[77] Nur ganz selten wird der Heine-Ton in Kellers späteren Gedichten noch wahrnehmbar sein.

Im Jahre 1847 gab es einen neuen und wohl auch heftigeren Liebessturm. Am 1. März war Keller für einige Monate zu Wilhelm Schulz gezogen, der der Gesellschaft und des Beistandes des Freundes bedurfte, da seine Frau Karoline eben gestorben war. Das Haus, in dem er wohnte, gehörte Professor Konrad Orelli-Breitinger. Im Frühjahr war bei diesem und seiner Frau für einige Wochen ein junges Mädchen aus Winterthur zu Gast: Luise Rieter. Im Mai lernte Keller sie flüchtig kennen. Zu seinem Unglück faßte er zu dem um fast zehn Jahre jüngeren großen und vollschlanken Mädchen eine heftige Leidenschaft. Obwohl er sie nach ihrer baldigen Rückkehr nach Winterthur nur noch aus der Ferne lieben konnte, war für ihn der Sommer dieses Jahres eine Zeit des Glückes und der Beseligung. *Im schönen Monat Mai erschien mir Luise Rieter, im Herbst entschwand sie mir für immer, und ich kann wohl in jeder Beziehung und ohne alle Ausnahme sagen, daß es trotz allem Leid der schönste Sommer und der lieblichste Traum meines Lebens gewesen ist, und ich hoffe, denselben recht lange in ruhiger Seele festzuhalten.*[78]

Ihre erotische Faszination auf ihn scheint ungemein groß gewesen zu sein. Dazu ein Gasel aus dem schönen Zyklus von 1847, der ihre Gestalt umkreist.

Dies ist eine heilige Lenzmitternacht, o höre:
Drangvoll alle Quellen gehn, laut rauschen ihre Chöre!
Tag und Nächte gleichen sich, hell zuckt der Wetterschein,
Lieblich aber, als ob ihn nur Blütendunst geböre!
Löse auf dein wallend Haar, weit laß es sich zerstreun,
Schwöre, daß ein jegliches mein nur, o mein gehöre!

Marie Melos in späteren Jahren

Löse deine Schleier auf, die Liebesbrust zu weihn,
Bade sie im Wetterschein; mich treu zu lieben schwöre![79]

Wie blaß wirken dagegen die *Siebenundzwanzig Liebeslieder* aus den *Gedichten* von 1846 und der heinesierende Zyklus *Von Weibern*! Es ist nicht ausgeschlossen, daß ihm Luise Rieter als Urbild zur Judith im *Grünen Heinrich* gedient hat. Jedenfalls gibt es motivliche Übereinstimmungen zwischen dem zitierten Gasel und den Judith-Szenen im Roman.[80]

Die Liebe inspirierte Kellers Kunst und steigerte sein Lebensgefühl. Wir können uns nicht enthalten, noch ein Gasel aus dem Zyklus von 1847 hierher zu setzen, in dem er in der gleichen episch-visionären Weise, in der er in *Winternacht* seinem Schmerz Gestalt verliehen hatte, nun Schönheit und Glanz der Welt feiert.

Luise Rieter

Wie schlafend unterm Flügel ein Pfau den Schnabel hält,
Von luft'gen Vogelträumen die blaue Brust geschwellt,
Geduckt auf Einem Fuße, dann plötzlich oft einmal,
Im Traume phantasierend, das Funkelrad er stellt:
So hing betäubt und trunken, ausreckend Berg und Tal,
Der große Wundervogel in tiefem Schlaf, die Welt.
So schwoll der blaue Himmel von Träumen ohne Zahl,
Mit leisem Knistern schlug er ein Rad, das Sternenzelt.[81]

Er nimmt nun auch einen energischen Anlauf, sein immer noch planloses und materiell ungesichertes Leben in Ordnung zu bringen. Seit dem Sommer 1847 arbeitete er unter Alfred Escher, der damals Staatsschreiber war, in der Staatskanzlei. Er konnte dies, ohne seine radikale Vergangenheit verleugnen zu müssen, denn seit 1845 gab es in Zürich eine liberale Regierung unter Bürgermeister Furrer. Auch waren Kellers politische Ansichten inzwischen sehr viel gemäßigter geworden. Am 20. September 1847 schreibt er in sein Tagebuch: *Aus einem vagen Revolutionär und Freischärler à tout prix habe ich mich... zu einem bewußten und besonnenen Menschen herangebildet, der das Heil schöner und marmorfester Form auch in politischen Dingen zu ehren weiß und Klarheit mit der Energie, möglichste Milde und Geduld, die den Moment abwartet, mit Mut und Feuer verbunden wissen will. Daß Begeisterung und frische Tatkraft, eine einmal erkannte Fessel zu brechen, oder mit andern Worten der Sinn für die rechte und notwendige Revolution darüber nicht verloren gehen, bin ich versichert. Übrigens wird die Revolution von Tage zu Tage unzulässiger und überflüssiger, in einer Zeit, wo das freie lebendige Wort sich fast überall Bahn zu brechen weiß, besonders aber bei uns, wo die Gerechtigkeit immer eklatanter nach jeder Verfinsterung auf dem gesetzlichen Wege siegt.*[82]

Ab 8. Oktober ist Luise Rieter wieder für einige Tage bei dem Ehepaar Orelli-Breitinger zu Besuch. Kurz vor ihrer Abreise faßt sich Keller ein Herz und erklärt ihr brieflich seine Liebe. Er wollte dafür sorgen, daß es ihm nicht wieder so ginge wie mit Marie Melos: ... *wenn ich einst denken müßte, daß Sie mir doch ernstlich gut gewesen wären und ich hätte nichts gesagt, so wäre das ein sehr großes Unglück für mich, und ich könnte es nicht wohl ertragen.*[83] Der Brief ist die zurückhaltendste Liebeserklärung, die man sich vorstellen kann, und wirft ein helles Licht auf Kellers vornehmen Charakter. Er vermeidet streng die gewöhnliche und entschuldbare Praktik Verliebter; er macht keinen Versuch, die Geliebte mit seinem Herzenselend zu erpressen. *Wollen Sie so gütig sein und mir mit zwei Worten, ehe Sie verreisen, in einem Billett sagen, ob Sie mir gut sind oder nicht? Nur damit ich etwas weiß; aber um Gotteswillen bedenken Sie sich nicht etwa, ob Sie es vielleicht werden könnten? Nein, wenn Sie mich nicht schon entschieden lieben, so sprechen Sie nur ein ganz fröhliches Nein aus und machen Sie sich herzlich lustig über mich; denn Ihnen nehme ich nichts übel, und es ist keine Schande für mich, daß ich Sie liebe, wie ich es tue.*[84]

Luise war – völlig grundlos – fast beleidigt über Kellers Geständnis, so daß er es für nötig hielt, an Frau Orelli-Breitinger einen Rechtfertigungsbrief zu schreiben, der nebenbei zeigt, daß die Absage ihn reifer und besonnener gemacht hat. *Indessen ist der Schlag, der mich aus meinem Himmel warf, nur wohltätig für mich. Eine Menge Eitelkeiten und Oberflächlichkeiten habe ich in diesen bittern Tagen abgelegt, und die Erschütterung hat mich aus einem heillosen Schlendrian herausgerissen. Es liegt so etwas unerklärlich Heiliges*

Alfred Escher.
Stich von Werdmüller
nach einem Gemälde von Clementine Stocker-Escher

und Seliges in der Liebe, sie macht so nobel und lauter, daß in demjenigen, der fruchtlos und unglücklich liebt, etwas Unwahres und Unrechtes sein muß, sei es was es wolle, und dieses in mir aufzufinden, ist jetzt eine Beschäftigung für mich, die mich zugleich hebt und beunruhigt. Sie sehen, verehrte Frau, daß ich die Sache schon ziemlich objektiv ansehen kann, und ich müßte lügen, wenn ich nicht sagte, daß ich mich bereits auf der Besserung befinde.[85]

Wir möchten uns gerne vorstellen, daß das schöne Sonett *Erkenntnis*, das thematisch etwas an diese Briefstelle anklingt und von dem wir nur wissen, daß es aus dem Jahre 1847 stammt, nach diesen Oktobertagen entstanden ist. Wir zitieren es hier in der leicht veränderten und gedanklich klareren Form, die ihm Keller für die *Gesammelten Gedichte* von 1883 gegeben hat.

Willst du, o Herz! ein gutes Ziel erreichen,
Mußt du in eigner Angel schwebend ruhn;
Ein Tor versucht zu gehn in fremden Schuhn,
Nur mit sich selbst kann sich der Mann vergleichen!

Ein Tor, der aus des Nachbars Kinderstreichen
Sich Trost nimmt für das eigne schwache Tun,
Der immer um sich späht und lauscht und nun
Sich seinen Wert bestimmt nach falschen Zeichen!

Tu frei und offen, was du nicht willst lassen,
Doch wandle streng auf selbstbeschränkten Wegen
Und lerne früh nur d e i n e Fehler hassen!

Und ruhig geh den anderen entgegen;
Kannst du dein Ich nur fest zusammenfassen,
Wird deine Kraft die fremde Kraft erregen.[86]

Darin liegt ebensoviel Stolz und Autonomie wie Demut und Gemeinsinn: Stolz und Autonomie im Verschmähen der dunklen Folie fremder Unzulänglichkeit für die eigene Tugend, Demut und Gemeinsinn in der selbstkritischen Wandlungsbereitschaft und in dem, was die Selbstvervollkommnung sich als Ziel setzt: die Erregung der fremden Kraft, der, wenn wir es richtig deuten, moralischen Kraft im anderen. Das ist eine – im weitesten Sinne des Wortes natürlich – republikanische Ethik, weil sie weder bevormundet sein noch bevormunden will und an die Unverwüstlichkeit des Guten im Menschen glaubt, das sich beim bloßen Anblick des Tüchtigen spontan regt.

Sie durchzieht, wie sich leicht zeigen ließe, Kellers ganzes Denken. Wir müssen uns hier damit begnügen, eine Stelle aus der acht Jahre später entstandenen gedankenreichen Novelle *Frau Regel Amrain und ihr Jüngster* zu zitieren, wo diese Ethik politisch – und doch nicht nur politisch – abgewandelt wird: *... denn höher und feiner als die Verachtung ist die Achtung vor der Welt im Ganzen. Wer freisinnig ist, traut sich und der Welt etwas Gutes zu und weiß mannhaft von nichts anderm, als daß man hierfür einzustehen vermöge, während der Unfreisinn oder Konservativismus auf Zaghaftigkeit und Beschränktheit gegründet ist.*[87] Frau Regel Amrain selbst ist ihre lebendige Verkörperung, weil sie *weniger mit der Zunge als mit ihrer ganzen Person*[88] erzieherisch wirkt.

Das Jahr 1848 kam. Keller, um eine Hoffnung ärmer und um eine Enttäuschung reicher, war nahe daran, durch leidenschaftliche Parteinahme seine Bekümmertheit zu übertönen. Aber indem er diese Gefahr begriff, wurde er auch ihrer Herr. *Selbst der Unbedeutendste muß jetzt fest auf der Wache stehen und die Nase hoch in die wehende Frühlingswitterung hinausrecken und nicht allein ein Winteresel bleiben im allgemeinen Rosensturm. Schönes Wort, Rosensturm! man sollte meinen, ich wäre ein sentimental revolutionierender Leipziger. Ungeheuer ist, was vorgeht, Wien, Berlin, Paris hinten und vorn, fehlt nur noch Petersburg. Wie unermeßlich auch alles ist, wie überlegen, ruhig, wie wahrhaft vom Gebirge herab können wir arme, kleine Schweizer dem Spektakel zusehen! Wie feindgliedrig und politisch raffiniert war unser ganzer Jesuitenkrieg in allen seinen Phasen und Beziehungen gegen diese freilich kolossalen, aber abc-mäßigen*

Erschütterungen![89] Gute Politik macht man mit Verstand und Tatkraft, nicht mit Pathos und Geschrei. Das hatte Keller inzwischen begriffen. Er ist weder der Sänger der Märzrevolution noch des gerade abgeschlossenen Sonderbundskrieges geworden, der die Schweiz aus einem Staatenbund zu einem Bundesstaat gemacht hatte und dessen Ergebnis durchaus in seinem Sinne war. Nur ein einziges Sonett hat er auf die Ereignisse des Jahres 1847 gedichtet. Es schließt mit dem Verzicht auf weitere Versuche dieser Art.

Und Jeder, der nur einen Streich geschlagen,
Ist nun ein König von lebend'ger Ehre! –
Was soll nun unser Singen noch und Sagen?[90]

Und doch machte das Jahr 1848 in Kellers Leben Revolution. Das kam unerwartet und ohne daß er selbst viel dazu beigetragen hätte. Durch seine Gedichte und durch kritische Aufsätze zu Literatur und Kunst, die in den Jahren 1846 bis 1848 im «Cottaischen Kunstblatt», in der «Neuen Züricher Zeitung» und in den «Blättern für literarische Unterhaltung» erschienen waren, wurde man in Universitätskreisen auf ihn aufmerksam und empfahl ihn der Züricher Regierung, die sich daraufhin seiner annahm. Am 29. September 1848 kann er dem ihm für kurze Zeit nahestehenden Dichter Eduard Dössekel *bestimmte Nachricht ... über die Wendung* seines *Geschikkes für die nächsten paar Jahre* geben. *Als Regierungsrat Bollier mit Regierungsrat Eduard Sulzer sprach wegen einer für mich auszufindenden Stelle, hatte dieser, sonst konservativ und mir gänzlich fern stehend, den ganz hübschen Gedanken: man wolle mich doch nicht jetzt schon für immer festbinden und isolieren, und ließ mich zu sich kommen, um mich zu fragen, ob ich nicht auf Staatskosten eine größere Reise, etwa nach dem Orient usf. machen wolle? Es seien alle bereitwillig, mir dazu zu verhelfen, nachher könne man noch immer wieder für mich sorgen! So kurz wie ich Dir, lieber Freund, dieses berichte, so kurz entschloß ich mich dazu. Im Verlaufe des Gespräches aber, als Sulzer nach meinen weitern poetischen Tendenzen sich erkundigte und ich von dramatischen Plänen sprach, ging er mit großem Interesse darauf ein und drückte den lebhaftesten Wunsch aus, mich in derlei Bestrebungen tätig zu sehen. Er schlug mir daher vor, ehe ich jene größere Reise antrete, noch etwa ein Jahr nach Heidelberg zu gehen, um einige historische, besonders Quellenstudien zu treiben; die Reise würde dann in doppelter Beziehung gewinnreich für mich sein. Obgleich ich nun für meine speziellen dramatischen Geschäfte keine historische Gelehrsamkeit brauche, vielmehr lediglich auf mein Herz, meinen Kopf und auf die reine Menschlichkeit angewiesen bin, so ist es doch niemals zu verachten, wenn man etwas lernen kann; auch habe ich ein sorgenfreies Jahr mehr vor mir, nebst der erfreulichen Aussicht auf jene Reise. Ich gab mich somit gefangen.*[91] Am 26. September bewilligte ihm der Erziehungsrat ein Stipendium von 800 Franken. Am 19. Oktober reiste er nach Heidelberg ab.

Es fiel Keller nicht ganz leicht, Heimat und Freundeskreis zu verlassen. In den ersten Monaten hatte er *einen wahren Heißhunger nach Briefen aus der Schweiz*[92]. *Wenn die gute Zürcherzeitung mit ihrem ewig denkwürdigen Redaktionswechsel nicht wäre, so müßte ich schlechterdings hier zugrunde gehen und sterben aus Mangel an Neuigkeiten aus der Heimat.*[93] Doch bald hatte er neue Freunde, darunter eine Reihe von Universitätsdozenten, deren Kollegien er besuchte: den Anthropologen Jakob Henle und den jungen Literarhistoriker Hermann Hettner, mit dem er bis zu dessen Tod brieflich verbunden blieb. Historische Studien bei Ludwig Häusser und Friedrich Christoph Schlosser gab er bald wieder auf. Dagegen besuchte er eifrig die Vorträge des nicht dem Lehrkörper der Universität angehörenden Philosophen Ludwig Feuerbach, die dieser im Winter 1848/49 auf Einladung der Studenten über religionsphilosophische Fragen im Saal des Rathauses hielt, und bald wurde er persönlich mit ihm bekannt.

Die Begegnung mit der Feuerbachschen Philosophie gilt, nicht ganz zu Recht, als die entscheidende Wende in Kellers geistiger Entwicklung. Man muß die Bedingungen bedenken, unter denen er mit ihr bekannt wurde, um die fast kritiklose Bereitschaft zu verstehen, mit der er sie akzeptierte. Der fast Dreißigjährige bekommt zum erstenmal in seinem Leben Gelegenheit, an akademischen Vorlesungen teilzunehmen, und dieses Erlebnis war für Keller genauso überwältigend wie für seinen *Grünen Heinrich*. *Auf Heinrich ... wirkte schon die erste Stunde so, daß er ... alle seine Verhältnisse vergaß und allein gespannt war auf die zuströmende Erfahrung ... Er versäumte nun keine Stunde in dem Hörsaal und nahm begierig ein neues Ganzes in sich auf, welches er vom Anfang bis zum Ende verstand und übersehen konnte. Wie ein Alp fiel es ihm vom Herzen, daß er nun doch etwas zu wissen anfing; im gleichen Augenblick bereute er auch nicht die gewaltsame und lange Unterbrechung des Lernens, da dasselbe dem Stillen des leiblichen Hungers gleicht: sobald der Mensch zu essen hat, empfindet er nichts mehr von der Pein und der Ungeduld des Hungers. Das Glück des Wissens gehört auch dadurch zum wahren Glücke, daß es einfach und rückhaltlos und, ob es früh oder spät eintrete, immer ganz das ist, was es sein kann, ohne Reue über das Versäumte zu erwecken ...*[94]

Wie ein Taumel kommt dieses *Glück des Wissens* über ihn und macht ihn empfänglich für alles, was ihn anrührt. Im Gefühl, endlich festen Boden unter die Füße zu bekommen, hält er alles, was er aufschnappen kann, sofort fest, so eben auch die Philosophie Feuerbachs. *Ich werde tabula rasa machen (oder es ist vielmehr schon geschehen) mit allen meinen bisherigen religiösen Vorstellungen, bis ich auf dem Feuerbachschen Niveau bin. Die Welt ist eine Republik, sagt er, und erträgt weder einen absoluten, noch einen konstitutionellen Gott (Rationalisten). Ich kann einstweilen diesem Aufruf nicht wi-*

Hermann Hettner

derstehen. Mein Gott war längst nur eine Art von Präsident oder erstem Konsul, welcher nicht viel Ansehen genoß, ich m u ß t e ihn absetzen.[95] Aber gleichzeitig spürt er, daß der Feuerbachsche Atheismus ihn in einem wehrlosen Augenblick überfallen hat. Für die Zukunft macht er Vorbehalte. *Allein ich k a n n nicht schwören, daß m e i n e Welt sich nicht wieder an einem schönen Morgen ein Reichsoberhaupt wähle ... ich werde nie ein Fanatiker sein und die geheimnisvolle schöne Welt zu allem Möglichen fähig halten, wenn es irgend plausibel wird.*[96] Ein Jahr später weiß er, daß Feuerbach doch nicht eigentlich Revolution in seinem Leben gemacht hat. *Als ich Gott und Unsterblichkeit entsagte, glaubte ich zuerst, ich würde ein besserer und strengerer Mensch werden, ich bin aber weder besser noch schlechter geworden, sondern ganz, im Guten wie im Schlimmen, der Alte geblieben ...*[97]

Wir werden uns hüten, die Frage zu entscheiden, ob Keller später wieder ein *Reichsoberhaupt* gewählt hat, ob der Gott, von dem im *Grünen Heinrich* so viel die Rede ist, mehr war als ein subtiles Spiel des Denkens. Wir werden aber diese Gottesvorstellung referieren, weil sie, wir haben kein anderes Wort dafür, die nobelste ist, die je ein unreligiöser Mensch – daß er das war, wird gleich zu begründen sein – entworfen hat. *Gott ist ... ein weltlicher Geist, weil er die Welt ist und die Welt in ihm; Gott strahlt von Weltlichkeit.*[98] Eine merkwürdige Umkehrung pantheistischer Gedankengänge: die Gleichsetzung von Gott und Welt macht die Welt nicht göttlich, sondern Gott weltlich, ja zum Inbegriff der Weltlichkeit. Gott ist weder, nach dem ersten theologischen Hauptsatz, der ganz Andere, noch, nach Feuerbach, eine bloße Deifizierung des Menschen und somit weder allmächtig noch irreal, sondern hat die gleiche Seinsqualität wie die Welt. Das nähert sich wieder sehr Kellers alter Vorstellung von Gott als einer *Art Präsidenten oder erstem Konsul*, der die Welt nicht erschafft und beherrscht, sondern nur repräsentiert.

Das tut er in vorbildlicher Weise. *Ruhe zieht das Leben an, Unruhe verscheucht es; Gott hält sich mäuschenstill, darum bewegt sich die Welt um ihn.*[99] Bewegt er sich, theologisch ausgedrückt, offenbart er sich, so ist der Welt ihr Gravitationszentrum genommen, und sie gerät aus ihrer Bahn. Gott tut seine Pflicht im stillen und verzichtet in seiner Großmut darauf, seine Geschöpfe seine Existenz merken zu lassen, das heißt, sie zu bevormunden. Keller ist bemüht, *im Namen seines liberalen und generösen Gottes jedes Fleckchen Welt einzuräumen, das sich selbst bewirtschaften*[100] kann.

Dieser Gott, in seiner Bescheidenheit ein echter Republikaner, steht in einem äußersten Gegensatz zu jenem, der Anbetung und Glauben fordert und die Voraussetzungen dazu absichtlich erschwert. *Wenn Gott eine Welt geschaffen und mit denkenden Wesen bevölkert hätte, darauf sich in einen undurchdringlichen Schleier gehüllt, das geschaffene Geschlecht aber in Elend und Sünde verkommen lassen, hierauf einzelnen Menschen auf außerordentliche und wunderbare Weise sich offenbart, auch einen Erlöser gesendet unter Umständen, welche nachher mit dem Verstande nicht mehr begriffen werden konnten, von dem Glauben daran aber die Rettung und Glückseligkeit aller Kreatur abhängig gemacht hätte, alles dieses nur, um das Vergnügen zu genießen, daß an Ihn geglaubt würde, Er, der seiner doch ziemlich sicher sein dürfte: so würde diese ganze Prozedur eine gemachte Komödie sein, welche für mich dem Dasein Gottes, der Welt und meiner selbst alles Tröstliche und Erfreuliche benähme. Glaube! O wie unsäglich blöde klingt mich dies Wort an! Es ist die allerverzwickteste Erfindung, welche der Menschengeist machen konnte in einer zugespitzten Lammslaune! Wenn ich des Daseins Gottes und seiner Vorsehung bedürftig und gewiß bin, wie entfernt ist dies Gefühl von dem, was man Glauben nennt! ... Ich kann nicht einmal bitten um Glauben, weil, was ich nicht einsehe, mir niemals wünschbar sein kann, weil ein klares Unglück, das ich begreife, noch immer eine lebendige Luft zum Atmen für mich ist, während eine Seligkeit, die ich nicht begriffe, Stickluft für meine Seele wäre.*[101]

Das ist die Argumentation eines durch und durch unreligiösen Menschen, dessen Irreligiosität nicht in der Leugnung der Transzendenz besteht, sondern in der Weigerung, sich mit ihr auseinanderzusetzen oder ihr nur zu begegnen. Sein Verstand ist nur auf das Verstehbare gerichtet, während es die Leidenschaft des religiösen Menschen ist, die Grenze alles Verstehens zu erfahren. Das größte religiöse Genie des 19. Jahrhunderts, Kierkegaard, ist darin der genaue Antipode Kellers. «Denn das Paradox ist die Leidenschaft des Gedankens, und ein Denker, der ohne Paradox ist, ist wie ein Liebhaber ohne Leidenschaft: ein mäßiger Patron. Aber die höchste Potenz jeder Leidenschaft ist immer, ihren eigenen Untergang zu wollen. Und so ist es auch des Verstandes höchste Leidenschaft, den Anstoß zu wollen, obgleich der Anstoß auf die eine oder andere Art sein Untergang werden muß. Dies ist also das höchste Paradox des Denkens, etwas zu entdecken, das es selbst nicht denken kann ... Aber was ist dieses Unbekannte, gegen das der Verstand in seiner paradoxen Leidenschaft anstößt ...? ... laßt uns dieses Unbekannte den Gott nennen.»[102]

Ludwig Feuerbach

Beide aber sind Gegner einer immanent-rationalistischen Interpretation der Transzendenz, wie sie der Pfarrer in der sehr viel später entstandenen Novelle *Das verlorene Lachen* praktiziert. *Zwar sei der Wissenschaft zuzugeben, daß die persönliche Fortdauer der Seele ein Traum der Vergangenheit sein dürfte. Wolle und müsse inzwischen einer doch darauf hoffen, so sei ihm das unbenommen; im übrigen aber sei die Unsterblichkeit jetzt schon und in jedem Augenblicke da. Sie bestehe in den unaufhörlichen Wirkungen, die aus jedem Atemzug in den andern folgen und in denen die Gewähr ewiger Fortdauer liege. Seinen Schilderungen konnte dann die unvermählt gebliebene Greisin entnehmen, daß wir in unsern Kindern und Enkeln fortleben; der Arme im Geiste getröstete sich der unsterblichen Fortwirkung seiner Gedanken und Werke; der durch haushälterischen und sparsamen Sinn oft Geplagte freute sich, daß nicht ein Atom seines Leiblichen wirklich verloren gehe, sondern in dem Haushalte der Natur in ewig wechselnder Gestaltung zu Ehren gezogen bleiben und verschwenderisch zur Hervorbringung von tausend neuen Keimen beitragen werde.*[103]

Gottes Großmut und Bescheidenheit fordert vom Menschen ein Gleiches. Er darf Gott nicht zumuten, ihn zum speziellen Objekt seiner Fürsorge zu machen. Der junge Heinrich verstößt noch gegen dieses Gebot. *In jeder üblen Lage aber rief ich Gott an und betete in meinem Innern in wenigen wohlgesetzten Worten, wenn die Krise zu reifen begann, um eine günstige Entscheidung und Rettung aus der Gefahr, und ich muß zu meiner Schande gestehen, daß ich immer entweder das Unmögliche oder das Ungerechte verlangte.*[104] Jukundus, die Hauptfigur aus dem *Verlorenen Lachen*, erfüllt es. *Ich glaube, der Sache nach habe ich wohl etwas wie Gottesfurcht, indem ich Schicksal und Leben gegenüber keine Frechheit zu äußern fähig bin. Ich glaube nicht verlangen zu können, daß es überall und selbstverständlich gut gehe, sondern fürchte, daß es hie und da schlimm ablaufen könne, und hoffe, daß es sich dann doch zum Besseren wenden werde.*[105]

Feuerbach versuchte, die psychologische Wurzel der Gottesvorstellung freizulegen und gelangte auf diesem Weg zum Atheismus. Keller läßt Gott als den Grund der Welt bestehen, tritt aber nicht in eine existentielle Beziehung zu ihm. Das sind grundverschiedene Dinge. Keller verdankt Feuerbach nur den Anstoß zur Neuformulierung dessen, was er schon vorher dunkel gewußt hat. Beweis dafür ist ein schon 1844 geschriebenes Gedicht, das die Gottesvorstellung des *Grünen Heinrich* vorwegnimmt.

Gott ist ein großes, stilles Haus,
Das offen steht zu jeder Stunde!
Kein Tor geht weder ein noch aus,
Und dunkel scheints in seinem Grunde.
Und willst du einen Namen rufen
In seine unermeßnen Hallen,
Dann wanken unter dir die Stufen
Und seine Tore niederfallen![106]

Des Hauses Dunkelheit und Stille ist Gottes Verborgenheit, das Wanken der Stufen und das Niederfallen der Tore ist Gottes Zorn über den Versuch, ihm einen Namen zu geben und ihn aus seiner Verborgenheit herauszuziehen.[107]

Keller selbst hat die Legende begründet, daß Feuerbach dem Künstler in ihm die Augen geöffnet habe für Glanz und Schönheit der Welt. *Für mich ist die Hauptfrage die: Wird die Welt, wird das Leben prosaischer und gemeiner nach Feuerbach? Bis jetzt muß ich des bestimmtesten antworten: Nein! im Gegenteil, es wird alles klarer, strenger, aber auch glühender und sinnlicher.*[108] Wir kennen Kellers Lyrik aus dem Jahre 1847 und wissen, daß es dessen nicht mehr bedurfte. Von dem ebenfalls Feuerbachschen Gedanken der Sterblichkeit versprach er sich neue Impulse für die geplanten Tragödien: *... ich bin fest überzeugt, daß kein Künstler mehr eine Zukunft hat, der nicht ganz und ausschließlich sterblicher Mensch sein will. Daher*

Das Heidelberger Rathaus, in dem Feuerbach seine Vorlesungen hielt

ist mir auch meine neuere Entwicklung und Feuerbach für meine dramatischen Pläne und Hoffnungen weit wichtiger geworden als für alle übrigen Beziehungen, weil ich deutlich fühle, daß ich die Menschennatur nun tiefer zu durchdringen und zu erfassen befähigt bin. Jedes dramatische Gedicht wird um so reiner und konsequenter sein, als nun der letzte Deus ex machina verbannt ist, und das abgebrauchte Tragische wird durch den wirklichen und vollendeten Tod einen neuen Lebenskeim gewinnen.[109] Trotzdem hat er nie eine Tragödie zustande gebracht. Über die Gründe wird noch zu sprechen sein.

Auf seine Lyrik hat die dogmatische Art, mit der er den Sterblichkeitsgedanken verfocht, zunächst eine abträgliche Wirkung gehabt. Später hat er Feuerbach *zu viel, nämlich störrischen Ernst*[110] vorgeworfen. Dieser Vorwurf trifft ihn für eine kurze Zeit selbst.

Ich hab in kalten Wintertagen,
In dunkler, hoffnungsarmer Zeit
Ganz aus dem Sinne dich geschlagen,
O Trugbild der Unsterblichkeit.

Nun, da der Sommer glüht und glänzet,
Nun seh ich, daß ich wohlgetan!
Aufs neu hab ich das Haupt bekränzet,
Im Grabe aber ruht der Wahn.

Ich fahre auf dem klaren Strome,
Er rinnt mir kühlend durch die Hand,
Ich schau hinauf zum blauen Dome
Und such – kein beßres Vaterland.

Nun erst versteh ich, die da blühet,
O Lilie, deinen stillen Gruß:
Ich weiß, wie sehr das Herz auch glühet,
Daß ich wie du vergehen muß!

Seid mir gegrüßt, ihr holden Rosen,
In eures Daseins flücht'gem Glück!
Ich wende mich vom Schrankenlosen
Zu eurer Anmut froh zurück!

Zu glühn, zu blühn und ganz zu leben,
Das lehret euer Duft und Schein,
Und willig dann sich hinzugeben
Dem ewigen Nimmerwiedersein! [111]

Das Gedicht, 1849 in Heidelberg entstanden, gibt mit eiliger Beflissenheit seine Pointe zu früh preis. Es resümiert, bevor es entwickelt hat. Die letzten Strophen sind nur eine beharrliche und mühsame Wiederholung des längst Erkannten. Schuld an seiner Mittelmäßigkeit ist nicht der Gedanke an sich, sondern die rechthaberische Betulichkeit, mit der Keller auf ihm insistiert.

Wir stellen diesem Gedicht ein thematisch verwandtes aus dem Jahre 1850 gegenüber, eines der schönsten, die Keller je geschrieben hat. Inzwischen hatte er zu Feuerbachs Philosophie ein kühleres Verhältnis gewonnen. Die Sterblichkeit ist aus einem weltanschaulichen Problem zu einem poetischen Motiv geworden. Das Gedicht stellt sie nicht thesenhaft an die Spitze, sondern kommt gelassen bei ihr an.

Liebliches Jahr, wie Harfen und Flöten,
Mit wehenden Lüften und Abendröten
Endest du deine Bahn!
Siehst mich am kühlen Waldsee stehen,
Wo an herbstlichen Uferhöhen
Zieht entlang ein stiller Schwan.

Still und einsam schwingt er die Flügel,
Taucht vergnügt in den feuchten Spiegel,
Hebt den Hals empor und lauscht,
Taucht zum andern Male nieder,
Richtet sich auf und lauschet wieder,
Wies im klagenden Schilfe rauscht.

Und in seinem Tun und Lassen
Wills mich wie ein Traum erfassen,
Als obs meine Seele wär,
Die verwundert über das Leben,
Über das Hin- und Wiederschweben,
Lugt und lauschet hin und her.

Trink, o Seele, nur in vollen Zügen
Dieses heilig friedliche Genügen,
Einsam, einsam auf der stillen Flur!
Und hast du dich klar und tief empfunden,
Mögen ewig enden deine Stunden:
Ihr Mysterium feiert die Natur! [112]

Der ewige Tod wird als Tatsache oder, worauf der Konjunktiv der vorletzten Zeile hindeutet, vielleicht nur als nicht auszuschließende, aber nicht gewisse Möglichkeit hingenommen. Er wird als Preis für das *heilig friedliche Genügen* gerne gezahlt, ohne untergangslüstern antizipiert zu werden. Keller hat seine Abwendung vom Unsterblichkeitsglauben nie widerrufen, aber er hat sich auch nie wieder damit gebrüstet. Nach dem ursprünglichen Plan sollte das Schlußkapitel des *Grünen Heinrich eine förmliche Elegie über den Tod bilden.* Das ist unterblieben, weil es ihm *zuwider wurde, nochmals über diesen Gegenstand breit zu werden* [113].

Wir wollen einen Augenblick zu dem Gedicht zurückkehren und uns seine Kunstgestalt etwas genauer betrachten, weil Kellers Lyrik hier zwar noch nicht zu ihrem zeitlichen Ende, aber zum Höhepunkt und Abschluß ihrer Entwicklung gelangt. Die Momente des Naturbildes werden nicht, wie in den episch-visionären Gedichten von 1846 und 1847, in der Reihenfolge ihrer Erstellung ausgedeutet, sondern fügen sich zu einem in sich ruhenden Ganzen zusammen. Dann erst folgen die gedanklichen Bezüge, die genauso viel Raum beanspruchen wie das Bild selbst. Die Präzision der Entsprechungen ist frappierend und kann nicht verschärft werden, ohne in Pedanterie auszuarten. Der Punkt, an dem das Gedicht von Beschreibung auf Reflexion umschaltet, ist genau markiert. Das ist eine sehr frühe Vorwegnahme einer Art von Symbolismus, dessen bedeutendster Vertreter Kellers Landsmann C. F. Meyer ist. Von ihm setzen wir ein sehr viel später entstandenes Gedicht hierher, dessen stilistische Verwandtschaft mit dem Kellerschen erstaunlich ist.

Möwenflug

Möwen sah um einen Felsen kreisen
Ich in unermüdlich gleichen Gleisen,
Auf gespannter Schwinge schweben bleibend,
Eine schimmernd weiße Bahn beschreibend,

Johanna Kapp. Bleistiftzeichnung von Erich Correns, 1844

Und zugleich in grünem Meeresspiegel
Sah ich um dieselben Felsenspitzen
Eine helle Jagd gestreckter Flügel
Unermüdlich durch die Tiefe blitzen.
Und der Spiegel hatte solche Klarheit,
daß sich anders nicht die Flügel hoben
Tief im Meer als hoch in Lüften oben,
Daß sich völlig glichen Trug und Wahrheit.
Allgemach beschlich es mich wie Grauen,
Schein und Wesen so verwandt zu schauen,
Und ich fragte mich, am Strand verharrend,
Ins gespenstische Geflatter starrend:
Und du selber? Bist du echt beflügelt?
Oder nur gemalt und abgespiegelt?
Gaukelst du im Kreis mit Fabeldingen?
Oder hast du Blut in deinen Schwingen?[114]

Keller konnte oder wollte auf dem eingeschlagenen Weg nicht weitergehen. Schon in Heidelberg hatte er den Entschluß gefaßt, der Lyrik den Abschied zu geben. Im Juli 1849 an Eduard Sulzer: *Gegenwärtig redigiere ich ein Bändchen Gedichte zusammen, welche sich nach und nach angehäuft haben. Dieses wird wohl mein Abschied von der Lyrik sein, sowie ich überhaupt ... nun dieses subjektive Gebaren endlich satt habe und eine wahre* Sehnsucht empfinde nach einer ruhigen *und heitern objektiven Tätigkeit ...*[115] Lyrik ist von Hause aus *subjektives Gebaren*, aber gerade die Kellersche erreicht, mindestens seit 1846, die in dieser Gattung größtmögliche Objektivierung der Gefühle. Das lyrische Ich spricht von sich selbst, soweit es das überhaupt tut, über das scharf konturierte Bild. Keller hätte ohne Selbstverleugnung als Lyriker noch Gutes leisten können. Sein bedauerlicher Entschluß beruhte auf der Fehleinschätzung seines besonderen lyrischen Talents, das sich gerade erst zu entfalten begann. In der Gedichtsammlung, von der er im Brief an Sulzer spricht, ist alles seit 1846 Entstandene vereinigt. Nur ganz wenige Stücke sind nicht aufgenommen. Er bot sie zuerst Cotta an, konnte sich aber mit ihm in der Honorarfrage nicht einigen, dann Vieweg aus Braunschweig, mit dem er wegen des *Grünen Heinrich* schon vorher Verbindungen angeknüpft hatte und der sich Ende 1850 bereit erklärte, den Verlag zu übernehmen. Sie erschien 1851 unter dem Titel *Neuere Gedichte*. Die *Zweite vermehrte Auflage* von 1854 ist nur ganz wenig verändert und um einige in Berlin entstandene Gedichte erweitert.

Die letzte Zeit des Heidelberger Aufenthaltes ist überschattet von einem unglücklichen Liebeserlebnis. Wieder ist es eine hohe und volle Frauengestalt, für die der kurzbeinige Mann eine Leidenschaft faßte. Johanna Kapp war die Tochter des Philosophen und Politikers Christian Kapp, der mit Feuerbach befreundet war und in dessen Hause auch Hettner und Auerbach verkehrten. Im Sommer 1849 wurde Keller dort eingeführt. Bald hatte er fast vertraulichen Umgang mit Johanna, machte häufig Spaziergänge mit ihr und gab ihr Einblick in seine literarischen Pläne. Sie war ihm freundschaftlich zugetan, aber ihr Herz gehörte, was Keller nicht ahnte, einem verheirateten Mann: Ludwig Feuerbach. Anfang November gestand er ihr brieflich seine Liebe. Sie war überrascht, und doch war sie auf diese Erklärung nicht ganz unvorbereitet. «In den letzten Tagen hab' ich wohl gefühlt,

Heidelberg von Osten um 1850. Zeichnung von C. Frommel

daß Sie mich gern hatten; aber ich hielt es für eine schöne menschliche Teilnahme und hätte mich auch gefürchtet, etwas mehr zu glauben.»[116]

Für kurze Zeit gab sich Keller ganz seinem Schmerz hin, der seinen Höhepunkt erreichte, als Johanna Kapp im Dezember 1849 Heidelberg für immer verließ. In einem nicht abgeschickten Brief an sie beschreibt er die Nacht, die ihrer Abreise voranging. *Trotz des leidenschaftlichen Lebens, welches ich seit einiger Zeit geführt habe, hätte ich doch nicht geglaubt, daß es mir noch so elend zumute sein könnte, als es mir vergangene Nacht und den Morgen darauf gewesen ist ... Ich hatte ganz fest geschlafen bis gegen Morgen; aber um halb drei Uhr erwachte ich, wie wenn ich selbst verreisen müßte; während ich munter wurde, kam es mir nach und nach in den Sinn, worum es sich handelte, ich ging ans Fenster und sah jenseits des Neckars Licht in Ihrem Zimmer ... Nach einiger Zeit glaubte ich einen Wagen hinausfahren zu hören, und bald darauf rollte er zurück über die Brücke. Jetzt geht sie, dachte ich, drückte mein Gesicht in das Kissen und führte mich so schlecht auf wie ein Kind, dem man ein Stück Zuckerbrot genommen hat.*[117]

Im übrigen hat der Brief eine bezeichnende Ähnlichkeit mit dem an Luise Rieter. Er ist eher eine Entschuldigung als eine Klage, eine Entschuldigung für die Unannehmlichkeiten, die er ihr mit seinem Geständnis verursacht zu haben glaubt: *... es ist vielleicht unschicklich, daß ich Sie noch mit diesen Klagen in die Ferne verfolge, Sie,* *welche genug selbst zu tragen haben, aber erstens kann ich den heutigen Tag nur dadurch erträglich zubringen, daß ich irgend etwas an Sie schreibe, und dann werden Sie auch, wenn Sie diese Zeilen erhalten, überzeugt sein können, daß es mir wieder frischer und besser zu Mut ist. Ich will Ihnen zukünftig nie mehr von meiner Liebe schreiben, sondern ganz vernünftig von Menschen und Dingen, die ich sehe, und mit tausend Freuden von Ihnen selbst und Ihrem Schicksale, wenn ich Ihnen auf Ihre Aufforderung irgend etwas Gutes und Aufmunterndes sagen kann.*[118]

Kellers melancholische Natur bedurfte von Zeit zu Zeit leidenschaftlicher Erregungen. *Nur das gänzliche Stillestehen und die absolute Bewegungslosigkeit sind das eigentliche Schlimme und gleichen dem Tode*[119], heißt es im *Grünen Heinrich.* Die unglückliche Liebe zu Johanna Kapp wirkte stimulierend auf seine Schaffenskraft. Drei Tage nach der Abfassung des nicht abgeschickten Briefes bietet er Vieweg seine Gedichte und den erst skizzierten *Grünen Heinrich* an, mit dessen Niederschrift er in den folgenden Monaten endlich begann. Der Roman sollte *eine Art Abschluß* für Kellers *persönliche Verhältnisse*[120] sein. Er hatte nicht vor, ihm weitere epische Dichtungen folgen zu lassen. Das Drama lockte ihn mehr. Deshalb entschloß er sich, ein weiteres Stipendium von 1000 Franken, das ihm die Züricher Regierung am 13. Oktober 1849 gewährt hatte, für einen Aufenthalt in Berlin zu verwenden, wo er *den Besuch des Theaters mit den nötigen historischen Studien verbinden könnte*[121]. Mitte April 1850 langte er dort an.

Es ist mit Recht behauptet worden, Kellers Lebensrhythmus sei der eines manisch-depressiven Menschen gewesen.[122] Die depressiven Phasen bezeichnete er selbst gern als seine *periodischen ... Lebensstockungen oder Stillstände*[123]. Für die Kindheit und frühe Jugend läßt sich dieser Rhythmus nur schwer nachweisen, nicht nur wegen der ungünstigen Quellenlage, sondern auch deshalb, weil in der kindlichen Seele Freude und Trauer rasch wechseln. In Kellers drittem Lebensjahrzehnt aber sind Wellentäler und Scheitelpunkte deutlich wahrnehmbar. Für jene nennen wir Winter und Frühjahr 1842/43 nach der Rückkehr aus München, das Jahr 1846 mit seiner beängstigenden Stockung des Produktionstriebes und das Jahr 1848, für diese die fruchtbaren Jahre 1844 und 1845 und den Sommer 1847. Je älter er wird, je ausgeprägter und länger werden diese Phasen. Seine Berliner Zeit ist, entgegen dem äußeren Anschein und den ungünstigen materiellen Verhältnissen zum Trotz, die erste länger andauernde manische Periode. Die Anzahl der zu Ende geführten Dichtungen ist groß: *Der Grüne Heinrich,* die erste Fassung des *Apotheker von Chamouny,* der erste Band der *Leute von Seldwyla;* die der geplanten kaum kleiner: *Das Sinngedicht,* die *Sieben Legenden,* Teile des zweiten Bandes der *Leute von Seldwyla* und eine der *Züricher Novellen.* Man wird sich freilich hüten müssen, Kellers damalige Vorstellungen, von denen man wenig oder nichts weiß, mit den aus viel späterer Zeit stammenden endgültigen Gestaltungen gleichzusetzen. Sie mögen noch manche Metamorphosen durchgemacht haben. Dazu kommen noch dramatische Entwürfe, die allerdings nie ausgeführt wurden, und eine Reihe von Rezensionen über Romane von Jeremias Gotthelf, die zu den Meisterwerken deutscher Literaturkritik gehören.

Fanny Lewald

Keller hat Berlin nicht geliebt: *... das Volk ist mir zuwider*[124], schreibt er ein gutes Jahr nach seiner Ankunft. Trotzdem fühlte er sich nicht unglücklich, weil er die Zeit, die er dort verbrachte, als die notwendigen Vorbereitungsjahre in der Wüste ansah, denen die Jahre des Hervortretens und Wirkens folgen sollten. *Es gibt aber auch keinen besseren Bußort und Korrektionsanstalt als Berlin, und es hat mir vollkommen den Dienst eines pennsylvanischen Zellengefängnisses geleistet, so daß ich in mich ging und mich während dieser ausgesucht hundsföttischen Jahre zu besseren Dingen würdig machte; denn wer dergleichen anstrebt oder sonst kein Esel ist, der befindet sich hier vollkommen ungestört und sich selbst überlassen ... Trotzdem sehne ich mich sehr nach Hause und nach frischer Luft, da nicht zu leugnen ist, wie sehr der Mensch von dergleichen abhängt, und wenn man schlechte Luft atmet, so kann man trotz aller Einsicht doch keine gute Figur machen. Alles dies zu fühlen und gründlich auszuhalten, nenne ich meine fruchtbringende Leidensschule und eine endliche Abreise den fröhlichen glückhaften Schluß derselben, welcher aber wohl begründet und abgerundet sein muß ...*[125] So äußert er sich rückblickend, ein knappes Jahr vor seiner Heimkehr nach Zürich. Vom ersten Tag seines Berliner Aufenthaltes an lebt er in dieser tapferen und hoffnungsvollen Stimmung. Er leidet nicht an seiner Einsamkeit, er sucht und genießt sie: *... es hat sich der Eigensinn in mir festgesetzt, den Sommer über ganz still und unbekannt zu bleiben ... Sonst befinde ich mich insofern wohl hier, als man ungestört und anhaltend für sich sein und arbeiten kann, der großen Einsamkeit wegen in der großen Stadt; und ist man müde, so findet man, auch wenn man allein ist, außer dem Hause bald Zerstreuung.*[126]

Fast ein Jahr verging, bis er den damals berühmten literarischen Salon der Fanny Lewald aufsuchte. Er *fand aber das Treiben und Gebaren der Leute so unangenehm und trivial*, daß er *bald wieder wegblieb*[127]. Erst nach dem Erscheinen der ersten drei Bände des *Grünen Heinrich* fand er sich öfter zum Fünfuhrkaffee bei Varnhagen ein, aber auch in dieser, verglichen mit der im Lewaldschen Salon, gewiß angenehmeren Atmosphäre fühlte er sich nicht recht wohl. Nach einer nicht verbürgten, jedoch sehr sprechenden Anekdote verließ er einmal eine dort versammelte Gesellschaft von Literaten, die alle mit weißer Weste, steifem Kragen und Halsbinde erschienen waren, vorzeitig und ruinierte beim Weggehen in einem Anfall von Zorn und Ekel mit seinem Knotenstock die Zylinderhüte dieser Herren, die sie im Vorraum auf Stühlen abgelegt hatten.[128] Mit Varnhagens Nichte Ludmilla Assing, die später den Nachlaß ihres Onkels herausgab und auch sonst schriftstellerte, korrespondierte er bis zu ihrem Tod. Sie hat ihn später in Zürich bei der Durchreise öfter besucht. *Ludmilla hat sich höllisch für mich erklärt und mich, da sie in Pastell malt, schon abkonterfetet*[129], schreibt er am 6. Mai 1854 an Hettner. Es ist nicht unwahrscheinlich, daß sie gerne Kellers Frau geworden wäre. Er behandelte sie aber später ziemlich schnöde. Ihr Blaustrümpflertum stieß ihn immer mehr ab. 1879 sah er sie, die inzwischen eine kurze und unglückliche Ehe hinter sich hatte, zum letztenmal. *Sie hatte eine goldene Brille auf der Nase, renommierte, daß sie Latein treibe, warf die Gegenstände auf dem Tisch mit barschen Mannsbewegungen herum, heulte dazwischen, rückte mir auf den Leib, immer von sich sprechend etc.*[130]

Keller war, obwohl gern in Gesellschaft, nie oder nur ausnahmsweise ein guter Gesellschafter, am allerwenigsten während seiner Berliner Zeit, in der er allzu sehr mit sich selbst beschäftigt war. Seine berühmte Schweigsamkeit, die später unglaubliche Ausmaße annahm und Anlaß zu einem ganzen Rattenschwanz von Anekdoten gab, wurde damals schon bemerkt. Julius Rodenberg, der später als Herausgeber der «Deutschen Rundschau» Kellers *Arbeitgeber*[131] wurde, berichtet davon. «Er sprach nicht viel und niemals von oder über sich. Auch von seinem Humor war kaum etwas zu bemerken. Man konnte nichts aus ihm herausbringen...»[132] Er bedurfte der Geselligkeit nie so wenig wie in diesen Jahren, die er dazu benutzte, seine fragmentarische Bildung zu vervollständigen. Berlin bot viele Möglichkeiten. Keller ließ sich vor allem *den häufigen Besuch des Schauspieles* angelegen sein und hat dort *der Reihe nach alle Dichtungen von Shakespeare, Goethe, Schiller und viel französisches Lustspiel aufführen gesehen*[133]. Während ihn in Heidelberg das Heimweh geplagt hatte, vermißt er jetzt kaum seine Züricher Freunde: *...wenn... nicht meine Mutter in Gestalt einer alten müden Frau sehnlich auf mich harren würde, so bliebe ich noch lange in Deutschland, denn für den Augenblick zieht mich sonst nichts nach Zürich.*[134]

Die Heidelberger Zeit und das ihr vorangegangene Jahr erscheint im Rückblick und im Vergleich mit der Gegenwart in einem trüben Licht, eine Zeit des Nichtstuns und der Verzettelung. Er war schon ehe er *nach Heidelberg kam, in einer großen und trübseligen Mauser begriffen ... herbeigeführt durch mehrere Verhältnisse. Dieser sonderbare Zustand ist endlich im Verschwinden.*[135] Die weinerliche Trauer über seine unproduktive Jugend, die ihn in Heidelberg noch bedrückt hatte – *ich bereue nur bitterlich die Jahre, welche ich seit meiner Rückkehr aus München in Zürich verschleudert habe*[136], schrieb er damals an Hegi –, ist gewichen. Jetzt weiß er, daß jugendliche Euphorie seiner Natur schlecht ansteht und daß er nur als Mann etwas leisten kann. *Meine Jugend ist nun einmal zum Teufel, und ich habe mich schon in die Reihe derjenigen Menschen gestellt, welche erst mit dem Schwabenalter ihre rechte Bestimmung erreichen.*[137] Er teilt diese Veranlagung mit auffallend vielen Zeitgenossen, mit seinem Landsmann C. F. Meyer, mit Theodor Fontane, mit Stifter, der auch erst im vierten Lebensjahrzehnt zu dichten begann. Im 18. und im frühen 19. Jahrhundert machte man schon im dritten Lebensjahrzehnt Furore in der literarischen Welt. Der empfindsame und schwärmerische Jüngling galt als poesieträchtigste Figur, und wer hätte ihn besser zu gestalten vermocht als Jünglinge? Die zweite Jahrhunderthälfte ist, im Positiven wie im Negativen, ein männlicheres und prosaischeres Zeitalter. Es gibt viel mißglückte Jünglingsdichtung. Wilhelm Raabe ist das prominenteste Beispiel. Keller, mit scharfer Witterung für die in der Epoche liegenden Möglichkeiten, bedauert es deshalb nicht, daß Veranlagung und Umstände ihn daran gehindert haben, ein umfangreiches Jugendwerk hervorzubringen: ... *im ganzen bin ich froh, daß ich dreißig Jahre alt geworden bin, ohne schon zehn Bände hinter mir zu haben, die ich nur widerrufen müßte.*[138]

Karl August Varnhagen von Ense. Zeichnung von Franz Krüger

Seine lange Werdezeit mit ihren vielen Widerwärtigkeiten, die noch immer nicht beendet ist, würde er sich jetzt schon um keinen Preis abkaufen lassen: ... *bin ich einmal aus dem Dreck heraus, so werde ich mich freuen, eine gute Zeit an Wind und Wetter gestanden zu haben. Denn meine Maxime ist geworden: Wer keine bitteren Erfahrungen und kein Leid kennt, der hat keine Malice, und wer keine Malice hat, bekommt nicht den Teufel in den Leib, und wer diesen nicht hat, der kann nichts Kernhaftes arbeiten.*[139] *Ich beneide diejenigen nicht, welche auf der Schnellbleiche ihr bißchen Weisheit und Erfahrung oder vielmehr ohne Erfahrung zusammenstoppeln, gleich etwas Geld verdienen, heiraten und sogenannte wohlgeratene Herren sind, um nach einigen Jahren erst unzufrieden und unruhig zu werden und erst im vierzigsten Jahre noch aus Unzufriedenheit und erfahrungsloser Dummheit plötzlich sich als verspätete liederliche Käuze darstellen oder sonst verrückt werden ... Ich hoffe noch den ein' und anderen, der jetzt ein wichtiges Gesicht macht und mich für einen Schlufi hält, der zu nichts kommt, zu überdauern.*[140]

Kellers Selbstbewußtsein als Schriftsteller und Dichter nimmt, wenn man bedenkt, daß er bisher nur zwei Gedichtbände veröffentlicht hatte, mit denen er selbst, teilweise mit Recht, sehr wenig zufrieden war, fast hybride Ausmaße an. Man lese nur die Korrespondenz mit Vieweg aus diesen Jahren. Kein Briefpartner bleibt dem anderen eine Grobheit schuldig, wobei der Verleger ein größeres Recht dazu hatte, weil Keller die Beendigung des *Grünen Heinrich* immer wieder hinauszögerte. Schon bei den Honorarverhandlungen ist er gar nicht schüchtern und beharrt auf seiner Forderung, die Vieweg als zu hoch erschienen war. *Ich habe schon 1846 für ein kleines Bändchen Gedichte 60 Louisdors empfangen und möchte doch jetzt, nach vier Jahren, nicht zurückgehen; denn wenn ich auch seither nichts geleistet habe, so habe ich doch viel gelernt und glaube überhaupt zur besseren literarischen Gesellschaft zu gehören, sowohl meinen persönlichen Verbindungen als meinem Bestreben nach. Sie werden dies auch bei dem Erscheinen des Buches sehen.*[141]

Als nach fast einem Jahr Vieweg noch nicht einmal das Manuskript des ersten Bandes vollständig in Händen hat und deshalb Keller zur Eile mahnt, bekommt er als Antwort: *Ich meinesteils wenigstens habe es auf eine nachhaltige Bedeutung des Werkleins abgesehen und frage weniger nach dem plötzlichen Geräusche einer Saison, auf welches ein gründliches Vergessen zu folgen pflegt.*[142] Vieweg hatte inzwischen finanzielle Verluste erlitten, da das Honorar größtenteils schon bezahlt und auch der schon seit langem begonnene Druck ihm Kosten verursacht hatte. Keller antwortet ziemlich unverblümt, daß er dafür als Mäzen an seiner Hand in die Literaturgeschichte eingehen werde, was sich schließlich bewahrheitet hat. *Sie haben allerdings durch Ihre gefälligen Vorschüsse und durch die Druckkosten eine beträchtliche Summe während 2 bis 3 Jahren unverzinst ausgegeben. Sie haben aber dadurch einem jungen Schriftsteller, welcher eine Zukunft haben wird, einige schwere aber folgenreiche Jahre seines Lebens besser ertragen helfen, und ich schmeichelte mir, daß Sie selbst einst sagen würden: Ende gut alles gut!*[143]

Und als Vieweg nach dem Erscheinen der ersten drei Bände immer noch keine Zeile vom Manuskript des vierten Bandes gesehen hat und deshalb Keller der Böswilligkeit beschuldigt: *Fast alle ausgezeichneten Werke unserer und fremder Literatur sind sukzessive und bändeweise entstanden und herausgekommen, oft mit langen*

Gottfried Keller. Pastellzeichnung von Ludmilla Assing, 2. Mai 1854

Ludmilla Assing

Unterbrechungen, noch nie habe ich gehört, daß deswegen die Verfasser als böswillige und schädliche Leute angegangen und insultiert wurden. Ohne mich jenen Männern beizählen zu wollen und ohne absichtlich das sukzessive Herauskommen meines Buches herbeigeführt zu haben, kann ich doch ganz ungeniert behaupten, daß mein Buch, selbst wenn ich keine Zeile weiter hinzugeschrieben hätte, ein ganz respektables Fragment sein würde, das über kurz oder lang seine Kosten vollkommen zu decken imstande ist ... Da dies Buch durchaus der einzige umfangreichere Versuch dieser Art bleiben wird und es seine bestimmte Stelle in meiner literarischen Entwicklung einnimmt, so wird man immer wieder darauf zurückkommen müssen.[144] Nach dem Erscheinen des vierten Bandes rechnet Keller ganz fest mit einer baldigen Neuauflage des ganzen Romans, denn *jedes wesentliche und charakteristische Buch hat früher oder später wieder abgedruckt werden müssen.* Vieweg, der daran zweifelte, mußte sich sagen lassen, daß sein Verlagsautor *im Sinne habe, ein Schriftsteller zu werden, an dem nichts verloren geht*[145].

Vier der fast fünf in Berlin zugebrachten Jahre verstrichen, ehe der *Grüne Heinrich* erscheinen konnte. Viewegs Ungehaltenheit ist nicht unbegründet, denn Keller legte ihn immer wieder beiseite und beschäftigte sich mit anderen literarischen Arbeiten. Über diese muß einiges gesagt werden, bevor wir auf den Roman näher eingehen. Keller war wegen seiner dramatischen Pläne nach Berlin gekommen, Schade um Zeit und Kraftaufwand, die er dafür verschwendet hat, denn es fehlte ihm für diese Gattung gänzlich an Talent. Das einzige umfangreichere Fragment stammt zur Hälfte noch aus der Heidelberger Zeit. Am 11. August 1849 entwarf er einen Plan zu *Therese*. Schon das Motiv ist nicht sehr überzeugend: Die unglückliche Liebe einer noch jugendlichen Mutter zum Bräutigam ihrer Tochter. *In seinem Umgange wachen die Liebesbedürfnisse der Frau auf. Sie hat ihren verstorbenen Mann nur wenige Jahre besessen und ist wie schon gesagt, noch hübsch und lebendig. Eine Kohle um die andere wird wieder glühend und sie hat die größte Mühe, die Glut nicht durch die zarte Decke ihrer äußeren Lebensart durchbrechen zu lassen. Sie findet aber bald einen Ausweg, indem sie sich entschließt, dem Missionär ihre Hand ... zu geben. Indessen hat sich aber der intressante junge Mann an die Tochter gemacht ... Wie die Frau sich eben anschickt, sich zu eröffnen, hält er feierlich und förmlich ... um die Tochter an.*[146]

Ausgeführt ist außer einigen Expositionsszenen nur die jetzt folgende Katastrophe. Schon das ist verräterisch, denn es zeigt, daß Keller die dramatische Entwicklung nicht reizte. Seine Briefe an Hettner, die voll sind von dramaturgischen Überlegungen, bestätigen das. *Es gibt in Shakespeare gewisse einzelne gewaltige Szenen, welche von aller Zeitkultur und ihrem Anhängsel entkleidet, nackt und erhaben an uns herantreten und zu uns sagen: Wir sind die wahren Proben von seinem Herzblute ... Es handelt sich nicht sowohl um Ökonomie und Szenerie, um Sprache und Bilder, um Charaktere und Sitten ... als um diese majestätisch hervortretenden einzelnen furchtbaren Situationen, für welche die Dichter alles andere nur gemacht zu haben scheinen ...*[147]

Es ist möglich, sich auf Grund von Plan und Fragment eine Vorstellung davon zu machen, wie das Drama selbst ausgesehen haben würde. Weder hätten die beiden Liebenden etwas von der aufkeimenden Leidenschaft der Mutter merken dürfen, noch diese etwas von dem sich anbahnenden Verhältnis. Es hätte somit aus Monologen Thereses und einer unverbunden danebenherlaufenden Handlung bestehen müssen. Das Drama braucht aber nicht nur den Dialog der Personen, sondern vor allem den Dialog der Handlungsstränge. Auf Kellers *Therese* angewandt heißt das, daß sich die Leidenschaft der Mutter am Glück der jungen Leute hätte entzünden und steigern müssen. Kellers Entwurf aber entspringt der Einbildungskraft des Epikers, der die Erzählstränge säuberlich voneinander getrennt führt und sie dann erst miteinander verwebt. Der Theaterdichter muß sich zum Publikum ins Parterre setzen. Keller dagegen will wie der allwissende Erzähler über seinen Figuren schweben und das Publikum auf diesen erhöhten Standpunkt mit sich führen. *Es kommt im Theater lediglich darauf an, daß man komisch oder tragisch erschüttert werde, und dies geschieht weit mehr, als durch Überraschungen und künstliche Verwicklungen, durch die vollständige Übersicht des Zuschauers über die Verhältnisse und Personen. Er sieht mit dem Dichter, wie alles kommt und kommen muß, er wird dadurch zu einem göttlichen Genusse, zu einer Art Vorsehung erhoben, daß er vollkommen klar die ergreifenden Gegensätze einer Situation durchschaut, welche den beteiligten Personen selbst noch verborgen sind, oder welche zu beachten sie im Drange der Handlung keine Zeit haben.*[148]

Therese beschäftigte Keller während seiner ganzen Berliner Zeit. Noch 1855 hat er an dem Manuskript herumgebastelt. Außerdem beabsichtigte er, den Agnes-Bernauer-Stoff zu dramatisieren, obwohl ihm Hebbel darin zuvorgekommen war. Daneben entwarf er Lustspiele, die nicht über die ersten Anfänge hinaus gediehen sind. Es ist

Das Königliche Schauspielhaus.
Entworfen und erbaut von Friedrich Schinkel

verwunderlich, daß der so selbstkritische Dichter nie erkannt hat, daß er kein dramatisches Talent besaß. Bis an sein Lebensende trug er sich mit der Absicht, auf seine *dramatischen Velleitäten von ehemals zurückzukommen, ein kurioses Experiment! die Konzeption des Dreißigers als Fünfziger auszuführen, nachdem die Lebenstrübe sich gesetzt hat* [149]. Er suchte weiter nach neuen Stoffen. Eine Zeitlang dachte er an die Dramatisierung der Geschichte Savonarolas. Erst kurz vor seinem Tode resignierte er und faßte den nicht mehr ausgeführten Plan, *einige jener dramatischen Projekte aus den jüngern Jahren in Gestalt von Erzählungen erscheinen zu lassen* [150].

Eine weitere Arbeit, die das Erscheinen des *Grünen Heinrich* verzögert hat, ist *Der Apotheker von Chamounix oder Der kleine Romanzero*. Die Reinschrift der ersten Fassung stammt erst aus dem Jahre 1860, die Dichtung muß aber schon 1853 im wesentlichen fertig gewesen sein, da Keller sie ursprünglich der zweiten Auflage der *Neueren Gedichte* einverleiben wollte. Sie *verdankt ihr Entstehen unmittelbar dem Erscheinen von Heines Romanzero* [151] und ist *gegen Heine und die ganze betreffende Richtung gedacht, welche bei ganz harmlosem und sentimentalem Gemüt, Frivolität und Bösartigkeit affektiert.* Durch *die wunderliche Form der Heinesch romantischen Willkür* [152] sollte diese Bösartigkeit satirisch als Harmlosigkeit entlarvt werden. Statt dessen ist der *Apotheker* mehr Nachahmung als Satire. Die Schilderung der körperlichen Vereinigung von Laura und Bertram, deren Seelen durch Mord und Untreue getrennt sind, ist so düster und makaber, daß sie fast von Heine selbst stammen könnte, und auch der Weltschmerz, der dessen Frivolität grundiert, fehlt nicht.

Und sie kosten falsch und glühend,
Und sie spielten grimmig lüstern
Mit den Leibern, wie mit Puppen,
Während sich die Seelen haßten . . . [153]

Der kleine Romanzero ist, zusammen mit den gleichzeitig entstandenen Romanzen, weniger eine Verspottung Heines als ein Zeugnis für die Faszination, die dieser auf Keller immer noch ausübte.

Mit Drama und Satire verfolgte Keller nicht nur künstlerische Ziele: ... *ich möchte nicht nur einen etwelchen Erfolg, als Resultat der gehabten Kosten, mit nach Hause bringen, sondern ich muß auch trachten, mit demselben etwas klingende Bewaffnung zusammenzuraffen, um nicht während meines ersten Aufenthaltes in Zürich gleich wieder mich so miserabel und geldlos umherzutreiben. Dies alles hoffe ich durch meine dramatischen Arbeiten zu bezwekken.*[154] Wir wissen, daß das eine Täuschung war. Die Dramen wurden nie fertig, den *Apotheker* hat er damals nicht veröffentlicht, weil ihm Hettner zu bedenken gab, daß er als herzlose Verspottung des todkranken Heine aufgefaßt werden könne. Kellers Finanznöte müssen uns noch einen Augenblick beschäftigen, weil er sehr unter ihnen litt, nicht nur in dem trivialen Sinne, daß sie den wenig zur Askese geneigten Mann zu Einschränkungen zwangen; sie hatten darüber hinaus eine demoralisierende Wirkung und sind eine der Hauptursachen dafür, daß sich der Abschluß seiner Pläne immer wieder verzögerte oder gar ganz ausblieb. *Ich bin leider keine Lorenz-Kindleins-Natur, welche bei Wasser und Sorgen immer munter drauflos schreibt. Das verworrene Netz von Geldmangel, kleinen Sorgen, tausend Verlegenheiten, in welches ich mich unvorsichtiger Weise mit meinem Eintritte in Deutschland verwickelte, wirft mich immer wieder in Untätigkeit zurück; die Mühe, wenigstens der täglichen Umgebung anständig und ehrlich zu erscheinen, drängt die Sorge für die Entfernteren immer zurück, und die fortwährende Aufregung, die man verbergen muß, diese tausend Nadelstiche absorbieren alle äußere Produktivität, während freilich das Gefühl und die Kenntnis des Menschlichen an Tiefe und Intensität gewinnen.*[155] Anfangs war er noch Stipendiat seines großzügigen Heimatkantons. Alfred Escher verschaffte ihm im März 1851 abermals ein Stipendium von 500

Heinrich Heine.
Zeichnung von Ludwig Grimm

Jakob Dubs

Franken, dem im Mai 1852 ein endgültig letztes von 600 Franken folgte. Daneben lebte er vom Honorar für die *Neueren Gedichte* und von den Vorschüssen, die ihm Vieweg für den *Grünen Heinrich* gewährte. Trotzdem mußte er Schulden machen, die bereits 1853 eine Höhe erreicht hatten, daß seine Freunde in Zürich sich zu einer Hilfsaktion entschließen mußten, die von Jakob Dubs und Alfred Escher, den führenden Züricher Politikern der Zeit, in sehr taktvoller Weise durchgeführt wurde. Sie verkauften in ihrem engeren Bekanntenkreis sechs Gottfried-Keller-Aktien zu je 300 Franken und ließen die Käufer, durchweg reiche Leute, wissen, daß sie ihr angelegtes Kapital wohl nie mehr sehen würden, was allerdings eine Täuschung war. Die Summe reichte nur zur Tilgung der alten Schulden, so daß Keller gezwungen war, sofort wieder neue zu machen.

Seine kümmerlichen Einkünfte brachten ihn nicht von seinem starrsinnig festgehaltenen Entschluß ab, auch in Zukunft als freier Schriftsteller zu leben, obwohl ihm gerade damals, am 7. Februar 1854, wiederum auf Anregung des stets hilfsbereiten Jakob Dubs, eine Dozentur für Literatur- und Kunstgeschichte an der Philosophischen Fakultät des neu errichteten eidgenössischen Polytechnikums angeboten wurde. Anfangs schien er bereit, in den sauren Apfel zu beißen. *Ich muß mich mit Gewalt in ausgefüllte starke Beschäftigung werfen, sonst geht die Duselei ins Unendliche fort. Natürlich werde ich zum voraus bedingen, daß ich für den Anfang nicht zuviel lesen muß! Den äußern Rechtfertigungsgrund dazu muß ich freilich dies Frühjahr und den Sommer über herstellen durch einen honorigen Abschluß meines bisherigen Produzierens. Der Entschluß fällt mir aber umso schwerer, als ich gerade jetzt glaubte, eine freie und einträgliche Tätigkeit vor mir zu sehen, und durch den Aufenthalt in Berlin das sogenannte Geldverdienen mir abgemerkt habe.*[156]

Im Laufe des Jahres 1854 wurde er wieder schwankend. Ende 1853 hatte er Vieweg *die Anfänge einiger Novellen*[157] geschickt, aus denen später das *Sinngedicht* erwuchs. Es gelang ihm, den Verleger für dieses Projekt zu interessieren. Im Juni bot ihm Scheube aus Zeitz seinen Verlag an, und Keller schloß mit ihm einen Vertrag über einen Band Erzählungen mit dem Titel *Lebensbilder*[158]; es sind die später bei Vieweg erschienenen *Leute von Seldwyla*. Diese Aussichten machten ihn verwegen. *Ich habe es nun endlich dahingebracht, anständig aus mir selbst leben zu können, und ich hoffe mit guten Buchhänd-*

lerkontrakten in der Tasche nach Hause zu kehren, da die Buchhändler seit dem Erscheinen meines Romanes ... mir ihren Verlag anbieten, was in dieser kritischen Zeit ein gutes Zeichen ist. Ich werde so die nächsten 5 oder 6 Jahre unabhängig als Schriftsteller existieren können, ohne in Vielschreiberei zu geraten, und mit der nötigen Muße bis zum sogenannten Schwabenalter doch noch etwas Praktisches aus mir zu machen.[159] Schließlich lehnt er die angebotene Dozentur ab, weil er befürchtet, daß sie ihn von der Schriftstellerei abhalten wird. *Ich müßte wenigstens ein Jahr lang alle Zeit ausschließlich dazu verwenden und würde dadurch mein bisher verfolgtes Ziel gänzlich aus den Augen verlieren; alle erlittenen Sorgen und das langjährige Ausharren in einer eigenen und selbständigen Entwicklung würden ohne Abschluß sein und die neue Laufbahn nichtsdestominder zweifelhaft bleiben in ihrer Zweckmäßigkeit für mich und andere.*[160]

«DER GRÜNE HEINRICH» UND «DIE LEUTE VON SELDWYLA»

Inzwischen waren die ersten drei Bände des *Grünen Heinrich* erschienen. Der vierte folgte erst 1855. Der Roman ist zweifellos die schönste Frucht der Berliner Jahre, obwohl Keller ohne rechte Lust und zeitweise geradezu mit Widerwillen daran gearbeitet hat. *Das «Werk» liegt wie ein Alp auf mir, und ich werde zu keinem frischen und raschen Vorwärtsschreiten kommen, bis es endlich aus dem Hause gefegt ist.*[161] Es war ihm *ganze Vierteljahre unmöglich ... den verfluchten Strickstrumpf auch nur anzurühren*[162]. Schon während der Niederschrift fällt er vernichtende Urteile über den Roman. Er sei *ein ödes und ungeschicktes Machwerk*[163], *ein formloser und wunderlicher Versuch*[164], *der Stil des Buches* sei *noch ziemlich breit und willkürlich und der Inhalt monoton und trübselig*[165], überhaupt liege die *weitschichtige, unabsehbare Strickstrumpfform*[166] nicht in seiner Natur. Man kann nicht ungerechter urteilen, denn an Gestaltenreichtum, Gedankenfülle und stilistischem Glanz übertrifft der *Grüne Heinrich,* auch in seiner ersten und unvollkommeneren Fassung, alle deutschsprachigen Romane der zweiten Jahrhunderthälfte. Nur einen Vorwurf des unmutigen Autors kann man gelten lassen: er ist nicht aus einem Guß und daher als ganzer – nicht in seinen mitunter recht selbständigen Teilen – etwas formlos. Aber diese Formlosigkeit schadet ihm nicht, erstens, weil die Gattung sie verträgt, und zweitens, weil sie das Ergebnis eines embarras de richesse ist.

Schuld an diesem Mangel ist die lange Entstehungszeit und die zu enge Konzeption als Entwicklungs- oder besser als Antientwicklungsroman, in die sich die Erfindungen einer immer reicher werdenden epischen Phantasie nicht mehr einfügen ließen. Nach den ersten Plänen aus dem Winter 1842/43 wollte Keller *einen kleinen traurigen Roman... schreiben über den tragischen Abbruch einer jungen Künstlerlaufbahn, an welcher Mutter und Sohn zugrunde gingen... Es schwebte mir das Bild eines elegisch-lyrischen Buches vor mit heiteren Episoden und einem zypressendunkeln Schlusse, wo alles begraben wurde.*[167] Das früheste erhaltene Textstück stammt aus dem Jahre 1846. Nur der Eingang wurde damals ausgeführt. Stilistisch hat er mit der Prosa des fertigen Romans so gut wie nichts gemein. *Wenn die Abendsonne auf das Städtchen scheint und der wolkenlose Himmel unmittelbar auf seinen Thürmen und auf seinen großen vollen Lindenkronen ruht, wenn von allen Fenstern und Hecken getrocknete Kinderwäsche flattert und aus den besonnten Höfen und Gäßchen ein summender Kinderlärm herübertönt, das einzige Geräusch in der Gegend, wenn hie und da in den kleinen blumenüberfüllten Gärten vor der Ringmauer ein einsames Mädchen geht und über den See in die glühenden Alpen schaut und das alles zusammen sich im klaren Gewässer spiegelt, so still und selbstgenügsam: dann sollte man nicht glauben, daß in diesem Stilleben jemals ein Herz erwachte, tief und unruhig genug, einen Roman zu durchleben.*[168] Das ist ein letzter Nachhall aus der Zeit, in der Jean Paul *Vaterstelle* an Keller *vertrat*[169]. Die Verwendung der vielgliedrigen Periode bezeugt das, einer Satzfigur, von der er später nie mehr Gebrauch machen wird. Adolf Frey gegenüber hat er Jean Pauls Einfluß auf seine Dichtung überhaupt bestritten. «Es gab eine Zeit, wo ich selten einschlief, ohne Jean Paul's Werke unter dem Kopfkissen zu haben. Aber in jenen späteren Tagen, da ich zu schreiben anfing, that ich längst keinen Blick mehr in seine Schriften, und von einer Wirkung auf meine Production kann daher in der von einigen Literarhistorikern angenommenen Weise durchaus nicht die Rede sein.»[170]

Im Sommer 1847 verhandelt Keller mit seinem Verleger Winter wegen des Romans, für den damals schon der Titel *Der Grüne Heinrich* vorgesehen war. Es kam aber zu keiner Einigung. In Heidelberg tritt er mit Vieweg in Verbindung. Am 28. Februar 1850 schickt er ihm einen Teil des Manuskripts. Im ganzen sollte das Buch etwa 400 Seiten stark werden. Das ist ein schwaches Drittel des endgültigen Umfangs. Immer noch gedachte er, *nur einen mäßigen Band zu schreiben*[171]. Aus dem Exposé, das er am 3. Mai für Vieweg verfaßt, geht hervor, daß der Plan von 1843 im wesentlichen unverändert weiterbestand. *Mein Held ist ein talent- und lebensvoller junger Mensch, welcher, für alles Gute und Schöne schwärmend, in die Welt hinauszieht, um sich sein künftiges Lebensglück zu begründen. Er sieht alles mit offenen klaren Augen an und gerät als ein liebenswürdiger lebensfroher Geselle unter allerlei Leute, schließt Freundschaften, welche seinem Charakterbilde zur Ergänzung dienen, und berechtigt zu großen Hoffnungen. Als aber die Zeit naht, wo er sich in ein festes geregeltes Handeln, in praktische Tätigkeit und Selbstbeherrschung finden soll, da fehlt ihm dieses alles.* Es bleibt *bei den schönen Worten, einem abenteuerlichen Vegetieren, bei einem passiven ungeschickten Umhertreiben. Er bringt dadurch sich und seine Angehörigen in äußerstes Elend ... Da wendet sich das Geschick plötzlich günstiger; er tritt in einen Kreis edler Menschen, erholt sich, erwirbt sich, gewarnt und gewitzigt, eine feste Haltung und betritt eine neue Lebensbahn, auf welcher ihm ein schönes Ziel winkt. So rafft er sich zusammen, eilt mit goldenen Hoffnungen in seine Heimat, um seine Mutter aufzusuchen, von welcher er seit geraumer Zeit nichts mehr gehört hat, so wenig als sie von ihm. Er stößt vor den Toren der Vaterstadt auf ihr Leichenbegängnis ... Das Band, welches ihn nach rückwärts an die Menschheit knüpft, scheint ihm blutig und gewaltsam abgeschnitten, und er kann deswegen auch das lose halbe Ende desselben, das nach vorwärts führt, nicht in seine Hände fassen, und dies führt auch seinen Tod herbei.*[172] Das ist die Struktur eines Antientwicklungsromans: die Handlung ist auf Entwicklung des Helden angelegt, die sich aber, je weiter sie fortschreitet, als zunehmendes Mißlingen darstellt. Auch der didaktische Charakter der Gattung sollte ihm nicht fehlen. *Die Moral meines Buches ist: daß derjenige, dem es nicht gelingt, die Verhältnisse seiner Person und seiner Familie im Gleichgewicht zu erhalten, auch unbefähigt sei, im staatlichen Leben eine wirksame und ehrenvolle Stellung einzunehmen.*[173]

Absicht und Motive blieben ... unverändert dieselben wie am ersten Tage der Konzeption[174], schreibt Keller einige Jahre später im Vorwort zur ersten Fassung. Das stimmt und stimmt nicht. Es ist insofern richtig, als er alles 1850 Geplante ausgeführt hat. Es ist falsch insofern, als ihm der Roman während der Niederschrift aufgequollen ist, so daß der ursprüngliche Plan nur noch den Rahmen abgab für Dinge, die oft fast nichts damit zu tun haben. Zu diesen muß schon die eingeschobene Jugendgeschichte gezählt werden, die zwar schon in Heidelberg vorgesehen wurde, aber erst in Berlin den unverhältnismäßig großen Umfang – über die Hälfte des ganzen Romans – erhielt: *... wie ich aber etwas vorrückte, fiel mir ein, die Jugendgeschichte des Helden oder vielmehr Nichthelden als Autobiographie einzuschalten mit Anlehnung an Selbsterfahrenes und -empfundenes. Ich kam darüber in ein solches Fabulieren hinein, daß das Buch vier Bände stark und ganz unförmlich wurde. Ursache hiervon war, daß ich eine unbezwingliche Lust daran fand, in der vorgerückten Tageszeit einen Lebensmorgen zu erfinden, den ich nicht gelebt hatte, oder, richtiger gesagt, die dürftigen Keime und Ansätze zu meinem Vergnügen poetisch auswachsen zu lassen.*[175]

Man kann ohne Übertreibung sagen, daß mit der Jugendgeschichte eine neue Epoche der Prosa Kellers beginnt, mehr noch: daß hier mit der für ihn charakteristischen Ruckartigkeit eine Stilhöhe erreicht wird, von der er später wohl gelegentlich noch heruntersteigt, die er aber kaum mehr übertrifft. Man halte die ihr vorangehenden drei ersten Kapitel des Romans, die noch in Heidelberg geschrieben sind, daneben, um den Unterschied zu ermessen. Sie sind breit, umständlich und nicht frei von Sentimentalität, wenn sie – viel zu oft – den Abschied Heinrichs von der Heimat variieren. *So wenig, außer dem tiefen ruhigen Strömen des Flusses, ein Ton in dieser Frühe hörbar wurde, ebenso wenig war an der weiten tiefen himmlischen Krystallglocke der leiseste Hauch eines Wölkleins zu sehen. Der weite See verschmolz mit den Füßen des Hochgebirges in eine blaugraue Dämmerung; die Schneekuppen und Hörner standen milchblaß in der Frühe. Als Heinrich an den Rand des Waldes trat, überflog der erste Rosenschimmer der nahenden Sonne die geisterhaften Gebilde; über dem letzten einsamen Eisaltar glimmte noch der Morgenstern. Indem unser Knabe starr nach ihm hinsah, tat er einen jener stummen, flüchtigen Gebetsseufzer, die, wenn sie in Worte zu fassen wären, ungefähr so lauten würden: Das ist sehr schön, o Gott! Ich danke dir dafür, ich gelobe, das Meinige auch zu tun!* [176] Metaphorik und Wortschatz sind konventionell und gehören einer domestizierten Romantik an, ebenso die gewundene und gezierte Syntax.

Dagegen wird die Sprache aggressiv und polternd, wenn politische und weltanschauliche Dinge angerührt werden. Heinrich über die Monarchie, von der er nach Überschreiten der Schweizer Grenze eine erste Anschauung erhält: *Es ist mir zumute, wie wenn irgend einer zarten und bisher unberührten Saite meines Innern plötzlich Gewalt angetan wäre; jeder Stein, jeder Baum scheint hier einen Stempel zu tragen, noch neben dem der Gottheit und der Natur. Jedes Postschild scheint mir zuzurufen: Du mußt dich auch zeichnen lassen wie ich, hier ist alles das erste und letzte Eigentum eines einzelnen Menschen! Und je weniger das Wort in Wirklichkeit wahr ist, besonders in einer gesetzlich eingerichteten Monarchie, desto mehr kommt es mir als ein unwürdiger Spaß, als ein blauer Dunst vor, den man sich mit ernsthaftem Gesicht vormacht; je weniger ich, wenn ich recht tue, nach jemandem zu fragen habe, desto lästiger ist es mir, wenn ich mich so anstellen soll, vor einer Namenschiffer den Hut abzuziehen und den Nachbar dabei zu versichern, daß dies mein höchster Ernst sei.*[177]

Die Jugendgeschichte schlägt von Anfang an einen anderen Ton an. In der etwa gleichzeitig geschriebenen Rezension zu Gotthelfs «Käserei in der Vehfreude» entwirft Keller eine Theorie dieses neuen Tons. *Das edle Handwerk der Büchermacherei hat verschiedene Stufen in seiner Erlernung, welche zurückgelegt werden müssen. Zuerst handelt es sich darum, daß man so einfach, klar und natürlich schreibe, daß die Legion der Esel und Nachahmer glauben, nichts Besseres zu tun zu haben, als stracks ebenfalls dergleichen hervorzubringen, um nachher mit langer Nase vor dem mißratenen Produkte zu stehen. Alsdann heißt es hübsch fein bei der Sache zu bleiben und sich durch keine buhlerische Gelegenheit, viel weniger durch einen gewaltsamen Haarzug vom geraden Wege verlocken und zerren zu lassen. Beide Disziplinen fließen öfter ineinander, und Herr Jeremias benutzt dann reichlich die Gelegenheit, sie mit einem Griffe beim Schopfe zu fassen und siegreich in eine Pfütze zu werfen. Erstlich ist seine Rede*

Jeremias Gotthelf.
Lithographie von Irminger nach einer Zeichnung von J. Barth

so wunderlich durch w o h l, a b e r, d a n e b e n, j e d o c h, *durch unendliche Referate im Konjunktiv Imperfecti gewürzt und verwikkelt, daß man oft ein altes Bettelweib einer neugierigen Bäuerin glaubt Bericht erstatten zu hören. Sodann läßt er sich alle Augenblicke zu einer süßen Kapuzinerpredigt, zu einer Anspielung mit dem Holzschlegel, zu einem feinen Wink mit dem Scheunentor verleiten, welcher weit hinter die Grenze der behandelten Geschichte gerichtet ist.*[178] Das ist ungerecht, soweit es Polemik gegen Gotthelf ist: einem fast barocken Predigertalent steht es wohl an, zu schimpfen und zu poltern. Die Aggressivität der Rezension richtet sich aber gewiß ebensosehr gegen Kellers eigene Neigung, über den Dingen breit zu werden – der zitierte Angriff auf die Monarchie bezeugt sie hinlänglich –, und ihm steht das als einer bei aller gesellschaftlichen Unbeholfenheit im Grunde urbanen Natur nicht an.

Manches an der hier vorgetragenen Poetik erscheint trivial und allgemein, so die Empfehlung, *einfach, klar und natürlich* zu schreiben. Ihr Sinn läßt sich nur an den konkreten Erscheinungen der Prosa der Jugendgeschichte erläutern. Als erstes schließt sie Verzicht auf Rhetorik ein, auf Ornatus und Schmuck der Rede, der über den Mitteilungssinn hinaus eine affektive Beteiligung am Gesagten indiziert. Positiv ausgedrückt: die Leistung des Kellerschen Stils besteht in einem Maximum an Mitteilung, das durch ein Minimum von sprachlichen Mitteln zustande kommt. Dieser Effekt wird erreicht durch das, was Süskind eine «pikante Beziehung»[179] zwischen den Wortarten im Satz genannt hat; sie besteht darin, daß Zeitwort und Adjektiv das Hauptwort nicht bloß erläutern – Modellbeispiel wäre das in den Einleitungskapiteln so verschwenderisch gebrauchte epitheton ornans –, sondern den Informationsumfang des Satzes erhöhen. Pikant wird diese Beziehung deshalb genannt, weil sie ungewohnte und frappierende Zusammenstellungen der Wortarten vornimmt. Einige Beispiele aus der Jugendgeschichte: Was der Knabe im Hause des Trödlerehepaares sieht und hört, kommt seiner *suchenden Phantasie*[180] zu Hilfe. Die alte Frau Margret erfaßte alles *mit neugieriger Liebe*[181]. Die älteren Knaben, die Heinrich verleumdet hat, sahen *mit erschrecktem Hasse*[182] auf ihn. Mit *tödlicher Ruhe*[183] kämpfte er mit seinem Jugendfeind Meierlein usw. Auffallend ist, daß diese «pikante Beziehung» ganz überwiegend zwischen Hauptwort und Adjektiv stattfindet. Daher rührt der statische Charakter dieses Stils. Alles Licht sammelt sich, wie in jeder großen Epik, auf den nominalen Teilen des Satzes. Das Adjektiv wird zum klassischen Mittel der Konzentration von Vorstellungen auf engstem Raum. Überspitzt ausgedrückt: Kellers Kunst ist die einer effektvollen Verwendung des Adjektivs.

Auf syntaktischer Ebene entspricht dem der trockene parataktische Behauptungssatz mit vielen appositionellen Erweiterungen und elliptischen Partizipialkonstruktionen und mit wenigen und unauffälligen Verben. Auch er ist bestimmt vom Gesetz sprachlicher Ökonomie, durch die mit wenig Aufwand umfangreiche Mitteilungen möglich werden. Heinrichs Situation nach der Ausweisung aus der Schule: *Ich war nun ganz mir selbst überlassen, vollkommen frei und unabhängig, ohne die mindeste Einwirkung und ohne Vorbild noch Vorschrift. Ich knüpfte abwechselnden Verkehr an mit jungen Leuten, an denen mich ein verwandter Hang oder freundliches Eingehen anzog, am liebsten mit ehemaligen Schulgenossen, die in der Zeit ihre Studien fortsetzten und mir, mich in meiner Klause besuchend, getreulich Bericht erstatteten von ihren Fortschritten und von allem, was in den Schulen vorkam. Diese Gelegenheit benutzte ich, noch ein und andere Brocken aufzuschnappen, und sah öfter schmerzlich durch die verschlossenen Gitter in den reichen Garten der reiferen Jugendbildung, erst jetzt recht fühlend, was ich verloren.*[184]

Soviel über die elementarste Stilschicht, das Sprachliche. Für das Kompositorische stellt Keller die ebenfalls scheinbar selbstverständliche Forderung auf, *hübsch fein bei der Sache zu bleiben* und sich nicht *vom geraden Wege verlocken und zerren zu lassen*. Ihre Erfüllung führt in der Jugendgeschichte zu einem fast chronikartigen Erzählduktus, der sich aber nicht in der Aneinanderreihung von – erfundenen und wahren – biographischen Fakten totläuft, sondern fortwährend durch gnomische Ruhepunkte gestaut wird. Er befolgt damit genau das, was er Gotthelf in der Rezension zu «Zeitgeist und Berner Geist» von 1852 empfiehlt: Statt zu predigen, solle er *die Wahrheiten, welche er gern sagen möchte ... an den rechten Stellen als Schlaglichter* aufsetzen *oder vielmehr als organische Blüten notwendig erwachsen*[185] lassen. Die zahlreichen Vorkommnisse und Gestalten des Romans werden repräsentativ für Weisen menschlichen Grundverhaltens. Ein Beispiel dafür, wie weit der durch Episodisches geöffnete Horizont des Allgemeinen sein kann: Der Knabe, mit dem Heinrich in der Erfindung phantastischer Lügengeschichten wetteifert, dessen Phantasie aber eine kindliche Vorform von Begehrlichkeit ist, *gehörte zu jenen Menschen, welche nicht gesonnen sind, sich in ihren Begierden im mindesten zu beschränken, und in der Gemeinheit ihrer Gesinnung dem Nächsten mit List oder Gewalt das entreißen, was er gutwillig nicht lassen will. Diese niedere Gesinnung ist gleichmäßig der Ursprung scheinbar ganz verschiedener Erscheinungen. Sie beseelt den ungeliebten Herrscher, welcher, in seinem Dasein jedem Kinde im Lande ein Überdruß, doch nicht von seiner Stelle weicht und nicht zu stolz ist, sich vom Herzblute des verachteten und gehaßten Volkes zu nähren; sie ist der Kern der Leidenschaftlichkeit eines Verliebten, welcher, nachdem er einmal die bestimmte Erklärung der Nichterwiderung erhalten hat, sich nicht sogleich bescheidet und in den edlen Schmerz der Entsagung hüllt, sondern mit gewaltsamer Aufdringlichkeit ein fremdes Leben verbittert; wie in allen diesen Zügen lebt sie endlich auch in der Selbstsucht des Betrügers und Diebs jeglicher Art.*[186] Man erkennt in der Jugendgeschichte leicht das Vorbild von Goethes «Dichtung und Wahrheit», wo ebenfalls das Chronikalische und das Gnomische die erzählerischen Grundelemente bilden. Keller hat das im Roman selbst angedeutet. Gerade «Dichtung und Wahrheit» entdeckt Heinrich bei seiner dreißigtägigen Goethe-Lektüre als *einen ganz neuen hellen Stern*[187]. Und wenn er, ebenfalls an dieser Stelle, Kunst als *Vereinfachung, Zurückführung und Vereinigung des scheinbar Getrennten und Verschiedenen auf Einen Lebensgrund*[188] definiert – das ist genau das Verfahren der eben zitierten Textstelle –, so tut er das unter Berufung auf das Vorbild Goethes.

Die Jugendgeschichte sei *hier und da bloß, in einem letzten Anfluge von Nachahmungstrieb, von der konfessionellen Herbigkeit Rousseaus angehaucht, obgleich nicht allzu stark*[189]. Tatsächlich ist ihr Gegenstand nur in den ersten Kapiteln die Person des Grünen Heinrich selbst. Dann verlagert sich das Gewicht ganz auf das allmählich auftauchende und immer reicher werdende Meer von Gestalten: Frau Margret und Vater Jakoblein, der Lügenkumpan, der Jugendfeind Meierlein, die Familie des Oheims, die Großmutter, der Schulmeister und Anna, Judith, der Philosoph, Habersaat, Römer und viele andere. Heinrich rückt immer mehr an den Rand und wird zum Picaro, der ganz damit beschäftigt ist, das ihn umgebende Leben zu beobachten. Schon im Hause der Frau Margret und des Vater Jakoblein spielt er diese Rolle. *Gleich dem Chorus in den Schauspielen der Alten hatte ich von meiner frühsten Jugend an das Leben und die Ereignisse in diesem nachbarlichen Hause betrachtet und war ein allzeit aufmerksamer Teilnehmer.*[190] Er behält sie bei, als er in die Schule kommt: *... sie bildete mein öffentliches Leben und war mir ungefähr was dem neugierigen Athenienser die Gerichtsstätte und das Theater.*[191] Mit Recht hat Josef Hofmiller den *Grünen Heinrich* dem Typus des Schelmenromans spanischen Ursprungs zugezählt.[192]

Mit Vorliebe verweilt Keller bei Situationen, wo recht viele Menschen zusammenkommen und wo es recht viel zu sehen gibt: Ausflüge, Umzüge und Feste, wie etwa der große Pfingstausflug in Heinrichs Knabenzeit, Tellaufführung und Faschingstreiben auf dem Dorfe und später dann das große Künstlerfest in München. Gotthelf steht hier Pate, und Kellers Rezensionen machen daraus keinen Hehl. Als *Höhepunkte in seinen Geschichten* bezeichnet er *jene schweren oder frohen Gänge, welche seine Männer und Frauen tun in das Land hinaus, wenn sie bei entfernten Blutsfreunden oder bei den ihnen durch ihre guten Eigenschaften erworbenen Freunden und Getreuen Rat, Hilfe in der Not oder Teilnahme an ihrem Wohle suchen*[193]. Der «Uli» ist voll davon, und Keller hält hier mit seiner Bewunderung ebensowenig zurück wie an anderen Punkten mit seinem Tadel. *Vom allerbesten Korn ist ferner die Stelle, wo die jungen Pachtleute zum erstenmal ein Erntefest geben müssen.*[194] Ebenso großartig findet er das Begräbnis des Erbvetters Hans Joggeli. *Die Leiche ist auf dem Wege nach dem weitentfernten Kirchhof, und der ganze Troß der Vettern und Basen, erblüstern, ist gefolgt, Rührung heuchelnd. Nur das treue Gesinde ist allein im Hause geblieben und hält aufrichtig trauernd Wache, obgleich sie nichts zu erben hoffen.*[195] Daß Felix und Änneli aus Gotthelfs «Käserei in der Vehfreude» sich ihrer Zuneigung gerade im Zusammenhang mit der zum festlichen Zug ausgestalteten Käseablieferung bewußt werden – im *Grünen Heinrich* nimmt, damit durchaus vergleichbar, die Liebe zwischen Anna und Heinrich während der Tellaufführung eine entschiedenere Form an –, nennt Keller *einen ebenso überraschenden als hochpoetischen Zug des Dichters*[196]. Hier wie an anderen Stellen der Rezensionen spricht er Gotthelf homerische Qualitäten zu. *Die Jünglinge des Dorfes kehren in sechs stattlichen Wagen, jeder von vier schweren stolzen Bauernpferden gezogen, von der Stadt zurück, wohin sie den Käse geliefert haben, und sprengen nun, vom Weine aufgeregt, in stolzem Übermut auf der nächtlichen Straße daher, der Held voran als ein wahrhaft antiker Wagenlenker.*[197] Solche Stellen sind es, die Keller nach all seinen Mäkeleien zu dem Urteil kommen lassen, daß Gotthelf *ohne alle Ausnahme das größte epische Talent war, welches seit langer Zeit und vielleicht für lange Zeit lebte*[198].

Doch zurück zum *Grünen Heinrich*! Nach dem Abschluß der Jugendgeschichte rückt der Titelheld noch mehr an den Rand der Darstellung. Die Kapitel 5 und 6 des dritten und das Kapitel 1 des vierten Buches behandeln die Geschichte von Erikson und Rosalie, von Lys, Agnes und dem rheinischen Gottesmacher. Heinrich spielt dabei nur eine Lückenbüßerrolle im wörtlichen Sinne, denn er muß sich um die von Lys verlassene Agnes kümmern. Es ist die erste novellistische Studie Kellers, und sie ist ihm auf Anhieb gelungen: ein buntes Gewoge durcheinanderspielender Schicksale mit überraschenden Lösungen auf dem Hintergrund des leider etwas zu breit geschilderten Künstlerfestes. Dieses *treffliche Stückchen Weltlauf, das sich so artig selbst berichtigte*[199], ließe sich leicht aus dem Roman herausnehmen und wäre mit geringen Abänderungen für sich selbst existenzfähig.

Nur das letzte Viertel des *Grünen Heinrich* hält sich eng an das Exposé, das Keller für Vieweg abgefaßt hatte. Vom zweiten Kapitel des vierten Buches an wird er erst zum Bildungsroman, jetzt aber in einem so wörtlichen Sinne, daß er doch wieder vom überlieferten Typus abweicht. Im Vordergrund stehen die bildenden Einflüsse, die auf Heinrich in den Hörsälen der Universität einwirken, nicht der damit eingeleitete Bildungsprozeß. Der Erzähler gewinnt ein objektives Interesse an den abgehandelten Themen und bringt sie kaum in Verbindung mit dem Schicksal des Helden, der in veränderter Weise seine Picarorolle beibehält. Es sind jetzt nicht mehr Menschen und Ereignisse, die durch seine Person in einen losen erzählerischen Zusammenhang gebracht werden, sondern Gedanken und Probleme. Zweifellos hat Hettner recht mit seinem «Bedenken, daß der Roman ungleich schwächer ist als die Jugendgeschichte. Es geht Ihnen wie Ihrem Helden in München; die Frische der Naturwahrheit nimmt ab, die Darstellung wird spiritualistischer, die Charakterzeichnung konventioneller.»[200] Die epische Phantasie ist spürbar erlahmt. Gewiß hängt das mit der verspäteten Ausführung einer Konzeption zusammen, über die Keller während der Niederschrift der Jugendgeschichte hinausgewachsen war. Dafür zeigt er aber jetzt ein essayistisches Talent, dessen Früchte die unvollkommene Gestalt des Romanschlusses verschmerzen lassen. Die zahlreichen Exkurse über Metaphysik und Willensfreiheit, Recht und Geschichte, Reaktion und Fortschritt, über die ethische Seite des Schuldenmachens und Rückzahlens, über Bescheidenheit, Rechthaberei, Geduld und Eitelkeit kommen aus der Feder eines gewandten Dialektikers und energischen Denkers, der bei aller Differenziertheit sich nie in Spitzfindigkeiten verstrickt, dessen Argumentation immer linear bleibt und ihr Ziel auf dem kürzesten Wege anvisiert und der nie mit seinem Scharfsinn kokettiert. Er spricht über subtilste Dinge in der Weise des Statthalters, mit dem Heinrich bei der Tellaufführung zusammentrifft. *Er war sehr gebildet, allein davon zeigte er jederzeit nur so viel nötig war und tat dies auf eine Weise, als ob er den Bauern nur etwas erzählte, das er zufällig erfahren und sie ebenso gut wissen könnten, wenn es sich just so gefügt hätte.*[201]

Nie war Kellers metaphysisches Interesse so stark gewesen wie während der sieben in Deutschland verbrachten Jahre. Den Anstoß dazu – wir haben es gesehen – hat Feuerbach gegeben. Mit dem *Grünen Heinrich* schließt er diese metaphysische Periode ab. Die essayistischen Einlagen im Roman sind Dank an den Geburtshelfer seiner diesseitigen Weltorientierung und letzte Kritik an seinem Materialismus als Metaphysik. Der Professor im *Grünen Heinrich* trägt in vielem die Züge des Heidelberger Anthropologen Henle, in seiner grillenhaften Leugnung der moralischen Kraft im Menschen als einer eigenständigen Potenz ist er aber ein Abbild Feuerbachs. *Denn es war das Steckenpferd des sonst durchaus unbefangenen und duldsamen Mannes, die Lehre vom freien Willen des Menschen überall anzugreifen und abzutun, wo und wie er ihr nur beikommen konnte, und er ließ sich desnahen sogar in seinen Vorlesungen an dieser Stelle jedesmal zu einer kurzen, aber sehr kräftigen Demonstration gegen das Dasein der moralischen Kraft, die man freien Willen nennt, hinreißen in einem auf die Spitze getriebenen materialistischen Sinne... Ihre Zeit hat auch die Rose. Wer wird, wenn sie erblüht, um sie herumspringen und rufen: He! dies ist nichts als Pottasche und einige andere Stoffe, in den Boden damit, auf daß der unsterbliche Stoffwechsel nicht aufgehalten werde! Nein, man sagt: Dies ist zurzeit eine Rose für uns und nichts anderes, freuen wir uns ihrer, solange sie blüht!...*

Aber der Professor konnte sich von der Vorstellung des ununterbrochenen aktiven und passiven Verhaltens des Gehirnes und der Nerven, als des hervorbringenden lebendigen Ackergrundes, niemals trennen zugunsten des Hervorgebrachten, der moralischen Frucht, als ob eine Ähre und eine Erdscholle nicht unzweifelhaft zwei Dinge, zwei Gegenstände wären.

Das kam daher, daß er jedesmal auf diesem Punkte einer kleinen Verwirrung anheimfiel, welche seine Begeisterung für seinen materiellen Gegenstand anrichtete und in welcher er ein wenig zu jener großen Schule derer gehörte, die das Wesentliche vom Unwesentlichen nicht zu unterscheiden wissen; denn in dem Augenblicke, wo es sich um eine moralische Welt handelt, hört die Materie, so fest jene an diese geschmiedet ist, auf, das Höchste zu sein, und nach diesem Edleren muß man trachten, sonst wird das, was man schon hat, blind und unedel...

«Wird der Steuermann», fuhr Heinrich fort, «zufälliger Stürme wegen, die ihn verschlagen können, der Abhängigkeit wegen von günstigen Winden, wegen schlechtbestellten Fahrzeuges und unvermuteter Klippen, wegen verhüllter Leitsterne und verdunkelter Sonne sagen: es gibt keine Steuermannskunst! und es aufgeben, nach bestem Vermögen sein vorgenommenes Ziel zu erreichen?

Nein, gerade die Unerbittlichkeit, aber auch die Folgerichtigkeit, Notwendigkeit der tausend ineinandergreifenden Bedingungen in ihrer Klarheit müssen uns reizen, das Steuer nicht fahren zu lassen und wenigstens die Ehre eines tüchtigen Schwimmers zu erkämpfen, welcher in möglichst grader Richtung quer durch einen stark ziehenden Strom schwimmt. Nur zwei werden nicht über solchen Strom gelangen: derjenige, welcher sich nicht die Kraft zutraut und sich von den Wellen widerstandslos fortreißen läßt, und der andere, welcher vorgibt, er brauche gar nicht zu schwimmen, er wolle hinüberfliegen in der Luft, er wolle noch ein Weilchen warten, bis es ihm recht gelegen und angenehm sei!»[202]

Diese Gedankengänge wenden sich gleichzeitig gegen Idealismus und Materialismus. Der Wille ist weder unbedingt noch unfrei. Wahrhaft frei wird er erst dann, wenn er sich der Bedingungen seiner Wirksamkeit bewußt wird.

Wir haben uns mit dem Roman deshalb so ausführlich beschäftigt, weil sich an ihm so etwas wie eine Geschichte der Prosa Kellers demonstrieren läßt, die freilich nicht nach dem Modell einer Evolution verläuft, sondern in mehreren deutlich wahrnehmbaren Schüben vorwärtsschreitet. Wie seinem Romanhelden scheint es ihm *bestimmt ... immer ruckweise und durch kurze Blitze und Schlagwörter auf eine neue Spur zu kommen*[203]. Evolutionär ist diese Geschichte auch insofern nicht, als Keller das Erreichte nicht festhält und in der nächsten Stufe «aufhebt», sondern die erprobte Stilebene zugunsten einer anderen aufgibt. Das Chronikalische der Jugendgeschichte wird abgelöst vom Novellistischen der ersten Münchener Zeit, dieses wieder vom Essayistischen des Romanschlusses, wobei lediglich der Aufenthalt auf dem Grafenschloß als eine wenngleich schwächere Reprise des Novellistischen betrachtet werden kann. Es wird noch einige Zeit vergehen, bis es Keller gelingt, diese verschiedenen stilistischen Möglichkeiten zu synthetisieren und sie in einer für ihn so charakteristischen Souveränität nebeneinander nach den Erfordernissen des Erzählinhalts zu verwenden. Mit dem noch in Berlin entstandenen ersten Band der *Leute von Seldwyla* ist dieses Stadium jedenfalls noch nicht erreicht.

Das letzte Berliner Jahr war eines der turbulentesten und, was bei Keller damit meistens Hand in Hand geht, eines der fruchtbarsten in seinem Leben. Nach *fünfjähriger guter Ruhe* schickte ihm *der Teufel ... eine ungefüge Leidenschaft auf den Hals ... Ich sage Ihnen,* schreibt er an Hettner, *das größte Übel und die wunderlichste Komposition, die einem Menschen passieren kann, ist, hochfahrend, bettelarm und verliebt zu gleicher Zeit zu sein und zwar in eine elegante Personnage.*[204] Diese *elegante Personnage* war Betty Tendering, die Schwägerin des Verlegers Franz Duncker, in dessen Haus Keller seit Herbst 1853 häufig zu Gast war. Während des Winters 1854/55 faßte er eine Zuneigung zu ihr, die an Heftigkeit die vorangegangenen weit übertraf. Die erhalten gebliebene kuriose Schreibunterlage, die er für die Niederschrift des vierten Bandes des *Grünen Heinrich* benutzte, läßt zusammen mit seinem Bekenntnis, er habe das letzte Kapitel des Romans *am Palmsonntag buchstäblich unter Tränen geschmiert*[205], den Grad seiner Verworrenheit ermessen.

Betty Tendering war ein *reiches, schönes und großes Mädchen*[206]

Betty Tendering. Zeichnung von Ludwig Pietsch, 1853

und entsprach somit dem Typ ihrer Vorgängerinnen. Begreiflich also, daß Keller auch dieses Mal wieder unglücklich liebte. Zweimal hat er sie porträtiert. ihr erstes Konterfei ist Dortchen Schönfund im *Grünen Heinrich*. Damals hatte er noch nicht gemerkt, daß sie ein Mädchen ist, *welches ... nicht weiß, was sie will, und besonders nicht leiden kann, wenn ihr nicht alle Welt den Hof macht*[207]. Er hielt ihr unbefangenes und zutrauliches Benehmen gegen ihn noch nicht für mutwillige Koketterie, sondern bald für Zuneigung, bald für *die Kennzeichen und Sitten feiner, natürlicher und wohlgearteter Menschen und einer glücklichen heiteren Geselligkeit ... welche jeden, den sie einmal arglos aufgenommen und zu kennen glaubt, auch ohne Arg mit ganzer Freundlichkeit behandelt ...* Es schien ihm ein *Kennzeichen der Grobheit und Ungezogenheit* zu sein, *zum Danke für solche feine Freundlichkeit sogleich das Auge auf die Inhaberinnen derselben zu werfen und ihre Person mit unverschämten und eigenmächtigen Gedanken in Beschlag zu nehmen ... Und er beschloß ganz gründlich zu Werke zu gehen und die Dame auch in dem geheimsten Gemüte nicht zu lieben, so daß sie unbewußt ganz unbedenklich in demselben wohnen könne, nur von seiner uneigennützigsten Ehrerbietung und guten Freundschaft umgeben.*[208] Dann aber verlor er derart den Kopf, daß ihm auch ihre Koketterie, die er nun als solche zu erkennen begann, unentbehrlich wurde. *Sie fing an, allerlei kleine Teufeleien zu verüben, an sich ganz unschuldige Kindereien in Bewegungen und Worten, welche einem vermehrten guten Humor zu entspringen schienen, aber ebensowohl täglich heller eine unergründliche Anmut und Beweglichkeit des Gemütes verrieten als auch mit einer federleichten Wendung zeigten, daß sie tausend unergründliche Nücken unter den Locken sitzen hatte. Wenn nun erst die offene und klare Herzensgüte, das was man so die Holdseligkeit am Weibe nennt, einen Mann gewinnt und gänzlich in Beschlag nimmt, so bringen ihn nachher, wenn er in seiner Einfalt entdeckt, daß die Geliebte nicht nur schön, gut und huldvoll, sondern auch gescheit und nicht auf den Kopf gefallen sei, diese fröhliche Bosheit des Herzens, diese kindliche Tücke vollends um den Verstand und um alle Seelenruhe, da es nun total entschieden scheint, ohne diese sei das Leben fürderhin leer und tot.*[209]

Es ist nicht sicher nachweisbar, daß Keller sich Betty Tendering erklärt hat, auf jeden Fall hat er dies nicht vor der Beendigung des *Grünen Heinrich* getan. Das zweite Porträt, das er im *Pankraz* wenig später in der Gestalt der Lydia von ihr zeichnet, läßt aber vermuten, daß das in der Zwischenzeit geschehen ist. Es ist weit unfreundlicher als das erste, weil ihre Reaktion auf sein Geständnis, das wir einmal als sicher annehmen wollen und mit der entsprechenden Szene im *Pankraz* gleichsetzen, wenn es sich auch, wenn überhaupt, in ganz anderer Form abgespielt haben mag, ihre wahre Natur ans Licht gerückt hatte: «... *ich muß allerdings gestehen, daß mich Ihr schroffes und ungeschicktes Benehmen sehr geärgert und sogar gequält hat; denn ich war an so etwas nicht gewöhnt, vielmehr daß ich überall, wo ich hinkam, Artigkeit und Ergebenheit um mich verbreitete. Ihre scheinbare grobe Fühllosigkeit hat mich ganz schändlich geärgert, sage ich Ihnen, und umsomehr, als mein Vater und ich viel von Ihnen hielten. Umso lieber ist es mir nun zu sehen, daß Sie doch auch ein bißchen Gemüt haben, und besonders, daß ich an meinem eigenen Werte nicht länger zu zweifeln brauche; denn was mich am meisten kränkte, war dieser Zweifel an mir selbst, an meinem persönlichen Wesen, der sich in mir zu regen begann. Übrigens, bester Freund, empfinde ich keine Neigung zu Ihnen ...»*

Der Anblick dieser um alle Folgen unbekümmerten Gefallsucht hat wohl auf Keller ebenso befreiend gewirkt wie auf Pankraz: *... wenn sie geglaubt, daß ich nach dieser unbefangenen Eröffnung gänzlich rat- und wehrlos vor ihr darnieder liegen werde, so hatte sie sich getäuscht. Vor dem vermeintlich guten und liebevollen Weibe hatte mein Herz gezittert, vor dem wilden Tiere dieser falschen gefährlichen Selbstsucht zitterte ich so wenig mehr als ich es vor Tigern und Schlangen zu tun gewohnt war. Im Gegenteil, anstatt verwirrt und verzweifelt zu sein und die Täuschung nicht aufgeben zu wollen, wie es sonst wohl geschieht in dergleichen Auftritten, war*

Kellers Schreibunterlage
während der Niederschrift des «Grünen Heinrich». Ausschnitt

ich plötzlich so kalt und besonnen, wie nur ein Mann es sein kann, der statt eines edlen scheuen Rehes urplötzlich eine wilde Sau vor sich sieht ... und nun sah ich ... daß es ein Weib war von einem groß angelegten Wesen, mit den Manieren, Bewegungen und Kennzeichen eines wirklich edlen und seltenen Weibes, und bei alledem mit dem Gehirn – einer ganz gewöhnlichen Soubrette ...[210]

Auch mit dem Dunckerschen Hause rechnete Keller im *Pankraz* ab, vor allem mit Lina Duncker, der Frau des Verlegers, der er später noch viele aufrichtig grobe Briefe schrieb, in denen er ihr androhte, *eine lächerliche Novelle ... mit dem Titel «Die böse Line»*[211] zu schreiben. Er vermutete, daß sie, wie der Gouverneur im *Pankraz,* mit im Komplott war. *Als ich mich nun mit zerrissenen Gedanken vom Gouverneur verabschiedete, sah mich derselbe vergnüglich und verschmitzt an und blinzelte spöttisch mit den Augen. Ich merkte, daß er meine Affäre wohl kannte, überhaupt dieselbe von jeher beobachtet hatte und eine Art von schadenfrohem Spaß darüber empfand. Da er sonst ein ganz biederer und honetter Mann war, so konnte das nichts anderes sein als die einfältige Freude aller Philister an grausamen und schlechten Bratenspäßen. Im vorigen Jahrhundert belustigten sich die großen Herren daran, ihre Narren, Zwerge und sonstigen Untergebenen betrunken zu machen und dann mit Wasser zu begießen oder körperlich zu mißhandeln. Heutzutage wird dies bei den Gebildeten nicht mehr beliebt; dagegen unterhält man sich mit Vorliebe damit, allerlei feine Verwirrungen anzuzetteln, und je weniger solche Philisterseelen selber einer starken und gründlichen Leidenschaft fähig sind, desto mehr fühlen sie das Bedürfnis, dergleichen mit mehr oder weniger plumpen Mitteln in denen zu erwecken, die sich dazu eignen, in solche herzlos aufgestellte Mäusefallen zu geraten.*[212]

Im Sommer, der dieser unglücklichen Angelegenheit folgte, suchte er, wie gewöhnlich, Vergessen in Alkohol und Randal. Wie Heinrich erleichterte er sich dadurch, daß er die Leute durchprügelte, die ihm über den Weg liefen und die das Unglück hatten, ihm zu mißfallen. Später, als er schon lange wieder in Zürich war, beichtete er in einem Brief an Lina Duncker: *Bei dieser Gelegenheit muß ich Ihnen noch nachträglich gestehen, daß jenes blaue Auge, mit welchem ich einst bei Ihnen erschien, obgleich ich es abgeleugnet, dennoch von Prügeln herrührte. Ich hatte nämlich nicht nur den Schlivian geprügelt, sondern in der folgenden Nacht wieder einen, wegen dessen ich verklagt und von der Polizei um fünf Taler gebüßt wurde. In der dritten Nacht zog ich wieder aus, fand aber endlich meinen Meister in einem Hausknecht, der mich mit dem Hausschlüssel bediente, worauf ich endlich in mich ging. Es war eine Donnerstags-, Freitags- und Sonnabendsnacht, wo ich so mit gebrochenem Herzen mich umtrieb und anderen Leuten mir zur Erleichterung an den Köpfen kratzte.*[213]

Die stimulierende Wirkung der unglücklichen Liebe blieb auch diesmal nicht aus. In wenigen Monaten wurde der erste Band der *Leute von Seldwyla* niedergeschrieben. Nie vorher war Keller die Arbeit so rasch von der Hand gegangen. Künstlerisch erreichen die hier vereinigten fünf Erzählungen nicht ganz den Rang des *Grünen Heinrich.* Das Novellistische ist weniger gut gemeistert als in den entsprechenden Einlagen im Roman. Freilich ist die Intention auch eine ganz andere. Mit Recht bezeichnete er sie als *Charakteristiken ... novellistischer Natur* und will sie von den *eigentlichen Novellen* [214] – gemeint sind die Entwürfe zu den *Sieben Legenden* und zum *Sinngedicht* – unterschieden wissen. In einem Brief an Vieweg, dem er sie nach der Lösung des Kontrakts mit Scheube anbietet und bei dem sie 1856 auch erscheinen, nennt er sie *Erzählungen oder Lebensbilder* [215]. Diese Bezeichnung ist vor allem für *Pankraz den Schmoller* und für *Frau Regel Amrain und ihr Jüngster* zutreffend. Eine novellistische Pointierung hat Keller hier gar nicht versucht. Beide sind, trotz ihres kleinen Umfangs, ihrer Struktur nach kleine Romane, Seiten- und Gegenstücke zum *Grünen Heinrich* insofern, als die beiden Hauptfiguren wirklich eine Entwicklung durchmachen, die sich in der Begegnung und Auseinandersetzung mit der Welt vollzieht. Der jeweilige äußere Horizont dieser Welt ist verschieden weit, dort Indien und Afrika, hier die Phantasiestadt Seldwyla. In beiden Fällen ist er, ganz anders als im Roman, durch die Zentrierung auf die Hauptfiguren an seinen Rändern verschwommen. Stilistisch sind beide Erzählungen der Jugendgeschichte sehr nahe verwandt. Das Erzähltempo ist, trotz der romanartigen Konzeption, wie dort sehr zügig.

Anders steht es mit *Romeo und Julia auf dem Dorfe.* Schon zu seinen Lebzeiten war diese Erzählung die bekannteste Dichtung Kellers – Heyse nahm sie in den «Deutschen Novellenschatz» auf – und bis heute ist sie ein Lieblingsgegenstand der Interpretation geblieben. Das hat sie nicht ganz verdient. Keller selbst hat nicht sehr viel von ihr gehalten. *Für «Romeo und Julie» war ich am meisten bange und hätte es beinah weggelassen* [216], schreibt er schon am 16. April 1856 an Hettner, und im Alter ist er ungehalten darüber, daß ihm seine *verhängnisvolle Dorfgeschichte ... wie ein gestutzter Pudel durch das ganze Leben nachläuft ...* [217] Im Gegensatz zum *Pankraz* und zu *Frau Regel Amrain* liegt hier eine novellistische Ausgangskonstellation vor, und in der ersten Hälfte der Erzählung wird sie auch genutzt. Es ist ein prächtiger Einfall, daß die beiden verkommenen und verfeindeten Bauern sich beim müßiggängerischen Fischfang treffen und sich dabei in die Haare geraten und daß ihre Kinder gerade bei dem Versuch, ihre Väter an dieser würdelosen Rauferei zu verhindern, sich körperlich nahe kommen und ihrer nie ganz erloschenen Zuneigung inne werden. Das ist eine nicht überbietbare Konzentration des Grundmotivs: Liebe der Jungen, die durch die Feindschaft der Alten verkümmern muß. Dann aber versandet der Erzählfluß. Lange Dialoge werden eingeflochten, die keine rechte epische Funktion haben, wie das alberne Liebesgeflüster zwischen Sali und Vrenchen auf dem Kornacker oder die angestrengte Neckerei des Mädchens mit der Frau, die ihr die letzten Habseligkeiten abkauft. Der ganze zweite Teil ist von der Stelle an, wo der schwarze Geiger auftaucht, eine erzwungene Idylle auf dem Hintergrund eines düsteren Fatums, beides literarische Formen, von denen Keller nie mehr Gebrauch machen wird.

Kurz nach dem Erscheinen des Bandes äußerte Keller, daß er sich auf *die letzten beiden Schnurren* – auf *Die drei gerechten Kammacher* und auf *Spiegel das Kätzchen* – *am meisten einbildete, was wohl daran liegt, daß sie formell am fertigsten und reifsten sind* ...[218] Indessen sind auch sie, gerade wegen ihrer formellen Virtuosität, nicht ganz gelungen. Das Generische der komischen Erzählung im einen und des Märchens im anderen Fall ist so stark ausgebildet, daß sie den Eindruck eines Exerzitiums machen. Wolfgang Kayser hat die *Kammacher* mit Hilfe der Kategorie des Grotesken zu beschreiben versucht.[219] Das ist richtig, denn eine seiner Spielarten entsteht dort, wo das Komische nur noch komisch ist und weder in sich noch außer sich das Gegengewicht des Normalen hat. Genau das ist hier der Fall. Es gibt nur vier Figuren in dieser Erzählung, die drei Kammacher und Züs Bünzlin. Der Meister des Geschäftes kommt so wenig in Betracht, daß er nicht einmal einen Namen bekommt. Alle vier kennen nur eine Tugend, Sparsamkeit und Erwerbssinn, und nur ein Ziel, die befriedigende Ordnung ihrer materiellen Verhältnisse, das sie mit Beharrlichkeit und erstaunlicher Einfallslosigkeit verfolgen. Genau die Hälfte der Erzählung verwendet Keller für die Darstellung dieser charakterlichen Dispositionen. Diese sehr gedehnte Prämisse zu dem dürftigen Geschehen des zweiten Teils ist vom Erzähltechnischen her den blutlosen und schemenhaften Figuren fast zu vollkommen angepaßt. Auch *Spiegel das Kätzchen* leidet an Pedanterie im Handwerklichen. Die Märchenrechnung geht zu glatt auf. Die Klugheit und Gutmütigkeit Spiegels siegt zu mühelos, und der böse und dumme Pineis muß die häßliche Beghine heiraten, ohne den Preis dafür, den gar nicht existenten Schatz, zu bekommen. Beides, das Groteske und das Märchenhafte, sind Elemente, die Keller in seiner späteren Epik als Momente in einer sehr vielschichtigen Wirklichkeit sparsam und wirkungsvoll verwenden wird. Sie werden dadurch ihre penetrante Deutlichkeit verlieren und beitragen zur epischen Totalität des reifen Werks.

Viel Ungleichartiges ist im ersten Band der *Leute von Seldwyla* vereinigt. Er ist ein großes Experimentierfeld, auf dem vieles erprobt wurde. Das meiste erwies sich in modifizierter Form als brauchbar. Eines aber ist diesen Erzählungen, vielleicht mit Ausnahme der *Frau Regel Amrain*, gemeinsam: das Genrehafte, das zwar nirgends für das Ganze bestimmend ist, aber überall reichlich eingestreut wird. Man denke etwa an die Eingangsszene von *Romeo und Julia* und an die Beschreibung des verwahrlosten Anwesens Martis in der gleichen Erzählung, an die Schilderung des Nachmittags des arbeitenden Teils der Seldwyler im *Pankraz*, an die Aufzählung der vielen Tätigkeiten des Hexenmeisters Pineis oder an das umständliche Inventar der Besitztümer Züs Bünzlins.

Sie hatte ihren Gültbrief, um dessentwillen sie von den Kammachern umworben wurde, *in einer kleinen lackierten Lade liegen, wo sie auch die Zinsen davon, ihren Taufzettel, ihren Konfirmationsschein und ein bemaltes und vergoldetes Osterei bewahrte; ferner ein halbes Dutzend silberne Teelöffel, ein Vaterunser mit Gold auf einen roten durchsichtigen Glasstoff gedruckt, den sie Menschenhaut nannte, einen Kirschkern, in welchen das Leiden Christi geschnitten war, und eine Büchse aus durchbrochenem und mit rotem Taft unterlegten Elfenbein, in welcher ein Spiegelchen war und ein silberner Fingerhut; ferner war darin ein anderer Kirschkern, in welchem ein winziges Kegelspiel klapperte, eine Nuß, worin eine kleine Muttergottes hinter Glas lag, wenn man sie öffnete, ein silbernes Herz, worin ein Riechschwämmchen steckte, und eine Bonbonbüchse aus Zitronenschale, auf deren Deckel eine Erdbeere gemalt war und in welcher eine goldene Stecknadel auf Baumwolle lag, die ein Vergißmeinnicht vorstellte, und ein Medaillon mit einem Monument von feinen Haaren; ferner ein Bündel vergilbter Papiere mit Rezepten und Geheimnissen, ein Fläschchen Hoffmannstropfen, ein anderes mit kölnischem Wasser und eine Büchse mit Moschus; eine andere, worin ein Endchen Marderdreck lag, und ein Körbchen, aus wohlriechenden Halmen geflochten, sowie eines aus Glasperlen und Gewürznägelein zusammengesetzt; endlich ein kleines Buch, in himmelblau geripptes Papier gebunden, mit silbernem Schnitt, betitelt: Goldene Lebensregeln für die Jungfrau als Braut, Gattin und Mutter; und ein Traumbüchlein, ein Briefsteller, fünf oder sechs Liebesbriefe und ein Schnepper zum Aderlassen ...*[220]

Das Genrehafte ist, selbst wenn es, wie hier, die Grenze des Erträglichen streift, nicht bloße Lust an Kleinmalerei, an bunter Anhäufung von Dingen. Es soll Licht werfen auf die ganz auf ängstliches Zusammenhalten des Besitzes bedachten und sich darin erschöpfenden Denkabläufe der Züs und auf die Kleinteiligkeit ihres Wesens überhaupt, um so mehr, als wir über ihr Seelenleben vom Erzähler in zuordnender Prädizierung nichts erfahren. Preisendanz versteht diese «eigentümliche Art, wie das Menschliche immer wieder an seiner Oberfläche und Peripherie, in seinem Ambiente und in seiner Sphäre gefaßt wird»[221], als «Verinnigung des objektiven Humors»[222], der aus der «Polarität von vergegenwärtigter Objektivität und subjektivem Reflex»[223] lebt und dessen humoristischer Effekt in der Spannung zwischen der Nebensächlichkeit des Dargestellten und der Bedeutsamkeit des damit Gemeinten gründet. Seine subtilen Gedankengänge können hier nicht erschöpfend referiert werden. Auch für Staiger ist das Genrehafte, das er als «dichteste Gegenständlichkeit» umschreibt, vermöge des komischen Kontrastes zu der im Erzählablauf erregten «großen Erwartung» das Grundelement von Kellers Humor.[224] Diese Beobachtungen sind zutreffend und weiterführend, scheinen aber doch eine etwas schmale Basis für die Bestimmung des Phänomens abzugeben, zumal die Beschreibungsfreudigkeit im Spätwerk abnimmt, so daß das überlegene Bescheidwissen des Erzählers, das wir mit Preisendanz für das Hauptmoment dieses Humors halten, sich nicht mehr bloß über Gegenständliches und konkret Vorfallendes erhebt.

Der erste Band der *Leute von Seldwyla* ist die letzte Frucht der Berliner Jahre. Im Herbst 1855 rüstet sich Keller zur Heimkehr mit dem Vorsatz, *in Zürich eine ordentliche und geregelte Industrie zu betreiben. Rohstoff hat sich genug angesammelt während der sieben Jahre in der Wüste ...*[225] Die Stadt war ihm verleidet, seine gesellschaftlichen Beziehungen waren gestört, besonders die zum Dunckerschen Hause, wo er schlecht behandelt worden zu sein glaubte. *Ich habe mich wieder sehr schlecht aufgeführt bei Ihnen*, schreibt er an Lina Duncker, *aber ich kann nicht dafür und führe mich jetzt fast überall schlecht auf und habe auch gewissermaßen ein Recht dazu.*[226]

Hoffentlich ist diese Zahl 7 nun die volle Zahl der Jahre, welche ich weg gewesen bin, und es ist alsdann noch einige anständige und bedeutsame Zahl, welche man mit den 7 mageren Kühen vergleichen kann, auf welche umgekehrt die 7 fetten folgen.[227] Ein letztes Mal, wie er meint, muß er die Mutter bitten, ihm zur Begleichung seiner Schulden mit 1000 Gulden aus dem Erlös des 1852 verkauften väterlichen Hauses auszuhelfen. *Die würde ich in einem halben Jahre leicht verdient haben mit den angefangenen und bereits verakkordierten Arbeiten ... Dagegen verspreche ich, daß ich von Stund an nach meiner Heimkehr unsern Haushalt übernehmen, den Mietzins bezahlen und alles durch den Bach schleiken will, wie man zu sagen pflegt. Mit dem, was ich in Berlin täglich bar ausgeben muß, kann ich dies ganz gut.*[228] Von der häuslichen Atmosphäre bei Mutter und Schwester verspricht er sich eine Erhöhung seiner Arbeitslust: ... *es hat mir dazu nur die feste Heimat und Ruhe gefehlt; denn man muß sich zu Hause fühlen; das Leben bei fremden Leuten und in den Wirtshäusern ist mir zum Sterben verleidet.*[229] Anfang Dezember 1855 kann er Berlin verlassen.

VERLORENE JAHRE

Die großen Hoffnungen, die Keller an seine Heimkehr geknüpft hatte, sollten sich nicht erfüllen. Die sieben Jahre bis zur Übernahme des Staatsschreiberamtes sind die dunkelsten und freudlosesten in seinem Leben. Die Fertigstellung der *Leute von Seldwyla* und des damals noch als *Galateenovellen* bezeichneten *Sinngedichtes*, zu der er vertraglich gegenüber Vieweg und Duncker verpflichtet war und von deren finanziellem Ertrag er sich und seine Familie ernähren wollte, unterblieb. Zwar bittet er am 12. Juni 1856 Lina Duncker, die Novellen *mit noch ganz klein wenig Geduld zu erwarten*[230], aber in den folgenden Jahren entsteht nur die erste Fassung der *Sieben Legenden*, die ursprünglich einen Teil des *Sinngedichtes* bilden sollten, nach 15 Jahren aber überarbeitet und gesondert veröffent-

Zürich zu Beginn der zweiten Jahrhunderthälfte

licht wurden. An den *Leuten von Seldwyla* arbeitet er erst wieder Ende der fünfziger und Anfang der sechziger Jahre.

Anfangs versucht Keller, seine Berliner Freunde, denen er wohl von dem ihn erwartenden Züricher Idyll vorgeschwärmt haben mag, und vielleicht auch sich selbst glauben zu machen, daß er ein solches wirklich vorgefunden habe: ... *ich genieße jetzo seit vielen Jahren zum erstenmal wieder den Frühling; wir wohnen zu ebner Erde im Garten vor der Stadt* – in der Gemeindegasse in Hottingen, wohin Mutter und Schwester nach dem Verkauf des väterlichen Hauses gezogen waren –, *Reben am Fenster und soeben blühende Birn- und Apfelbäumchen davor, die man mit der Hand erlangen kann. Später soll alles voll Rosen sein, den vielen Stöcken nach zu schließen, und weiterhin gibt's nichts als Wiesen und am Rande Gehölz, hinter welchem man in der Stube den Mond aufgehen sieht und am Morgen die Sonne. In fünf Minuten bin ich an und auf einem grünen Berge, welcher wie ein Theater voll Gärten, Matten und Wohnungen der Menschheit ist, voll enger Pfade zwischen den Grünigkeiten und oben mit Wald bekränzt, überall die herrlichste Aussicht auf die Alpen und den See ... Dies alles habe ich gleichsam vor der Türe und kann jeden Augenblick geschwind die Nase hineinstecken von der Arbeit weg, und ich bin jetzt wieder einmal recht zu mir selbst gekommen. Dabei geht mein altes Mütterchen ab und zu und macht sich zu schaffen, und ich bin sehr froh, daß ich für diesmal ungeschlagen davon kam und sie noch ebenso rüstig und beweglich angetroffen habe, wie ich sie vor sieben Jahren verlassen.*[231]

Ein Brief an Hettner, ebenfalls aus dem Frühjahr 1856, zeigt

schon die ersten Schatten, die Vorboten einer psychischen Lähmung, die bis Ende der fünfziger Jahre andauern wird. Er sei, trotz aller Annehmlichkeiten, *mehr traurig als vergnügt*[232]. Im Sommer und Herbst gewinnen Trübsinn und Arbeitsunlust vollends die Oberhand. *Schon zweimal sah ich dicht vor der Nase die Leute Heu machen, sah das Korn reif werden und abschneiden, alles wuchs und war fleißig, und alle Menschen rührten sich, nur ich tat seufzend gar nischt! Ich habe wochenlang nicht nur kein Wort geschrieben, sondern auch keines gesprochen, denn der Mensch denkt und Gott lenkt, und man kann sein inneres Geschick oder Ungeschick nicht zum voraus bestimmen wie einen Fakturzettel.*[233] Eine lang andauernde depressive Periode war angebrochen. Es gibt Augenblicke, in denen es ihm vorkommt, als ob das Leben schon hinter ihm läge: er sei *bereits ein alter Mensch ... der in der Neujahrsmitternacht am Fenster steht*[234], schreibt er an Franz Duncker. Fast wehmütig denkt er an die bewegten Berliner Jahre zurück: ... *es war doch eine hübsche Zeit, und jetzt geht gar nichts Rechtes mehr vor.*[235]

In der ersten Zeit nach seiner Rückkehr nach Zürich suchte und fand er Geselligkeit. Er hatte Umgang mit dem damals dort lebenden Richard Wagner, mit Friedrich Theodor Vischer und mit dem Architekten Gottfried Semper, die beide kurz zuvor als Hochschullehrer dorthin berufen worden waren. Er hatte Zutritt zu den glänzenden Gesellschaften, die das reiche Kaufmannspaar Wesendonk und der Regierungsrat Sulzer gaben. An Lina Duncker schreibt er am 13. Januar 1856 einen renommistischen Brief. *Hier in Zürich geht es mir bis dato gut, ich habe die beste Gesellschaft und sehe vielerlei Leute, wie sie in Berlin nicht so hübsch beisammen sind. Auch eine rheinische Familie Wesendonck ist hier, ursprünglich aus Düsseldorf, die aber eine Zeitlang in Neuyork waren. Sie ist eine sehr hübsche Frau namens Mathilde Luckemeier, und machen diese Leute ein elegantes Haus, bauen auch eine prächtige Villa in der Nähe der Stadt, diese haben mich freundlich aufgenommen. Dann gibt es bei einem eleganten Regierungsrat feine Soupers, wo Richard Wagner, Semper, der das Dresdner Theater und Museum baute, der Tübinger Vischer und einige Züricher zusammenkommen und wo man morgens 2 Uhr nach genugsamem Schwelgen eine Tasse heißen Tee und eine Havannazigarre bekommt.*[236] Schwerlich wird er sich bei seinem Mangel an gesellschaftlicher Gewandtheit in diesen Kreisen sehr

Friedrich Theodor Vischer

Gottfried Semper.
Radierung von W. Ungers, 1871

wohl gefühlt haben, und schon nach einem guten Jahr schreibt er an Freiligrath, er sei *bereits auch wieder so verknurrt*, daß er *meistens allein zu Hause hocke und arbeite oder lese, was am Ende am besten bekommt*[237].

Weniger gut bekam ihm seine Beteiligung am eidgenössischen Festleben, die ihn rührselig und sentimental machte. *Jüngst habe ich mich wieder gründlich gesund gemacht, indem ich mich unter fast viertausend bewaffnete Jüngelchens oder Kadetten stürzte, die wir in Zürich aus der halben Schweiz zusammengetrieben hatten, um ihnen ein viertägiges Fest zu geben. Ich habe noch nie eine solche Freude gesehen oder selbst gehabt und habe mir alle Grillen aus dem Kopf geschlagen ... man sah bei dieser Gelegenheit, wieviel Liebe und rechtes Gefühl doch noch nie eine solche Freude ge-Leute hatten öfter Tränen in den Augen, sogar ich selbst gegen Ende, nachdem ich die anderen ausgelacht.*[238] Er ist in dieser Zeit selbst nicht frei von der politischen Selbstgefälligkeit der Schweizer, über die er später so häufig in heftigen Zorn geraten konnte. Die zahlreichen Festlieder, die er damals dichtete oder vielleicht auch dichten mußte, bezeugen es.

Und singt: Das Land ist eben
recht,
Ist nicht zu gut und nicht zu
schlecht,
Ist nicht zu groß und nicht
zu klein,
Um drin ein freier Mann zu
sein![239]

Villa Wesendonk in Zürich

Als die Schweiz 1856 den Versuch machte, Friedrich Wilhelm IV. zu einem Verzicht auf seine Rechte auf Neuenburg, das gleichzeitig preußisches Fürstentum und eidgenössischer Kanton war, zu bewegen, und als Preußen nach einem unterdrückten Putschversuch der Neuenburger Royalisten mit Gewalt drohte, richtete Keller einen Appell *An die hohe Bundesversammlung*: *Nur indem Ihr im Namen des Schweizervolkes eine unbezweifelbar friedliche Gesinnung verkündet und demzufolge das Äußerste bietet, was dem ehrlichen und treugesinnten Schweizer möglich ist, lenkt Ihr jenen hellen Lichtstrahl in das Gesicht der fremden Gewalten, ihre wahren Absichten treten unverhüllt zu Tage, und wir werden von dem Augenblicke, wo Euere Bemühungen sich als fruchtlos erweisen, wissen, daß wir nicht mehr auf fremdes Wort, sondern allein auf eigene Tat zu achten haben.*[240] Dieser eisenfresserische Ton paßt gut zu den Sentimentalitäten des Festliederdichters, beides zusammen aber schlecht zu dem reflektierten und zu Differenzierungen fähigen Verfasser des *Grünen Heinrich*.

Gelegentlich scheint er sich auf diese für sich selbst und seine Kunst wenig ersprießliche Tätigkeit noch etwas zugute gehalten zu haben. An Lina Duncker am 23. Juli 1858: *Die Novellen sind hauptsächlich stecken geblieben, weil sie dem Plane nach ausschließlich aus Liebesgeschichtchen bestehen und mir die leichte Stimmung für dergleichen einstweilen abhanden gekommen ist, während ich durch mein hiesiges Leben für festere und löblichere Dinge angeregt werde.*[241]

Der Verdacht ist leider nicht unbegründet, daß er darunter

das Verfassen von Festliedern und ähnlichem verstand. Im Grunde hatte er aber doch bei all diesem Treiben kein gutes Gewissen. *Ich bin ... ein paar Monate lang ganz aus allem Arbeiten herausgekommen, denn ich habe Leitartikel geschrieben, in die Scheibe geschossen, in den Kaffeehäusern gekannegießert und lauter solches Teufelszeug getrieben.*[242]

Da Keller die schriftstellerischen Arbeiten liegen ließ und die Honorare deshalb ausblieben, war er finanziell weiterhin von Mutter und Schwester abhängig. So mußte er sich an den Gedanken gewöhnen, nun doch noch ein Amt zu übernehmen, wogegen er sich in

Eidgenössisches Cadettenfest in Zürich, 1856

Berlin so gesträubt hatte. Als ihm im November 1857 die Stelle eines Sekretärs des Kölner Kunstvereins angeboten wurde, sucht man ihn in Zürich durch die Aussicht auf eine Lehrtätigkeit am Polytechnikum zurückzuhalten. Die Verpflichtungen wären nicht erheblich gewesen. *Ich werde gänzliche Freiheit in der Wahl des vorzutragenden Stoffes und nur wenige Stunden zu lesen haben, und für die Zukunft bleibt es mir freigestellt, diese Tätigkeit auszudehnen und ein eigentlicher Schulmann zu werden, oder auch, bei besserem Befinden, mich gänzlich wieder zur Schriftstellerei zurückzuziehen.*[243]

Darauf konnte er aber vorerst nicht hoffen. Weder durch den *Grünen Heinrich* noch durch den ersten Teil der *Leute von Seldwyla* war er ein berühmter Mann geworden. Einem Bericht Viewegs über deren schlechten Absatz mußte er die bittere Einsicht entnehmen, *daß die Schriftstellerei im deutschen Sprachgebiet dermalen noch eine Lotterie ist, wo Treffer und Nieten fallen, wie der Zufall sie wirft.* Er war deshalb an dem Angebot seines Heimatkantons nicht uninteressiert. *Bei der gewissen Aussicht, niemals zu einem e t w a s reichlicheren ökonomischen Erwerb zu kommen, werde ich allerdings endlich auf andere Einrichtungen denken müssen. Denn diese Erfolglosigkeit verleidet und erschwert einem die Tätigkeit, an der es gerade am meisten gelegen ist.*[244] Die Sache scheiterte an Kellers Entschlußlosigkeit. Die Regierung stand weiterhin zu ihrem Angebot. Noch drei Jahre später, im Zusammenhang mit den Verhandlungen mit Cotta, von denen noch zu sprechen sein wird, stellt er es wenigstens so dar. *Ich sehe mich ... zu der Wahl veranlaßt, ob ich durch Übernahme eines Lehramtes, wozu mir in meiner Heimat die Möglichkeit gegeben ist, oder durch ein buchhändlerisches Abkommen diese wünschbare Grundlage verschaffen will. Ersteres sagt mir nun wenig zu, und ich habe bisher alle Aufforderungen und Aufmunterungen abgelehnt.*[245]

Immer noch gab er die Hoffnung nicht auf, als Schriftsteller seinen Lebensunterhalt verdienen zu können. Ende der fünfziger Jahre arbeitet er wieder an der Fortsetzung der *Leute von Seldwyla.* Am 13. Februar 1860 schickt er Vieweg die *Mißbrauchten Liebesbriefe,* die einzige Erzählung, *welche augenblicklich ... ganz druckfertig vorliegt,* die übrigen will er *rasch nachfolgen lassen*[246]. Sie ist das erste Beispiel für eine im späteren Werk charakteristische novellistische Struktur: aus unbedachtem und frivolem Spiel wird schöner Ernst. Gritli, von ihrem Mann Viktor zu einer gestelzten und unwahren Korrespondenz gezwungen, die er später publizieren will, schreibt dessen Briefe ab und schickt sie mit veränderter Anrede an den versponnenen und unklar enthusiastischen Schulmeister Wilhelm, der in alles, was lange Haare und Röcke trägt, verliebt ist. Dessen an sie gerichtete Antworten kopiert sie mit entsprechenden Abänderungen ebenfalls und adressiert sie an Viktor. Das Spiel gelingt anfangs, hat aber zwei unbeabsichtigte Nebenwirkungen: Wilhelm, der sich von Gritli geliebt glaubt, wird seinerseits zu wahrer Liebe

fähig und vergafft sich nicht mehr in jede Weibsperson, die ihm über den Weg läuft. Gritli bekommt Gelegenheit, den warmen Ton in den Briefen des Schulmeisters mit dem leeren und bombastischen in denen ihres Mannes zu vergleichen. Das Spiel führt über eine vorläufige Katastrophe zu neuen menschlichen Beziehungen und bewirkt eine charakterliche Reifung der in es Verwickelten.

Leider wird dieser gute novellistische Einfall streckenweise fast ganz überdeckt von der satirischen Absicht der Erzählung. Man muß annehmen, daß diese erst in Zürich vorherrschend geworden ist, während jener in der Grundkonzeption nachweislich noch in die Berliner Zeit gehört. Am 31. Januar, kurz vor der Absendung der Novelle an Vieweg, schreibt Keller an Hettner, *ein ärgerliches Gelächter* hätten ihm *dieser Tage einige Hefte der Zeitschrift «Teut» erregt, worin ein Rudel Schwachköpfe die Stiftung einer neuen «Sturm- und Drangperiode» verkünden, aus deren Gärung die potenzierten künftigen Goethe und Schiller hervorgehen sollen*[247]. Das veranlaßt ihn, auch Viktor zum Mitbegründer einer solchen zu machen, wodurch die Erzählung einen unverhältnismäßig großen satirischen Vorspann erhält und ihre schönen Proportionen verliert.

Getroffen werden sollte wohl auch der in Bern lebende Wiener Emigrant Dr. Ludwig Eckardt, der eine schweizerische Nationalliteratur durch vereinsmäßige Organisation der Schriftsteller fördern

Eidgenössisches Schützenfest in Zürich, 1859

wollte und Keller um Unterstützung bat. Das brachte ihm eine grobe und anzügliche Antwort ein: *... die Aufdringlichen, die Schleicher, die Schwanzwedler, die Plusmacher werden auch in der Vereinswelt voran sein, die Schüchternen, Verschämten, Unpraktischen, Stolzen und Mürrischen werden auf der Seite stehen und ihre Eigenschaften abbüßen nach wie vor.*[248] Die viel zu schwankhafte und zu ausführliche Schilderung der Ehe Viktors und Kätters zielt auf das *vierbeinige zweigeschlechtige Tintentier: Stahr-Lewald*[249], das ihn in Zürich mit seinem Besuch belästigt hatte.

Kellers Unmut über eigene Erfolglosigkeit und über den Erfolg der *Plusmacher* hat verhindert, daß die *Mißbrauchten Liebesbriefe* das geworden sind, was sie hätten werden können. Doch scheint die Arbeit an ihnen seine Lust am Fabulieren wieder geweckt zu haben. Im April 1860 an Freiligrath: *Ferner sind nächstens fertig die Fortsetzung der «Leute von Seldwyla» und zwei Bändchen Novellen mit dem Titel: «Die Galatee» ... In diesen Novellen sind unter anderm 7 christliche Legenden eingeflochten.*[250] Von diesen löblichen Vorhaben läßt er sich von Auerbach abhalten, der ihn am 22. Februar 1860 für seinen Volkskalender um eine Schilderung seiner Eindrücke bei der Heimkehr aus Deutschland gebeten hatte, «in beliebiger Form und zur Belehrung für uns und für die Schweizer»[251]. Keller ist nicht sehr angetan davon, geht aber darauf ein, weil er *das Honorar von*

50 Talern per Bogen sehr wohl brauchen konnte[252]. Ebenfalls gegen bessere Einsicht und aus finanzieller Not überarbeitet er um diese Zeit die schon in Berlin entstandene Satire auf Heine, den *Apotheker von Chamounix*, für eine geplante, aber nicht zustande gekommene Veröffentlichung. Er fühle wohl die *Verspätung und Unzeitgemäßheit*, schreibt er an Freiligrath, aber er sei *zu bettelhaft ... um fertige Manuskripte ungedruckt liegen lassen zu können*[253].

Der Beitrag zu Auerbachs Volkskalender ist das *Fähnlein der sieben Aufrechten*. Aber die *nötige heilsame Ironie*, die Keller in die Erzählung hineinbringen wollte, schlägt ihm gelegentlich unter der Hand um in *hyperpatriotische und überschweizerische philiströse Ruhmrednerei und Duselei*[254], die er hatte vermeiden wollen. Nicht das Politisieren der sieben Aufrechten wird zum Gegenstand der Ironie, sondern nur dessen Übergriffe auf ein unpolitisches Feld. Nur in diesem Punkte spricht Frau Hediger für Keller: *Was bleibt ihr nicht bei der Politik, statt euch in Liebeshändel zu mischen?*[255] In allen anderen Beziehungen tun das die sieben Aufrechten und ihr Sprecher Karl. Aber seine Rede enthält, neben einigen Peinlichkeiten, im Kern Kellers politisches Credo: die Verflechtung und gegenseitige Ergänzung von Politischem und Moralischem. *Wie kurzweilig ist es, daß es nicht einen eintönigen Schlag Schweizer, sondern daß es Zürcher und Berner, Unterwaldner und Neuenburger, Graubündner und Basler gibt, und sogar zweierlei Basler! Daß es eine Appenzeller Geschichte gibt und eine Genfer Geschichte! Diese Mannigfaltigkeit in der Einheit, welche Gott erhalten möge, ist die rechte Schule der Freundschaft, und erst da, wo die politische Zusammengehörigkeit zur persönlichen Freundschaft eines ganzen Volkes wird, da ist das Höchste gewonnen! Denn was der Bürgersinn nicht ausrichten sollte, das wird die Freundesliebe vermögen und beide werden zu e i n e r Tugend werden!*[256] Eine autobiographische Notiz des Siebzigjährigen stützt diese Interpretation: Das *Fähnlein der sieben Aufrechten* könne *als Ausdruck der Zufriedenheit mit den vaterländischen Zuständen gelten ... als Freude über den Besitz der neuen Bundesverfassung! Es war der schöne Augenblick, wo man der unerbittlichen Konsequenzen, welche alle Dinge hinter sich herschleppen, nicht bewußt ist und die Welt für gut und fertig ansieht.*[257]

Keller hatte beabsichtigt, *das Didaktische im Poetischen aufzulösen, wie Zucker oder Salz im Wasser*[258]. Das ist ihm nicht gelungen. Daß eine Mutter gegen den Willen des Vaters durch eine unschuldige kleine Kuppelei die Liebschaft ihres Sohnes begünstigt, der dieser Unterstützung gar nicht bedarf, weil er sich schon von selbst zu helfen weiß, ist, mit Verlaub, eine etwas einfältige Fabel. Sie ist zu glatt und von Anfang an zu durchsichtig, um mit dem Politisieren der sieben Aufrechten in ein dialektisches Verhältnis treten zu können, das deshalb zum Schaden für die Erzählung im Raum theoretischer Erörterung bleiben muß. Die Art der angewandten Poesie, wie sie hier betrieben wird, schadet beidem, der künstlerischen Gestaltung und der denkerischen Präzision.

Das von Gottfried Semper erbaute Eidgenössische Polytechnikum in Zürich. Lithographie von Zollinger

Das *Fähnlein der sieben Aufrechten* war ein Irrweg, auf dem Keller, glücklicherweise nur theoretisierend, in dem 1861 in Cottas «Morgenblatt für gebildete Leser» veröffentlichten Aufsatz *Am Mythenstein* noch eine Strecke weitergeht. War dort die Poesie die Magd der Politik, so wird sie hier zur Tochter des vaterländisch-politischen Bewußtseins. Eben noch polemisiert er gegen Dr. Eckardts Projekt einer *«Nationalbühne»* [259], gleich darauf rückt er mit einem ähnlichen Plan heraus. *Dennoch dürfte gerade das Schauspiel die Kunst sein, in welcher das Schweizervolk mit der Zeit etwas Eigenes und Ursprüngliches ermöglichen kann, da es die «Mütter» dazu besitzt, nämlich große und echte Nationalfeste, an welchen Hunderttausende sich beteiligen mit den ausschließlichen Gedanken des Vaterlandes.*[260] Besonders die Sängerfeste scheinen ihm dazu tauglich, weil sie im vorgetragenen Lied einen unmittelbaren Ansatzpunkt bieten, das eine Metamorphose in Richtung auf das Epische durchmachen müßte: *... das Lyrische trete vor dem Epischen und Oratorischen zurück. Große geschichtliche Erinnerungen, die Summe sittlicher Erfahrung oder die gemeinsame Lebenshoffnung eines Volkes, Momente tragischer Selbsterkenntnis nicht ausgeschlossen, fänden Ausdruck und Gestalt in Wort- und Tondichtungen ... Wenn nun dieses Tonmeer erbrauste und auftauchend aus demselben eine Reihe fünfhundertstimmiger Halbchöre einander die Erzählung oder die großen Fragen und Antworten einer Musik gewordenen Ethik abnähmen, so wäre ein Dialog im Entstehen, der seinen Maßstab in nichts Vorhandenem hätte, und die Frage des Dramas in ein neu-*

es Stadium getreten ... Jetzt würde sehr wahrscheinlich die Lust und das Geschick zu kostümierten Aufzügen hinzutreten ...[261] *Aus diesem Stadium der Feste, der Blüte der Volksherrlichkeit, würde sich endlich die persönliche Meisterschaft der einzelnen, sozusagen, aristokratisch ausscheiden; die Menge, gesangesmüde, würde sich in passiv Genießende verwandeln, und nun erst, auf abwärtsgehender Linie, würde sich das Festgedicht in eine eigentliche Handlung verdichten, die Soli und Halbchöre zu rezitierenden Personen werden ... und auf dem gewaltigen Umwege wäre die Tragödie wieder da als etwas Neues und Verjüngtes.*[262]

Diese abermalige Geburt der Tragödie aus dem Geiste der Musik und des Kultus würde ein neues archaisches Zeitalter voraussetzen. Statt dessen stand die industrielle Revolution vor der Tür, und Keller selbst sieht das, wie gleich zu zeigen sein wird, sehr genau. Man wird den *Mythenstein* nur für eine halbernste Tagträumerei eines Menschen nehmen dürfen, der eine glänzende Möglichkeit der Vergangenheit sich für einen Augenblick als Gegenwart und Zukunft vorstellt. *Wer einmal Luftschlösser baut, kann nicht kühn genug sein.*[263] Dieser Satz steht auch im *Mythenstein* und verrät, wie es gemeint war.

Inzwischen hatte sich der Journalist Keller auf das Feld des Politischen begeben – mit ungleich mehr Glück als der Poet. Napoleon III. hatte sich für seine Unterstützung im Österreichisch-Italienischen Krieg von Viktor Emanuel II. Nizza und Savoyen abtreten lassen. Das bedeutete die Verletzung einer Bestimmung der Wiener Schlußakte, in der festgesetzt worden war, daß die Schweiz im Falle eines Krieges mit Frankreich die nordsavoyischen Lande besetzen dürfe. Im Nationalrat bildete sich eine Kriegspartei unter Führung des Berners Stämpfli, die sich notfalls mit Napoleon III. schlagen wollte. Die Züricher Abgeordneten aber unter Führung von Escher und Dubs wollten den Krieg vermeiden. Nun wurde die Vertretung für den Nationalrat im Herbst 1860 neu gewählt. Die Opposition, die sich nicht nur gegen eine unbedingte Friedenspolitik, sondern auch gegen das zwar liberale, aber plutokratische «System» Eschers richtete und für eine radikalere Form der Demokratie eintrat, setzte für den 7. Oktober eine Wahlversammlung in Uster an. Den Aufruf dazu verfaßte Gottfried Keller. In einer Artikelserie im Berner «Bund» berichtete er dann über den Fortgang der Wahlen und über die Gründe des Unterliegens der Opposition. In der ersten Hälfte des Jahres 1861 wurde er regelmäßiger Mitarbeiter des oppositionellen «Züricher Intelligenzblattes», wo er über die verschiedensten Gegenstände schrieb. Wir bedauern es nicht, daß er seine Novellenpläne darüber ruhen ließ. Der politische Denker entschädigt uns für das, was uns der Dichter noch für eine Zeit vorenthält.

Es geht hier nicht um Kellers Äußerungen zu politischen Tagesfragen. Man mag daran zweifeln, ob er die Situation richtig erfaßte, und das um so mehr, als sein Urteil durch eine ursprünglich nicht vorhandene Frankophobie emotional getrübt war. Auch sein Bild des von ihm hochgeachteten, aber etwas franzosenfreundlichen Alfred

Schillerfeier am Mythenstein. Zeitgenössische Darstellung

Escher wurde dadurch verzerrt. Es geht hier um sein Beispiel eines mustergültigen liberalen Verhaltens, das nicht im Widerspruch dazu steht, daß er damals die Demokraten unterstützte, die zu diesem Zeitpunkt noch sehr gemäßigt in ihren Zielen waren und sich noch kaum als Partei konstituiert hatten.

Kellers Liberalismus ist ohnehin nicht gleichzusetzen mit Parteizugehörigkeit, sondern mehr eine Angelegenheit der politischen Moral, die er von einer um sich greifenden *geistigen Verharzung* [264] bedroht sieht. Er richtet sich gegen diejenigen, denen jede *freie Bewegungs- und Lebenskraft ... und ... das freie Wählen und Sichwählenlassen als Allotria, wo nicht gar als eine Art von Unbotmäßigkeit* [265] gilt und die der Ansicht sind, *das zürcherische Wahlgeschäft habe füglich nur innerhalb der stehenden Kader der Beamtenwelt und der Bezirksintriganten auf «organischem» Wege stattzufinden ...* [266] Im Grunde stand er über den Parteien. *Partei* definiert er als *Vereinigung Gleichgesinnter, oder wie man es nennen will, wenn fröhliche und unabhängige Kräfte sich zu e i n e m Zwecke zusammentun* [267]. Partei wird ad hoc gebildet und darf nicht zur Ideologie werden. Ein schon 1854 veröffentlichtes Epigramm formuliert das prägnant.

Partei ist ein Mittel, wie alles im Staate,
Zuletzt gilt der Mann, was er ist im Rate;
Und ist die Parteischrift dein einzig Brevier,
So bist du dem Ganzen ein schädliches Tier. [268]

Anscheinend eine Selbstverständlichkeit, gegen die aber nur ganz selten nicht verstoßen wird. Politische Betätigung richtet sich auf begrenzte Ziele und dient dem Ganzen. Gegenstand der Kritik sind die Fehler, die ein Staatsmann macht, nicht seine Parteizugehörigkeit und schon gar nicht seine Person. Persönliche Verunglimpfung gilt Keller deshalb als schlechter Ton im politischen Kampf. Ihm *widerstrebte es, Leute, welchen man nur ihre Unzulänglichkeit und Unselbständigkeit für eine Zeit schwerer Ereignisse vorzuwerfen hatte, die aber, obgleich schlechte Musikanten, doch brave Leute sind, im einzelnen und persönlich durchzuhecheln...*[269] Daher die Noblesse, mit der er die Vertreter des «Systems», gegen die er auch in anderen Beziehungen manche Vorbehalte hatte, angreift. *Wir befinden uns in der seltsamen Lage, daß der Stand Zürich, während er in seinem Innern gewissenhaft und geschickt verwaltet wird, in den eidgenössischen Räten zum guten Teil nicht auf eine Art vertreten ist, die ihm angemessen genannt werden kann.*[270]

Ein weiteres Moment in Kellers politischem Denken wird hier greifbar: der Politiker qualifiziert sich nicht durch seine Gesinnung, sondern durch seine Fähigkeiten. Es gilt deshalb einzusehen, *daß einer in Zürich gut und dagegen in Bern nicht gut am Platze sein könne... daß eine Hausfrau eine gute Suppe kochen mag, ohne damit zu beweisen, daß sie auch auf dem Posthörnchen zu blasen verstehe. Es geschehen noch mehr solche Wunder im Zwielichte des Herbstnebels; es kann einer aus einer Lokalbehörde wegen «abnehmender Geisteskräfte» seine Entlassung nehmen und doch zum Ständerat ernannt werden. Hier ist das Entgegengesetzte mit der Hausfrau der Fall; der kann in Zürich keine Süppchen mehr kochen, aber in Bern das Posthörnchen blasen.*[271]

Kellers Plan, seine politischen Ansichten systematisch darzustellen, ist nie verwirklicht worden. Dennoch erlauben seine gelegentlichen Äußerungen, die Frage nach seinem Liberalismus konkreter zu stellen und zu beantworten. Ist er ein Vertreter des klassischen Grundsatzes: so wenig Staat als möglich und möglichst viel freie Spontaneität des Individuums? Hören wir dazu seine Betrachtungen anläßlich einer Feuersbrunst in Glarus im Mai 1861: *Wir können uns nicht helfen, wir müssen auch angesichts dieser rauchenden Trümmer ein wenig politisieren. Wenn wir nämlich das frei entschlossene Handeln von Gemeinden, Städten, Regierungen, das hülfreiche Herbeieilen von Magistraten, Bauleuten, Arbeitsmännern recht betrachten, so können wir nicht einsehen, inwiefern unser Bundesleben seine Aufgabe überlebt haben und dem Einheitsstaate verfallen sein sollte... Was im vorliegenden Falle eine durchgehende Zentralisation mit ihren tausend Unfreiheiten, Schwerfälligkeiten und Bevormundungen geleistet hätte, kann man schon aus dem verspäteten Bewilligen der schweizerischen Postfreiheit ersehen.*[272] Ohne Zweifel, er stellt das freie und spontane Zusammenstehen höher als das durch Institutionen verbürgte. Wir erinnern uns an die Rede Karls aus dem *Fähnlein der sieben Aufrechten*: *Denn was der Bürgersinn nicht ausrichten sollte, das wird die Freundesliebe vermögen und beide werden zu* e i n e r *Tugend werden!*[273]

Das gilt auf individueller Ebene genauso wie auf kantonaler und auf eidgenössischer. Jede Form kollektiven Handelns – und das Staatsleben ist die umfassendste und intensivste – findet nur dann eine moralische Rechtfertigung, wenn sie das Ergebnis der freien Betätigung der davon Betroffenen ist. Das gilt um so uneingeschränkter, je weitreichender die zu treffende Entscheidung ist. In administrativen und materiellen Fragen gesteht Keller der Kantonsregierung Machtbefugnisse zu, die er in den *Fragen des Gesamtdaseins* für den einzelnen vindiziert. *In den inneren Bundesverhältnissen, für die materiellen Interessen, welche in der Regel kantonsweise verteilt sind, ist es nötig, daß die Vertretung eines Kantons eine in sich einige sei ... sobald die Fragen des Gesamtdaseins in Verhandlung stehen, soll jeder einzelne Mann etwas gelten, jeder nur ein Schweizer unter Schweizern sein, die Spontaneität wohlbestellter Herzen uneingeschränkt ihre Wirkung üben, und die Ansicht, auch hier seien die kantonsweisen Konvolute zusammengeklebter Schablonenfiguren am Platze, würde mindestens ein moralischer Irrtum sein.*[274]

Doch Keller – wir haben es nicht anders erwartet – ist kein liberalistischer Dogmatiker. Es gibt Mächte, die für den Menschen und seine Freiheit bedrohlicher sind als der Staat: das Geld, der uneingeschränkte Kapitalismus, der in der Schweiz, früher als in Deutschland, nach der neuen Verfassung von 1848 mächtig sein Haupt erhob und in dem Keller hellsichtig sofort den alles verschlingenden Leviathan erkannte. Hier ist der Punkt, wo ihm das «System» Eschers zu liberal ist und wo ein Eingriff des Staates notwendig erscheint. *Freilich, der denkende und menschenfreundliche Staat, mit seinem pflichttreuen Blick in die Zukunft, sieht fünfzig Jahre weiter und erblickt ein verkümmertes Geschlecht überall, welches ihm weder taugliche Verteidiger noch unabhängige, auch nur zum Schein unabhängige Bürger mehr liefert; er berechnet, wie lang ein Tag ist für das unruhige Kinderherz, das sich krümmt und wendet, bis es sich allmählich ergibt, um in einem verfrühten Geschlechtsleben eine neue Generation hervorzubringen, an der schon bedeutend weniger zu zähmen ist; er berechnet, daß vielleicht gerade die dreizehnte Stunde, dreihundertmal jährlich wiederkehrend, die Stunde zuviel ist, welche die Lebensfrische retten könnte, und er bettelt bei der Baumwolle um diese einzige Stunde ... Allein die Baumwolle «niggelet» stetsfort mit dem Kopfe, den Kurszettel der Gegenwart in der Hand, indem sie sich auf die «persönliche Freiheit» beruft, während sie wohl weiß, daß der Staat in kirchlichen, pädagogischen, polizeilichen, sanitarischen Einrichtungen oft genug diese unbedingte persönliche Freiheit zu beschränken die Macht hat, und daß die Quelle, aus welcher diese Macht fließt, nicht versiegen kann. Sie wird niggelen mit dem Kopfe, bis der Staat einst sein Recht zusammenrafft und vielleicht nicht nur eine Stunde, sondern alle dreizehn für die Kinder wegstreicht.*[275]

Die publizistische und feuilletonistische Betätigung im «Bund»,

Die alte Staatskanzlei in Zürich, Kellers Wohnung in den Jahren 1861–75

im «Züricher Intelligenzblatt» und in Cottas «Morgenblatt» hatte in Keller die Hoffnung erweckt, sich vielleicht auf diesem Weg eine materiell gesicherte Existenz aufbauen zu können. Er versuchte daher, mit Cotta in ein vertragliches Verhältnis zu kommen. *Ich würde mich verpflichten, jährlich eine Anzahl Bogen verschiedener Art und Weise für Ihre periodischen Werke zu schreiben, wogegen die löbl. Cottasche Buchhandlung ein mit diesen Bogen im Verhältnis stehendes Fixum quartaliter auszahlen würde (natürlich nur bei laufender Pflichterfüllung meinerseits), und der Umfang des ganzen Geschäftes müßte so beschaffen sein, daß ich dabei einstweilen sorglos existieren könnte. Ich würde die poetische Arbeit dabei als Erholung vom Hauptgeschäft betrachten und dabei vielleicht wei-*

ter kommen als bisher.[276] Bevor Cotta auf diesen Vorschlag näher einging, wurde Keller am 14. September 1861, für ihn selbst ziemlich überraschend, zum ersten Staatsschreiber des Kantons Zürich gewählt, und zwar von der Regierung, mit der er eben noch nicht gerade glimpflich umgegangen war. Das stellt dieser ein großartiges Zeugnis aus. Man hatte erkannt, daß seine politische Publizistik nicht unzufriedene Nörgelei war, sondern reifem Urteil und polischer Verantwortung entsprang. Die kantonale Volksvertretung, der Große Rat, war weniger großmütig und machte ihn nicht zu seinem ersten Sekretär, obwohl es bisher üblich war, daß der Staatsschreiber auch dieses Amt bekleidete. Schon am 15. Dezember 1861 wurde er aber von seinem Heimatwahlkreis Bülach selbst in dieses Gremium gewählt.

In der Autobiographie von 1876 schreibt Keller, er habe mit der Übernahme der Staatsschreiberei *den bekannten Rat* befolgt, *dem poetischen Dasein eine sogenannte bürgerlichsolide Beschäftigung zu unterbreiten*[277]. Das hört sich so an, als habe er später darin eine Kapitulation des Künstlers vor dem Bürger gesehen. In Wirklichkeit rettete er, indem er dem Bürger in ihm sein Recht zukommen ließ, auch den Künstler. Das ist zunächst in dem ganz trivialen Sinn zu verstehen, daß das Amt ihm zu einer gesicherten Existenz verhalf, denn es ist nicht abzusehen, wie er sich ohne ein solches auf die Dauer über Wasser hätte halten können. Immer noch hatte er Schulden und immer noch ist er von Mutter und Schwester abhängig. Jetzt aber bezog er ein ansehnliches Gehalt, denn der Staatsschreiber war einer der bestbesoldeten Beamten im Kanton Zürich; überdies wurde ihm unentgeltlich eine Amtswohnung in der Staatskanzlei zur Verfügung gestellt.

Bedeutsamer ist die erzieherische Wirkung des Amtslebens. Es sei *glücklicher Weise ... weder eine ganze noch eine halbe Sinekure* gewesen und er habe sich *vom ersten bis zum letzten Augenblicke in den Geschäften tummeln* müssen; das sei ihm aber *gesünder gewesen als ein schläfriges System gemischter Bureau- und Mußestunden*[278]. Keller war buchstäblich bis zu seinem Amtsantritt kein konsequenter und disziplinierter Arbeiter. Am 23. September, morgens um acht Uhr, sollte er seine Tätigkeit aufnehmen, um zehn Uhr mußte ihn sein Gönner, der Regierungsrat Hagenbuch, der ihn zur Bewerbung um die Stelle ermuntert hatte, aus dem Bett holen. Keller war abends zuvor in Gesellschaft gewesen, hatte bis tief in die Nacht hinein gezecht, war in vorgerückter Stunde ausfällig und grob geworden und mußte schließlich an die Luft gesetzt werden. Es war die erste und die letzte Unpünktlichkeit, die er sich während seiner ganzen Amtszeit zuschulden kommen ließ.

Schließlich heilte die tägliche Pflichterfüllung ein altes Trauma, an dem er seit seiner Ausstoßung aus der Schule litt: die *Furcht, ein gemeines, untätiges und verdorbenes Subjekt zu werden*[279]. Sie war zeitweise weniger lastend, etwa in den Berliner Jahren, sie muß grauenhaft gewesen sein in der seit seiner Heimkehr verflossenen

Kellers Mutter und Schwester

Zeit. Jetzt konnte er beweisen, daß er doch noch zu etwas zu brauchen war, jetzt konnte er Mutter und Schwester vergelten, was sie für ihn getan hatten. Kellers Staatsschreiberzeit ist neben der materiellen vor allem die psychologische Voraussetzung für den fruchtbaren Lebensherbst, der ihm beschieden sein sollte. Mit den Worten der Autobiographie: ... *die Hauptsache besteht, nach gewonnener Haltung und Elastizität, nicht sowohl in den sicheren Einkünften, als in der entschlossenen Lebensäußerung.*[280]

Vorerst freilich mußte er die Schriftstellerei ganz liegen lassen. Die anfänglich gehegte Hoffnung, *das Amt* sei ihm *in dem Sinne übertragen ... worden, daß der Poet und Schriftsteller dabei nicht verloren gehe, sondern im Gegenteil dadurch einen festeren Halt im Leben gewinne*[281], erfüllte sich zunächst nicht. *Das vertrackte Geschäftsleben ist so genaturt, daß es einen immer mit unerwarteten Güßen überfällt, so daß man nach der früher gehabten und mißbrauchten Muße zurückschnappt. Wir wollen den Zauberbesen aber mit der Zeit schon bändigen.*[282] Das Amt nahm ihn für volle drei Jahre so sehr in Anspruch, daß er außer einer kurzen Novelle für Auerbachs «Volkskalender» nichts schreiben konnte. Dann hatte er sich so weit eingearbeitet, daß ihm wieder Zeit für andere Dinge blieb.

In der Berner «Sonntagspost» ließ er vom Dezember 1864 an eine Artikelserie erscheinen, in der er sich mit der Teilrevision der Verfassung des Kantons Zürich auseinandersetzt. Sie war von der seit Anfang der sechziger Jahre erstarkenden demokratischen Bewegung erzwungen worden. Ihr Führer war der Redakteur des Winterthurer «Landboten», Salomon Bleuler. Ihr Ziel war die Einführung der direkten Wahl aller Regierungsgremien von der kommunalen bis zur kantonalen Ebene sowie die Volksinitiative für Gesetzgebung und Verfassungsänderungen. Das hat sie 1865 zum Teil auch erreicht.

Keller betrachtete diese Entwicklung zur absoluten Demokratie mit Besorgnis, weil er zu sehen glaubte, daß daraus ein demokratischer Absolutismus entstehen würde. Denn wenn das Volk in seiner Gesamtheit die Gesetzesinitiative bekommt und wenn, was wenig später noch hinzukam, die Beschlüsse von Legislative und Exekutive durch Volksabstimmung jeweils bestätigt werden müssen, fällt den Sykophanten und Demagogen, den politischen Dilettanten und Wirrköpfen, die durch Betriebsamkeit und Rhetorik die Urteilslosen beherrschen, die eigentliche Macht im Staate zu. Keller fürchtete die damit unvermeidliche Instabilität im öffentlichen Leben. Zwar räumt er ein, *daß die ungeheuren Fortschritte im heutigen wirtschaftlichen und Verkehrsleben einen schnellen Wechsel der öffentlichen Einrichtungen* – und damit neue gesetzliche Grundlagen – *bedingen.* Aber er hält es für bedenklich, wenn *dieser Wechsel* sich auch *auf Gebiete* erstreckt, *welche mehr unveränderlichen Wesens sind und auf welchen es von jeher mehr auf den Geist als auf die Form ankam*[283]. Damit meint er Verfassung und Gesetzgebung. Er mißtraut demjenigen Politiker, der lieber *durch Schaffen eines neuen Gesetzes als durch Handhabung des alten*[284] exzellieren möchte.

Keller teilt nicht den optimistischen Glauben, daß gute Institutionen von sich aus eine gute Politik verbürgen. *Eine Verfassung ist aber keine stilistische Examensarbeit. Die sogenannten logischen, schönen, philosophischen Verfassungen haben sich nie eines langen Lebens erfreut. Wäre mit solchen geholfen, so würden die überlebten Republiken noch da sein, welche sich einst bei Rousseau Verfassungen bestellten, weil sie kein Volk hatten, in welchem die wahren Verfassungen latent sind bis zum letzten Augenblick.*[285] Das heißt nichts anderes, als daß eine Verfassung nicht besser und fortschrittlicher sein darf als das Volk, für welche sie gemacht ist, und daß ideale Konstruktionen eher eine Gefahr für den Bestand des Gemeinwesens sind. Deshalb warnt Keller vor der von den Demokraten angestrebten Totalrevision der Verfassung, zu der es vorerst auch nicht gekommen ist. 1865 begnügte man sich noch mit der Vorlage und Annahme einiger neuer Verfassungsgesetze. Keller freut sich darüber, *daß der stäte und ruhige Fortschritt ... welcher sich auch bei der bisherigen Ausbildung unserer Verfassung bewährt*[286] hat, noch einmal die Oberhand behalten hatte.

Der Verdacht ist geäußert worden, Kellers Skepsis gegenüber der demokratischen Bewegung, mit der er vor seinem Amtsantritt doch sympathisiert habe, sei Liebedienerei vor Alfred Escher, dessen gern gesehener Gast er inzwischen war, und vor der Regierung, der er sein Amt verdankte, gewesen. Aber erstens ging es 1860/61 um Fragen der Außenpolitik, und Kellers Übereinstimmung mit den Demokraten in diesem Punkt beweist nichts für seine damalige Einstellung zu Fragen der Verfassung. Zweitens hat er sich schon in Berlin zu diesem Komplex in einem ganz seiner jetzigen Haltung entsprechenden Sinne geäußert, so daß man ihm weder Verrat an den Demokraten noch an seiner eigenen Überzeugung vorwerfen kann. Schon Anfang der fünfziger Jahre war von Professor Treichler die Volksinitiative für Verfassungsänderungen gefordert worden. Dazu eine briefliche Stellungnahme Kellers: *... aus dem gleichen Grunde, warum eine Verfassung nichts Überirdisches und Unvergängliches ist, aus dem gleichen Grunde ist die Selbstregierung eines Volkes nicht der Zweck, sondern nur ein Mittel seiner Existenz, und ein Volk, das die ganze Zeit mit diesem Mittel zubringen muß, gleicht einem Menschen, der eine Schüssel Krebse bearbeitet und bei aller Arbeit hungert. In jedem Bevollmächtigten und Repräsentanten sogleich den H e r r e n zu spüren, dazu gehört eigentlich eine unfreie Hundsnatur, und ihn keine Minute ruhig zu lassen, ohne ihm alle fünf Finger in den Topf zu stecken und die Kelle zu beschnüffeln, dazu gehört das Wesen eines alten Weibes, das nichts Besseres zu tun weiß.*[287]

Noch während des Kampfes um die Totalrevision der Verfassung schienen die von Keller befürchteten Folgen der absoluten Demokratie einzutreten. Die halb wahren und halb verleumderischen Pamphlete des Anwaltes Dr. Friedrich Locher gegen Alfred Escher und andere Männer des öffentlichen Lebens aus den Jahren 1866 und 1867

Alfred Eschers Haus Belvoir bei Zürich,
in dem Gottfried Keller oft zu Gast war.
Aquatinta von Siegfried nach einer Zeichnung von Weymann

erzeugten eine Atmosphäre der Aufsässigkeit, aus der die Demokraten für ihre Ziele Nutzen zogen, ohne daß ihr Verfasser einer der ihren gewesen wäre. Keller hat diesen miserablen politischen Stil, den seine aristokratische Natur tief verabscheute, einige Jahre später im *Verlorenen Lachen* scharf gegeißelt. Gewiß, was sich damals im Kanton Zürich abspielte, waren nur ganz harmlose Vorstufen einer Massenverführung, die gerade in der Schweiz dank einer langen politischen Tradition und Erziehung niemals bedrohliche Formen angenommen hat. Die konkrete geschichtliche Situation hat Keller unzutreffend und zu pessimistisch beurteilt, aber die Darstellung des zu allen Zeiten möglichen Mißbrauchs gesetzlich verbürgter Freiheit durch die Verantwortungslosen und Unbedenklichen ist im Kern von überzeitlicher Gültigkeit. *Da aber ein Volk oder eine Republik, wenn sie durchaus Händel suchen mit ihren Führern und Verwaltern, nicht auf die Dauer wegen des Anfanges verlegen sind und immer neue Mittel erfinden, so stellte man sich zuletzt einfach vor die Personen hin und sagte: Euere Gesichter gefallen uns nicht mehr.*

Dies geschah mittels einer dämonisch seltsamen Bewegung, welche mehr Schrecken und Verfolgungsqualen in sich barg als manche blutige Revolution, obgleich nicht ein Haar gekrümmt wurde und kein einziger Backenstreich fiel... Eine spott- und verfolgungslustige

Gottfried Keller. Bildnis von Conrad Hitz

Laune verbreitete sich mehr und mehr, es bildeten sich Anführer und Virtuosen im Hohn und der Entstellung aus, und bald verwandelte sich der lustige Spott in grimmige Verleumdung, welche umherraste, die Häuser ihrer Opfer bezeichnete und das persönliche Leben auf das Straßenpflaster hinausschleifte.

Nachdem diese Opfer in einen Teig von Lächerlichkeit, bestehend aus erfundenen körperlichen Gebrechen und Gewohnheiten, meist nur etwas linkischen Gebärden, eingeknetet waren und so herumgestoßen wurden, legte man ihnen plötzlich längst begangene geheime Verbrechen, einen abscheulichen Lebenswandel, eine Niedrigkeit der Denk- und Handlungsweise zur Last, welche durch das Ansehen, das sie bisher genossen, nur umso greller und unerträglicher hervorgehoben wurden. Zwar wurden die Anschuldigungen bestimmter Übeltaten, welche sofort einem Kriminalverfahren nach allen Seiten hin rufen mußten, beim ersten Aufschrei der Betroffenen lächelnd fallen gelassen; allein der Abscheu blieb an den Personen haften und aller übrige gestaltlose Unfug wurde festgehalten durch die Ratlosigkeit der Verfolgten ... Ein für die Betroffenen furchtbarer Gemeinplatz wurde von den gedankenlosen Gaffern ausgesprochen: wenn nur der hundertste Teil der Anschuldigungen wahr wäre, so würde das mehr als genug sein! ...

Die ganze Erscheinung war so neuer und eigentümlicher Art, daß der Geschichtsfreund sie mit keiner vorangegangenen zu vergleichen wußte, wo doch auch mehr als einmal aus einem ungerechten Anlaß oder unwahren Vorwand die Staatsveränderung und die Erweiterung der Freiheit hervorgegangen war.[288]

Keller selbst blieb von persönlichen Verleumdungen, die leider an Wahres anknüpfen konnten, nicht verschont. Im Winterthurer «Landboten», dem Organ der Demokraten, erschienen aus Rache dafür, daß er, wiewohl vergeblich, Heinrich Leuthold als Redakteur der konservativen «Winterthurer Zeitung» hatte gewinnen wollen, im Sommer 1865 zwei Artikel, die auf das Wirtshausleben und die Raufereien des Herrn Staatsschreibers anspielten. Sie hatten nicht für den Politiker, wie beabsichtigt, wohl aber für den Privatmann bitterste, freilich nicht voraussehbare Folgen. Nach dem Tode seiner Mutter im Februar 1864 hatte der Vereinsamte um die mehr als zwanzig Jahre jüngere Luise Scheidegger geworben, mit der er sich zu Anfang des Jahres 1866 verlobte. Sie war eine schwermütige Natur und widerstand lange Kellers Werbung, weil ihr seine nicht ganz solide Lebensführung nicht unbekannt geblieben war. Als sie im Sommer 1866 durch einen unglücklichen Zufall die im Vorjahr im «Landboten» erschienenen Schmähartikel gegen ihren Bräutigam zu Gesicht bekam, nahm sie sich das Leben.

Über das Verhältnis Kellers zu Luise ist wenig bekannt. Zart an Seele und Leib, war sie nicht der Typ, eine eigentliche Leidenschaft in ihm zu entfachen. Seine Trauer um sie war lang, aber eher elegisch als wild. Schon knapp einen Monat nach ihrem Tod vermochte er seinen Schmerz in Versen zu bändigen.

Entschwundnes Gut, o Herz voll seltner Güte,
Steh auf und schüttle nur dein nasses Haar!
Tu auf die lieben Äuglein treu und klar,
Gebrochen in des Lenzes reinster Blüte!

Du mußt mit meinem Grame schmerzlich kosen,
Solang er wacht, das ist die meiste Zeit!
Erst wenn der Tod mir selber Ruh verleiht,
Magst kehren du zu ruhn im Wesenlosen.[289]

Keller vermied es, über den traurigen Vorfall zu sprechen oder zu schreiben. Noch über 20 Jahre später bittet er Anton Bettelheim, der eine Auerbach-Biographie schreiben wollte, zwei Briefe von ihm an den Verstorbenen, die sich auf Luise beziehen, auf keinen Fall zu veröffentlichen. *Es handelt sich um ein trauriges Erlebnis in vorgerücktem Alter, welches ich jetzt um keinen Preis an die Öffentlichkeit gezerrt sehen möchte.*[290] Die beiden Briefe sind nicht erhalten. Vielleicht dürfen wir in der Sinngedichtnovelle *Regine* ein spätes Schuldbekenntnis Kellers sehen: Luise ging wegen des nicht ganz unbegründeten schlechten Rufes ihres Bräutigams in den Tod, Regine wegen der Schande ihres Bruders.

Nach etwa dreijähriger Amtszeit hatte sich Kellers Produktionstrieb wieder zu regen begonnen, vielleicht gefördert durch die Aussicht auf das späte Glück mit Luise. Am 14. März 1865 schrieb er an Ludmilla: *Ich finde mich sachte wieder in Muße und literarische Tätigkeit und bereite mich gemächlich aber ernstlich auf eine Zeit rüstigen Schaffens vor, da ich die letzte Abteilung meiner besseren Jahre vor mir habe. Ich mache endlich die vorhandenen Sachen fertig, überdenke die verschiedenen Gattungen und Gegenstände, welche ich, mit mehr Kritik als früher, noch vornehmen kann, und bin, was die Hauptsache ist, nun Herr meiner Zeiteinteilung.*[291] Einige Monate später schickt er an Vieweg den *Schmied seines Glücks. Zwei Erzählungen bleiben noch hier, die eine muß fertig gemacht werden, die andere etwas verbessert, was ungefähr in drei Wochen geschehen sein kann.*[292] Mit größter Wahrscheinlichkeit meint Keller den *Dietegen* und *Kleider machen Leute.* Letztere ist seine erste Novelle, die diese Bezeichnung voll verdient.

Das Geschehen entwickelt sich ganz aus der Situation heraus, die Charakterzeichnung ist zur Nebensache geworden, der Erzähler verwendet dafür weniger als eine Druckseite. Was über Strapinski berichtet wird, beansprucht kein Eigeninteresse, sondern ist ad hoc für den Gang der Handlung erfunden: er muß eine gepflegte und etwas außergewöhnliche Erscheinung sein, damit der Irrtum, er sei ein Graf, entstehen kann. Deshalb der Radmantel, die Pelzmütze und das Schnurrbärtchen. Er muß schüchtern und wortkarg sein, damit alle seine Versuche, ihn aufzuklären, mißlingen. Das Spielmotiv, das in den *Mißbrauchten Liebesbriefen* schon angeklungen war, ist beherrschend und wird auf mehreren Ebenen variiert. Der besondere Reiz

Luise Scheidegger

liegt darin, daß das Spiel sich gleichsam von selber macht, von niemandem inszeniert wird und sogar gegen den Willen Strapinskis, der ihm mehrere Male ein Ende zu machen versucht, sich durchsetzt. Es vollzieht sich in mehreren Stufen, die den Schneider immer mehr erhöhen und immer leichtsinniger machen. Es wird präludiert mit seiner Ankunft vor dem Wirtshaus in der Kutsche, gewinnt vorläufige Gestalt durch die Vorgänge im Wirtshaus selbst und zieht schließlich, auf dem Gut des Amtsrates, wohin man sich mit Strapinski begeben hatte, die Honoratioren der Stadt in seine Kreise. Zur Frivolität wird es auf dem Ball, auf dem der Schneider, nach einem letzten mißglückten Fluchtversuch, sich mit der Tochter des Amtrates verlobt.

Ein Gegenspiel, das sich indessen nicht von selbst macht, sondern von Melchior Böhni, dem präsumtiven Verlobten Nettchens, in Gang gesetzt wird, macht der Täuschung ein Ende. Das Spiel war falsch, aber was es ausgelöst hat, ist echt. Nettchen fährt dem entflohenen Schneider nach, obwohl sie jetzt weiß, daß er kein Graf ist und obwohl sie anfangs hauptsächlich deshalb auf ihn hereingefallen war, weil sie ihn mit allen anderen für einen solchen gehalten hatte. Das Spiel wird von den Menschen eingeholt und überboten, seine durch es vorgezeichneten Möglichkeiten werden realisiert, aber nicht mehr auf der Grundlage des Scheins, sondern einer neu gewonnenen Wesentlichkeit. Nettchen wird aus einem albernen Mädchen, das unbedingt *einen Italiener oder einen Polen, einen großen Pianisten oder einen Räuberhauptmann mit schönen Locken heiraten* [293] wollte, eine junge Frau, die weiß, was sie will und ihren Willen auch durchzusetzen vermag, Strapinski aus einem weichen und unentschiedenen Menschen ein Mann, der *rund und stattlich* wurde und *beinah gar nicht mehr träumerisch* [294] aussah.

Der Tod seiner Braut und vermehrte Amtsgeschäfte nahmen Keller in den ausgehenden sechziger Jahren Lust und Zeit zu poetischen Arbeiten. Die demokratische Bewegung war inzwischen weiter fortgeschritten. Eine Volksinitiative verlangte nun die Totalrevision der Verfassung. Daraufhin wurde am 4. Mai 1868 ein Verfassungsrat gebildet, zu dessen zweitem Sekretär Keller gewählt wurde. *Gerade als ich in mein Amt so voll eingeschossen war, daß ich Aussicht hatte, etwas Muße zu gewinnen, gab's eine trockene aber radikale Staatsumwälzung, eine neue Verfassung wurde gemacht, in Folge dessen eine Reihe neuer Gesetze, so daß ich neben den laufenden Geschäften zwei Jahre lang fast Tag und Nacht Schwatzprotokolle zu schreiben hatte, die nachher zur Interpretation dienen sollen, wenn die Esel nicht mehr wissen, was sie gewollt haben. Da war es mit der Dichterei wieder fertig ...* [295] Er führe, schreibt er an Hegi, *ein etwas vegetatives Leben, das aus Essen und Schlafen besteht, mit Einschaltung von 8–10stündiger Amtsarbeit täglich ... Vermutlich wird das demnächst ein Ende nehmen und werde ich beim Antritt der neuen Regierung als ein «Zopf» oder «Reaktionär» wieder in meine Poetenfreiheit zurückgelangen ...* [296] Darin täuschte er sich. Die neue demokratische Regierung, die aus den Wahlen vom 9. Mai 1869 hervorgegangen war, bestätigte den Staatsschreiber trotz seiner bekannten Mißbilligung der absoluten Demokratie in seinem Amt.

Kurz darauf, am 19. Juli 1869 feierte Zürich mit festlichem Pomp den 50. Geburtstag Kellers. Den Anstoß dazu hatten die Studenten der beiden Hochschulen gegeben. Die philosophische Fakultät promovierte ihn bei dieser Gelegenheit zum Ehrendoktor. Gefeiert wurde nicht so sehr der Dichter des *Grünen Heinrich* als der Patriot und Liedersänger. Es war kein Ereignis der deutschsprachigen literarischen Welt, sondern ein schweizerisches. Das konnte auch gar nicht anders

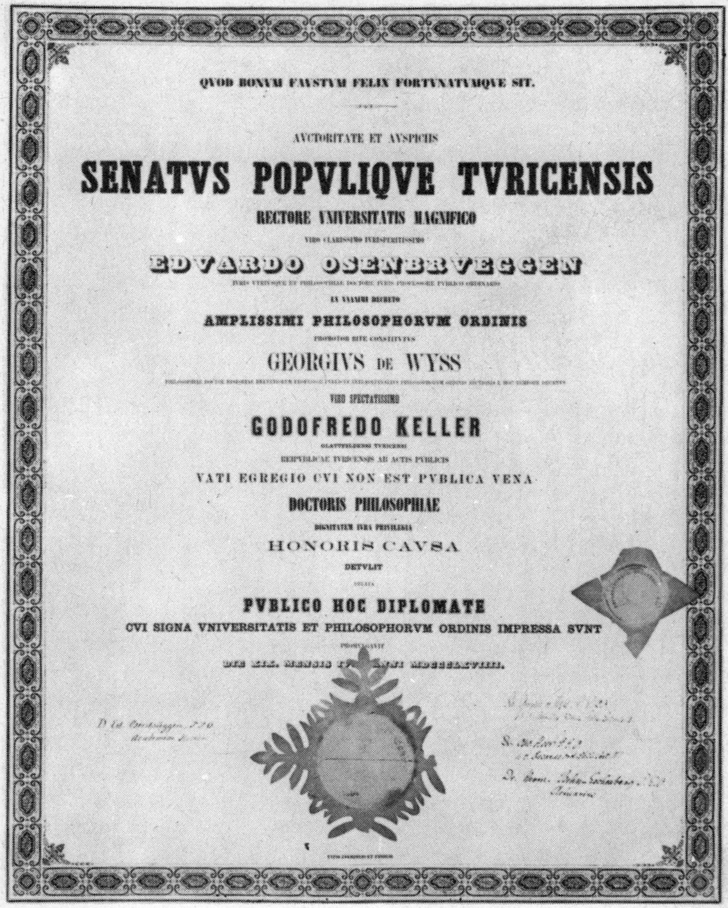
QVOD BONVM FAVSTVM FELIX FORTVNATVMQVE SIT.

AVCTORITATE ET AVSPICIIS

SENATVS POPVLIQVE TVRICENSIS

RECTORE VNIVERSITATIS MAGNIFICO

VIRO CLARISSIMO IVRISPERITISSIMO

EDVARDO OSENBRVEGGEN

AMPLISSIMI PHILOSOPHORVM ORDINIS

PROMOTOR RITE CONSTITVTVS

GEORGIVS DE WYSS

VIRO SPECTATISSIMO

GODOFREDO KELLER

REIPVBLICAE TVRICENSIS AB ACTIS PVBLICIS

VATI EGREGIO CVI NON EST PVBLICA VENA

DOCTORIS PHILOSOPHIAE

DIGNITATEM IVRA PRIVILEGIA

HONORIS CAVSA

DETVLIT

PVBLICO HOC DIPLOMATE

CVI SIGNA VNIVERSITATIS ET PHILOSOPHORVM ORDINIS IMPRESSA SVNT

Gottfried Kellers Doktordiplom

sein. Seit dreizehn Jahren hatte Keller keine umfangreiche Arbeit mehr veröffentlicht. Das schon Geleistete lag lange zurück und hatte kein größeres Echo gefunden. Die erste Auflage des *Grünen Heinrich* war noch immer nicht verkauft, eine Neuauflage der *Leute von Seldwyla* war ebenfalls nicht nötig geworden. Kellers beste Sachen waren teilweise noch nicht gedruckt, teilweise noch nicht geschrieben. Mit fünfzig Jahren war er außerhalb seines engeren Vaterlandes ein fast unbekannter Mann.

Fast vierzehn Jahre waren seit Kellers Heimkehr nach Zürich verflossen. Sie sind eine einzige große, nur durch den wohltuenden Zwang des Amtes erträgliche depressive Phase gewesen. Die ihm noch vergönnte Zeit sollte, mit Ausnahme der letzten Jahre unmittelbar vor seinem Tod, eine einzige große manische Phase werden, ein goldener Lebensherbst mit einer reichen Ernte. Die Anstöße zur Wiederaufnahme der poetischen Tätigkeit kamen zu einem guten Teil von außen. Im Frühsommer 1870 bittet ihn Paul Heyse, *Romeo und Julia auf dem Dorfe* in seinen «Deutschen Novellenschatz» aufnehmen zu dürfen. Dazu mußte Keller die Erlaubnis Viewegs einholen. Das hat ihm *die Teufelei angerichtet, daß der Verleger bei diesem Anlaß auf Vollendung des zweiten Bandes der «Leute von Seldwyla»*[297] dringt. Keller beginnt die Aufgabe seines Amtes zu erwägen, obwohl es ihm nach dem Wirbel der Verfassungsrevision mehr Zeit ließ als vorher. *In neuerer Zeit lebe ich endlich wieder einmal mehr für meine Person, lese viel und schreibe allmählich wieder. Ich durchgehe alte Manuskripte, mache sogar Verse, kurz, ich übe mich vorsichtiglich, aber behaglich ein, heut oder morgen wieder ein freier Schriftbeflissener zu werden, da mich die Jahre doch zu dauern anfangen, die so dahingehen.*[298] Nur die Erwägung, daß die *Amtsstelle ... einen doch vor Mangel und Wechselfällen des Bücherschicksals schützt*[299], verzögert diesen Schritt.

Eine weitere Ermutigung war eine sehr anerkennende Besprechung des *Grünen Heinrich* im Februar 1871 durch den Wiener Literarhistoriker Emil Kuh, mit dem Keller von diesem Zeitpunkt an bis zu dessen frühem Tod korrespondiert. Der Artikel machte ihn *aufs neue schwankend*, ob er *das Buch gänzlich aufgeben und vergessen oder durch eine neue Ausgabe gelegentlich zu retten suchen soll ...*[300] Entscheidend wurde schließlich, daß Ferdinand Weibert, der zwei Jahre zuvor den Göschen-Verlag in Stuttgart erworben hatte, ihm am 2. August 1871 seine Dienste anbot. Da der zweite Band der *Leute von Seldwyla mit Beziehung auf das Verlagsgeschäft schon untergebracht resp. verpflichtet* war, kann ihm Keller nur *ein wunderliches Werklein ... das im Druck etwa 8–10 Bogen stark würde*, versprechen. *Wenn ich dazu gelange, dasselbe zu überarbeiten und zu veröffentlichen, so wird es mir Vergnügen machen, Ihnen alsdann die Sache mitzuteilen ...*[301] Dieses wunderliche Werklein sind die *Sieben Legenden*. Sie erschienen im folgenden Frühjahr, und schon wenige Wochen später wurde eine Neuauflage nötig, für Keller *ein aufmunterndes Glückszeichen ... für eine anhaltende Wiederaufnahme und Abrundung* seiner *poetisch-literarischen Existenz*[302]. Er habe *manche Anzeichen dafür, daß* er *erst anfange, ein größeres Publikum zu kriegen*, schreibt er ein Jahr später an Weibert, *die «Legenden» haben offenbar den Verkauf der «Leute von Seldwyla»* – gemeint ist der 1856 veröffentlichte und immer noch nicht vergriffene erste Band – *beschleunigt*[303].

Daß es gerade die *Sieben Legenden* sind, die Kellers Ruhm begründeten und seine Lust am Fabulieren neu erweckten, ist ein, fast möchte man sagen: tiefsinniger Zug des sonst so blinden und einfallslosen Fatums, das über seinem Leben stand. Hier tritt uns zum erstenmal jene kristallische Durchsichtigkeit und formale Ausgewogenheit entgegen, die für alles, was Keller noch schreiben wird, so charakteristisch ist. Das Schwankhaft-Komödiantische, das in den Seldwyler Geschichten, auch noch in *Kleider machen Leute*, dominierte, weicht dem Lustspielhaft-Geistreichen. Aber es wäre falsch, in den *Legenden* den Endpunkt einer Entwicklung zu sehen, die jetzt in den siebziger Jahren zu ihrem Abschluß kam. Sie sind schon in Berlin entworfen und sollten, zusammen mit den späteren Sinngedichtnovellen, den Galatee-Zyklus bilden. Ganz offenkundig sind sie an der italienischen und spanischen Novellistik orientiert, die Keller gerade in jenen Jahren studiert zu haben scheint. Leider wissen wir darüber sehr Ungenaues und müssen das meiste vermuten. Am 4. Dezember 1853 schrieb er an Emil Palleske, er lese Tiecks Novellen, an denen er lerne, wie man es nicht machen soll. *Gerade die Fehler sind äußerst lehrreich und intressant in diesen Novellen; man sieht so klar, was er wollte und unterließ; und alles dies verknüpft und vergleicht sich mit den klassischen Vorbildern der romanischen Literatur...*[304] Das ist offenbar eine Anspielung auf dessen theoretische Überlegungen zur Gattung, die von Boccaccio und Cervantes ausgehen.[305] Hinter der Kunst des Italieners und Spaniers bleibt er, wie Keller meint, mit seinen eigenen Novellen weit zurück. Aber mit Tieck gelten ihm der «Decamerone» und die «Novelas ejemplares» als klassische Vorbilder. Man wird annehmen dürfen, daß er sich damals im Zusammenhang mit seinen Galatee-Plänen bewußt an ihnen geschult hat.

Die erste Niederschrift der *Sieben Legenden* stammt aus den Jahren 1857 und 1858. Die Überarbeitung von 1871 ist in sprachlichen Einzelheiten oft erheblich, im ganzen aber nicht so einschneidend, daß man von einem neuen Text sprechen könnte. Wir stehen vor der rätselhaften Erscheinung, daß Keller schon vor dem recht mittelmäßigen *Fähnlein der sieben Aufrechten* die Gestaltungsmöglichkeiten des Jahrzehnts seiner Meisterschaft beherrschte. Das müssen wir genauso hinnehmen wie die Tatsache, daß sein erster größerer Prosaversuch, die Jugendgeschichte im *Grünen Heinrich*, sprachlich, nicht kompositorisch, vollkommener ist als die ersten Seldwyler Novellen. Nicht die Niederschrift, sondern, so widersinnig sich das anhören mag, die Veröffentlichung der *Sieben Legenden* ist epochemachend in seiner künstlerischen Entwicklung. Bisher hatte er, wofür es leider keine Selbstzeugnisse gibt, vielleicht unbewußt einen Realismus gepflegt, der, zweifellos nicht ohne Einfluß des um Aktualität bemühten Romans der Jungdeutschen und der landschaftlich gebundenen Epik Gotthelfs und Auerbachs, die Forderung der Mimesis am besten durch den Bezug auf das zeitlich und räumlich Nächstliegende erfüllen zu können glaubte. Das trifft, wenngleich es dort fast nicht störend ist, für den *Grünen Heinrich* zu, mehr für den größten Teil der bis Ende der sechziger Jahre entstandenen Seldwyler Novellen und vor allem für das *Fähnlein der sieben Aufrechten.*

Seit der Veröffentlichung der *Sieben Legenden* bekennt er sich zu einem in allen Punkten entgegengesetzten Programm. Mit ihnen will er, wie er an Vischer schreibt, vor allem *die Freiheit der Stoffwahl ... behaupten gegenüber dem Terrorismus des äußerlich Zeitgemäßen ...*[306] Und fast gleichlautend an Kuh: *Sollen sie überhaupt etwas sein, so sind sie vielleicht ein kleiner Protest gegen die Despotie des Zeitgemäßen in der Wahl des Stoffes und eine Wahrung freier Bewegung in jeder Hinsicht.*[307] Das ist alles andere als Historismus. Es geht in dieser Dichtung weder um die Darstellung der Gegenwart noch um die der Vergangenheit, sondern um die Gestaltung des Überzeitlichen und Zeitlosen. Keller knüpft damit an poetologische Überlegungen an, die er schon in der Berliner Zeit, die auch in diesem Punkt eine Antizipation seiner späteren Entwicklung ist, angestellt hatte: *... das Ganze des poetischen Stoffes befindet sich in einem merkwürdigen oder vielmehr sehr natürlichen fortwährenden Kreislaufe. Es wäre der Mühe wert, einmal eine Art Statistik des poetischen Stoffes zu machen und nachzuweisen, wie alles wirklich Gute und Dauerhafte eigentlich von Anfang an schon da war und gebraucht wurde, sobald nur gedichtet und geschrieben wurde ... Neu in einem guten Sinne ist nur, was aus der Dialektik der Kulturbewegung hervorgeht. So war Cervantes neu in der Auffassung des Don Quixote ... aber nicht in der Ausführung und in den einzelnen poetischen Dingen. Und dies ist der beste Fingerzeig, wonach ein Dichter streben und in was seine Ehre setzen soll.*[308]

Eine Fülle von meist brieflichen Äußerungen variieren in dem Jahrzehnt zwischen 1870 und 1880 diese Poetik. Er sei froh, *mit den schweizerischen Lokalsachen* – den *Züricher Novellen,* die dieses abschätzige Urteil nicht verdienen – *fertig zu sein und betrete nun mit dem Sinngedicht das freie allgemeine Weltreich der Poesie*[309]. Er will sich *durch keine Ausschlußtheorien und zeitgemäße Wegverbote von irgend einem Stoff wegscheuchen ... lassen,* der ihm *eine frische Ader weckt. Wo wird denn das sogenannte Zeitgemäße meistens bleiben, wenn die Zeit oder das Zeitlein vorüber ist?*[310] Gern nannte er das die *Reichsunmittelbarkeit der Poesie, d. h. das Recht, zu jeder Zeit, auch im Zeitalter des Fracks und der Eisenbahnen, an das Parabelhafte, das Fabelmäßige ohne weiteres anzuknüpfen, ein Recht, das man sich ... durch keine Kulturwandlungen nehmen lassen soll*[311].

Die Frage, die sich bei den *Legenden* geradezu aufdrängt, ist die nach Art und Absicht, mit der Keller den christlichen Stoff, der ihn nicht wegen seiner Christlichkeit reizt, sondern wegen der *Spuren einer ehmaligen mehr profanen Erzählungskunst oder Novellistik*[312], die er in der Vorlage zu bemerken glaubte, reproduziert. Unverständlich ist seine Behauptung, sie seien eine *deutliche gut protestantische Verspottung katholischer Mythologie ...*[313] Es fehlt in ihnen auch der leiseste Hauch des Satirischen. Das Christliche und Legendäre bleibt bestehen, wird aber zur bloßen Veranlassung für Vorgänge, durch die allgemeinere Daseinsmächte zur Darstellung gelangen.

Als Beispiel wählen wir *Dorotheas Blumenkörbchen*. Dorotheas Übertritt zum Christentum ist nichts weiter als der Ausdruck der Verzweiflung über die scheinbare Kälte des geliebten Theophilus. *Aber wo sie stand und ging, sprach sie jetzt nichts, als in den zärtlichsten und sehnsüchtigsten Ausdrücken von einem himmlischen Bräutigam, den sie gefunden, der in unsterblicher Schönheit ihrer warte, um sie an seine leuchtende Brust zu nehmen und ihr die Rosen des ewigen Lebens zu reichen ... Und doch war es nur die fruchtlose Liebe zu ihm, welche ihr jene Reden in den Mund gab ...*[314] Ihr Martyrium ist eine Gelegenheit für Theophilus, sich ihr wieder zu nähern, das Blumenkörbchenwunder, Bekehrung und Tod des Theophilus der Weg, der zur Vereinigung der Liebenden führt.

Da das Legendäre sozusagen instrumental verwendet wird und in seinem Absolutheitsanspruch außer Betracht bleibt, kann der Erzähler das Wunderbare darbieten, ohne sich zu verwundern oder im Leser Verwunderung zu erwecken. *Wie von einem ungekannten neuen Leben erfüllt, richtete der junge Mann sich auf; ein wunderschöner Knabe stand vor ihm, mit goldenen Ringelhaaren, in ein sternbesäetes Gewand gekleidet und mit leuchtenden nackten Füßen, der in den ebenso leuchtenden Händen ein Körbchen trug. Das Körbchen war gefüllt mit den schönsten Rosen, dergleichen man nie gesehen, und in diesen Rosen lagen drei paradiesische Äpfel.*

Mit einem unendlich treuherzigen und offenen Kindeslächeln und doch nicht ohne eine gewisse anmutige List sagt das Kind: «Dies schickt dir Dorothea!» gab ihm das Körbchen in die Hände, indem es noch fragte: «Hälst du's auch?» und verschwand.

Theophilus hielt das Körbchen, das nicht verschwunden war, wirklich in Händen; die drei Äpfel fand er leicht angebissen von zwei zierlichen Zähnen, wie es unter Liebenden des Altertums gebräuchlich war. Er aß dieselben langsam auf, den entflammten Sternenhimmel über sich. Eine gewaltige Sehnsucht durchströmte ihn mit süßem Feuer und, das Körbchen an die Brust drückend, es mit dem Mantel verhüllend, eilte er vom Hausdach herunter, durch die Straßen und in den Palast des Statthalters ...[315]

Vor diesem bekennt er sich zum Christentum und wird deswegen noch zur selben Stunde hingerichtet. *So war Theophilus noch am gleichen Tage für immer mit Dorotheen vereinigt. Mit dem ruhigen Blicke der Seligen empfing sie ihn; wie zwei Tauben, die, vom Sturme getrennt, sich wieder gefunden und erst in weitem Kreise die Heimat umziehen, so schwebten die Vereinigten Hand in Hand, eilig, eilig und ohne Rasten an den äußersten Ringen des Himmels dahin, befreit von jeder Schwere und doch sie selber. Dann trennten sie sich spielend und verloren sich in weiter Unendlichkeit, während jedes wußte, wo das andere weile und was es denke, und zugleich mit ihm alle Kreatur und alles Dasein mit süßer Liebe umfaßte. Dann suchten sie sich wieder und wallten wieder vereinigt dahin oder ruhten im Anschaun ihrer selbst und schauten die Nähe und Ferne der unendlichen Welt.*[316]

Eine reizende Spielart von Realismus liegt hier vor, in dem, wie Karl Fehr in einer ausgezeichneten Untersuchung kürzlich bemerkt hat, «das Unmögliche mit sozusagen wissenschaftlicher Präzision verbunden ist»[317]. Nicht Mimesis des Wirklichen, sondern, wenn das Paradox erlaubt ist, Mimesis des Erdachten ist die Methode dieses Realismus. Daß das Legendenhafte nur eine seiner Formen ist, daß das *Parabelhafte* und *Fabelmäßige* eine ebenso genuine Eignung dafür besitzt, da es nicht über die Empirie, sondern über eine Erfindung der Einbildungskraft zur Wahrheit gelangt, liegt auf der Hand.

An Hand eines Grenzfalles, der Darstellung des Unwirklichen, haben wir Kellers realistische Methode zu beschreiben versucht. Wir wollen ihren Modifikationen in der Reihenfolge der dargestellten Seinsschichten weiter nachgehen, in absteigender Linie sozusagen. Psychische Vorgänge und Verwicklungen, wohl wirklich, aber nicht sichtbar, werden ebenfalls mit jener Direktheit und Präzision geschildert, die nur auf Dinge anwendbar scheint, die greifbar vor Augen liegen: als wären sie ohne den Umweg über die Beobachtung konkreten menschlichen Verhaltens erkennbar. *Theophilus war ein sehr wohlgebildeter und feiner Mensch von hellenischer Abkunft, der sich aus widrigen Schicksalen emporgeschwungen und bei jedermann eines guten Ansehens genoß. Aber von der Not seiner Jugend war ihm ein etwas mißtrauisches und verschlossenes Wesen geblieben, und indem er sich mit dem, was er sich selbst verdankte, begnügte, glaubte er nicht leicht, daß ihm irgend jemand aus freien Stücken besonders zugetan sei. Er sah die junge Dorthea für sein Leben gern; aber schon der Umstand, daß der vornehmste Mann in Kappadozien sich um sie bewarb, hielt ihn ab, etwas für sich zu hoffen, und um keinen Preis hätte er neben diesem Herrn eine lächerliche Figur machen mögen.*

Nichtsdestoweniger suchte Dorthea ihre Wünsche zu einem guten Ziele zu führen und sich vor der Hand so oft als möglich seiner Gegenwart zu versichern. Und da er fortwährend ruhig und gleichgültig schien, steigerte sich ihre Leidenschaft bis zu mißlichen kleinen Listen, und sie suchte ihn durch die Eifersucht in Bewegung zu bringen, indem sie sich mit dem Statthalter Fabrizius zu schaffen zu machen und freundlicher gegen denselben zu werden schien. Aber der arme Theophil verstand dergleichen Spaß gar nicht, und wenn er ihn verstanden hätte, so wäre er viel zu stolz gewesen, sich eifersüchtig zu zeigen. Dennoch wurde er allmählich hingerissen und verwirrt, so daß er sich zuweilen verriet, aber sofort wieder zusammennahm und verschloß, und der zarten Verliebten blieb nichts anderes übrig, als etwas gewaltsam vorzugehen und bei Gelegenheit das Netz unversehens zuzuziehen.[318]

Je weiter wir in die unteren Schichten des Wirklichen hinabsteigen, desto abstrakter und summarischer wird die Darstellung. Die raumzeitliche Bestimmtheit der Vorgänge ist eine Nebensache, mit der der Erzähler sich keine große Mühe macht. *Erneuerte kaiserliche Befehle zur Christenverfolgung zum Vorwand nehmend, ließ er Dorthea mit ihren Eltern gefangen setzen, die Tochter jedoch getrennt in einen Kerker werfen und um ihren Glauben peinlich verhören. Neugierig näherte er sich selbst und hörte, wie sie laut die alten Götter schmähte, sich zu Christo als dem alleinigen Herrn der Welt bekannte, dem sie als Braut anverlobt sei. Da befiel auch den Statthalter eine grimmige Eifersucht. Er beschloß ihre Vernichtung und befahl sie zu martern und, wenn sie beharre, zu töten. Dann ging er weg. Sie wurde auf einen eisernen Rost gelegt, unter welchem Kohlen in der Art entfacht waren, daß die Hitze nur langsam anstieg.*[319]

Welche Gelegenheit zu atmosphärischer Ausmalung! Aber Keller nutzt sie nicht. Der Leser erfährt nichts über das Aussehen des Kerkers, über Dorotheas Gang aus dem Kerker zur Marterstätte und er weiß nicht, zu welcher Tages- oder Jahreszeit sich diese Vorgänge abspielen. Die Kleinmalerei, das Schwelgen im Gegenständlichen, das Genrehafte der ersten Seldwyler Novellen ist so gut wie verschwunden. Beschreibungen von Dingen oder von Hantierungen mit Dingen kommen nur dann noch vor, wenn damit seelische Vorgänge reflektiert werden. Als Beispiel diene die rote Schale zu Beginn der Legende, die das Mißverstehen der beiden Liebenden anschaubar macht. Dorothea *hielt eine große, schön geschnittene Schale empor, aus durchscheinendem rötlichen Steine gemacht, um sie von dem Jüngling bewundern zu lassen, und die Morgensonne strahlte gar herrlich durch die Schale, deren roter Schein auf dem Gesichte des Mädchens dessen eigenes Erröten verbarg*[320]. Dorotheas Neigung für Theophil ist für diesen ebenso wenig wahrnehmbar wie das Symptom ihrer Neigung, ihr vom roten Schein der Schale verdecktes Erröten. Man sieht, dieser Realismus trägt seinen Namen nicht deshalb, weil er gern bei den res, den Sachen verweilt, sondern weil er, wenn das Wortspiel erlaubt ist, immer bei der Sache, beim novellistischen Vorgang bleibt. Das Detail ist unwichtig. Ökonomie wird immer mehr zum Grundgesetz des Erzählens.

Schon vor Weiberts Verlagsangebot hatte Keller die Arbeit an den Seldwyler Novellen wiederaufgenommen. Am 25. Juli 1871 berichtete er seinem Verleger Vieweg, er *rücke endlich allmählich dem Abschluß des 2. Bandes der «Leute von Seldwyla» entgegen*[321]. *Der Schmied seines Glückes*, *Kleider machen Leute* und *Die mißbrauchten Liebesbriefe* waren schon geschrieben und teilweise auch an Vieweg abgeschickt worden, der die letzte Erzählung schon 1865 in der «Deutschen Reichszeitung» ohne Wissen Kellers hatte erscheinen lassen. Von *Dietegen* und vom *Verlorenen Lachen*, deren ebenfalls sehr lange Entstehungsgeschichte hier nicht verfolgt werden soll, war Ende 1872 *noch ein Drittel* bzw. *die Hälfte zu machen*[322]. Nach dem Verkaufserfolg der *Legenden* dachte Keller wieder ernstlich daran, sein Amt aufzugeben, um *noch eine Reihe von Jahren ...*

für die literarische Produktion zu verwenden... Dazu wäre erforderlich gewesen, daß ihm *ein den jetzigen Zeitverhältnisse entsprechender Ertrag* seiner *Arbeiten zuteil würde*[323]. Da Vieweg zu einer Erhöhung des Honorars nicht bereit war, löste sich Keller von ihm. Ferdinand Weibert übernahm den Verlag mit Freuden. 1873/74 erschien bei ihm eine auch die Novellen von 1856 enthaltende Gesamtausgabe der *Leute von Seldwyla* in vier Bänden. Schon zwei Jahre später mußten sie neu aufgelegt werden. Der Erfolg der *Legenden* hatte nicht getäuscht. Keller hatte sein Publikum gefunden.

Nach Abschluß der Seldwyler Novellen schrieb Keller an Adolf Exner: *Ich bin froh, daß ich dies skurrile Genre, das ich der Zeit nach längst hinter mir habe, nun endlich auch äußerlich absolviert habe.*[324] In Wirklichkeit gehören die letzten beiden großen Erzählungen, die in ihren wesentlichen Teilen Anfang der siebziger Jahre entstanden sind, diesem Genre nicht mehr an. Die *etwas schnurrpfeiferliche Sammlung*[325] schließt mit zwei ernsteren Dichtungen. Dieser Ernst ist gelassen und heiter, nicht schwermütig und trübsinnig. Die Gewichtigkeit der Stoffe verführt nicht, wie zu befürchten gewesen wäre, zur Nachlässigkeit in der formalen Durchbildung.

Strenger als je zuvor hat sich Keller an ein vorgesetztes Kompositionsprinzip gehalten, an das der Symmetrie. Das Motiv des *Dietegen* ist unter diesem Gesichtspunkt gewählt worden. *Die Symmetrie im «Dietegen» ist ja der Keim der ganzen kleinen Geschichte, da das Ineinandergreifen der beiden alten Rechtsgebräuche des Lebenschenkens die Idee hergab.*[326] Aber nicht nur die beiden Ereignisse am Anfang und am Schluß der Novelle, die Errettung Dietegens vom Galgen durch Küngolt und die Bewahrung Küngolts vor der Hinrichtung durch Dietegen, stehen symmetrisch zueinander; die ganze Handlung verläuft in gegenseitigen Entsprechungen. Küngolt übt über Dietegen eine Art liebevoller Tyrannei aus, die ihr, wie sie glaubt, als Lohn gebühre. Sie verwirkt dadurch ihr Verdienst, und aus Ärger darüber, daß Dietegen seine Selbständigkeit zu behaupten sucht, verfällt sie in Koketterie und zettelt schlimme Händel an, die sie schließlich ins Gefängnis bringen. Hier liegt die Spiegelebene der Handlungssymmetrie. Bisher erschien, je mehr Schatten auf das Bild Küngolts fielen, der besonnene und gutmütige Dietegen in einem immer helleren Lichte. Nun kehrt sich der Vorgang um. Dietegen wird hart und selbstgerecht und vernachlässigt seine gefangene Lebensretterin immer mehr, während Küngolt ihr verbuhltes Wesen während der Gefangenschaft ablegt. Dann gibt die ihr drohende Hinrichtung nach erneuter, diesmal unschuldiger Einkerkerung ihm Gelegenheit, sein inzwischen aufgelaufenes Schuldkonto auszugleichen.

Die letzte der Seldwyler Novellen, das *Verlorene Lachen*, wurde von Kuh und Vischer kühl und zurückhaltend aufgenommen. *Die letzte Seldwyler Geschichte haben Sie... zu tendenziös und lokal gefunden*, schreibt Keller an Vischer. *Ich glaube der Hauptgrund liegt darin, daß es eigentlich ein kleiner Romanstoff ist, der novellistisch nicht wohl abgewandelt werden kann. Daher vieles deduzie-*

rend und resümierend vorgetragen werden mußte, anstatt daß es sich anekdotisch geschehend abspinnt, daher der tendenziöse langweilige Anstrich.[327] Er war darüber etwas verstimmt und für die positive Kritik Hettners sehr dankbar. *In Wahrheit aber hat es mir gut getan, daß Du die letzte Geschichte vom verlorenen Lachen mir aufrecht hälst. Vischer in Stuttgart scheint sie laut einem hierher geschriebenen Briefe für tendenziös und lokal zu halten. Hienach dürfte man sich aber durch kein Konkretum mehr anregen lassen und keine Saite berühren, die eben tönt. Das ist zu abstrakt schulmäßig. Ich glaubte im Gegenteil einen Konflikt aufgreifen zu dürfen, wie er unter den scheinbar freiesten Verhältnissen und bei gebildeten Zuständen zwischen Mann und Frau heute entstehen kann, und damit ein Novellenmotiv zu haben.*[328]

Es sind die Voraussetzungen zu diesem Konflikt, eine halb rationalistische, halb mystische Kirchlichkeit und ein dilletantisches und verantwortungsloses Politisieren, die *deduzierend und resümierend vorgetragen werden* mußten. Das schadet der Novelle aber nicht. Die resümierenden Einschaltungen bilden im Gegenteil, neben dem verlorenen und wiedergefundenen Lachen der Eheleute, den Ansatz für die auch hier symmetrische Komposition. Je tiefer Jukundus und Justine sich mit den entgegengesetzten, in ihrer leeren Betriebsamkeit aber doch einander ähnelnden Modebewegungen einlassen, je weiter führt ihr Weg auseinander, bis sie schließlich überhaupt nichts mehr voneinander wissen. Beide werden nach einiger Zeit von ihren Propheten enttäuscht und versuchen auf eigene Faust, aus dem lügenhaften Gespinst, in das sie sich verstrickt haben, herauszukommen oder es zu zerreißen: Jukundus durch seinen Gang zu dem verleumderischen Ölweib, Justine durch einen Besuch bei den Sektiererinnen Ursula und Agathchen, die, wie sie irrtümlich glaubt, das wahre Christentum besäßen. Es ist ein sehr feiner Zug der Novelle, daß alle diese Heiligen in e i n e m Hause wohnen und die beiden Ehegatten sich dort zufällig treffen und wieder zusammenfinden. Die Phantome, denen sie nachgejagt waren, und die sie auseinandergebracht hatten, werden sinnigerweise in dem Augenblick, in dem sie ihre Hohlheit zu durchschauen beginnen, die äußere Veranlassung zu ihrer Versöhnung.

Die besondere Leistung der Novelle Kellers besteht in der Verbindung von artistischer Brillanz und epischer Totalität. Im *Dietegen* glückte sie ihm zum erstenmal ganz. Über seine kompositorischen Qualitäten ist schon gesprochen worden. Die epische Totalität schließt zweierlei ein: Reichtum des Stoffes und Vielzahl der Perspektiven, unter denen der Stoff erzählerisch bewältigt wird. Wir zitieren dazu – mit längeren Auslassungen, die im Bedarfsfall resümiert werden – ein größeres Textstück aus dem *Dietegen*, das Fest, in dessen Verlauf der Ruechensteiner Schultheißensohn getötet wird, und die Gefangensetzung und Versteigerung Küngolts.

Küngolt war nicht froh und wußte nicht, was ihr fehlte. Als daher Violande ihr zuflüsterte, sie sollte es auf das Schultheißenkind ab-

sehen, damit sie Schultheißin von Ruechenstein würde, blieb sie kalt und teilnahmslos, bis sie plötzlich den Buckligen mit seinem gewaltigen Tanzen sah und hoch auflachte. Sie begehrte sofort mit ihm zu tanzen, und es sah aus wie ein Märchen, als ihre schöne Gestalt in grünem Kleide und das Haupt mit dunkelroten Rosen geschmückt am Arme des spukhaften Schreibers dahinflog, der seinen Höcker in Scharlach gehüllt trug.

Doch unversehens änderte sich ihre Laune und sie geriet an den Mönch, von diesem an einen der Studenten, und eh eine halbe Stunde vergangen, hatte sie mit allen anwesenden jungen Männern sich gedreht, so daß alle seltsam aufgeregt die Blicke an ihr haften ließen... Küngolt aber war von der Sehnsucht gequält, alle diese Jünglinge sich unterworfen zu sehen. Sie rief, sie wolle die Schenkin sein, und eilte ins Haus, noch mehr Wein zu holen. Dort schlich sie schnell in Violandes Kammer und suchte etwas in der Kleidertruhe.

Es ist ein Liebestrank, den sie unter den Wein mischt und mit dessen Hilfe sie ihre Absicht zu erreichen hofft. *Sie hieß die Jünglinge alle ihre Gläser leeren, weil sie ihnen einen neuen süßen Trank einschenken wolle, und sie wußte es so einzurichten, daß in dem Kruge nichts übrig blieb, nachdem sie alle Gläser der Männer gefüllt und jedem nachträglich etwas zugegossen hatte, während sie ihn wie ein Wetterleuchten süß und schalkhaft anblickte.*

In diesen gleichmäßig und unparteiisch verteilten Blicken lag das Zaubergift, welches nebst dem starken Wein jetzt die Knaben betörte, daß alle voll Verblendung und Leidenschaft das glänzende Mädchen umwarben mit jener Selbstsucht, welche sich allaugenblicklich stets dahin wendet, wo sie ein von Andern gewünschtes oder allgemein erstrebtes Gut locken sieht.

Ihr Plan gelingt. Dann schlägt sie, da das Spiel sie zu langweilen beginnt, einen Spaziergang zu dem Johannisfeuer auf einer nahen Anhöhe vor. *So geschah es und sie zogen mit angezündeten Kienfackeln durch den Wald mit lautem Gesange.*

Nur Violande blieb zurück, das Haus zu hüten und den Forstmeister zu erwarten; denn auch sie gedachte heute ihren Fang zu tun. Es dauerte auch nicht lange, bis er ankam, in starker Stimmung und mit umflorten Sinnen. Sie spart nicht mit Schmeicheleien und Schöntun. *Das ging dem guten Mann ein, stärker als Liebestrank von Froschbeinen; wunderliche Vorstellungen, eine dunkle Erinnerung an ein schönes Mädchenkind, zogen durch seine Sinne, während das Kind jetzt als lange schön bleibende Weibesgestalt in Lebensreife bei ihm war, wie aus weiter Ferne unversehens herangetreten. Sein großmütiges Herz stieg in das aufgeregte Hirn empor und schaffte dort in aller Eile an allerlei Bildwerk herum... Sie drückte ihr Gesicht in sein breites blondgraues Löwenantlitz, sie umfingen und küßten sich zärtlich unter den rauschenden Nachtlinden, und der kluge Mann glaubte den Stein der Weisen gefunden zu haben.*

In diesem Augenblick kam Dietegen mit seinen Waffen nach Hause. Da er quer über den Rasen daherging, hörten ihn die Kosenden nicht und er schaute in höchster Betroffenheit, was er da vor sich sah. Beschämt und errötend zog er sich so still als möglich zurück und umging das Haus, um die hintere Tür zu gewinnen. Dort aber hörte er mit einem Mal vom Walde her ein lautes Schreien und Rufen, wie wenn Menschen in Streit oder Gefahr wären. Ohne Zögern ging Dietegen dem Lärmen nach. Bald fand er die so fröhlich ausgezogene Gesellschaft in schrecklichem Zustande. Von Wein und allgemeiner Eifersucht toll geworden, waren die jungen Männer auf dem Rückwege vom Johannisfeuer, als sie mit den Weibern vermischt gingen, hintereinander geraten und hatten sich mit ihren Dolchen angegriffen, so daß mehr als einer blutete.

Er kommt zu spät, um dem Schultheißensohn das Leben zu retten. Er kann nur noch die Einkerkerung der Ruechensteiner veranlassen. Nun verdächtigt der Mörder Küngolt der Zauberei, um selbst dem Gericht zu entgehen. *Zum Schrecken der Seldwyler drehte sich der Handel noch am gleichen Tage gegen das Kind des Forstmeisters und gegen dessen Haus; denn jedermann in Seldwyla sowohl als in Ruechenstein glaubte an die Wirkung der Zaubertränke, und die anwesenden Ruechensteiner traten so drohend auf, daß das Ansehen und die Beliebtheit des Forstmeisters die Gefangensetzung der Küngolt nicht abwehren konnte, zumal er sich in seinen Gedanken wie gelähmt fühlte.*

Küngolt wird zu einjähriger Haft verurteilt, die sie jedoch nicht im Gefängnis, sondern als Magd in einer Haushaltung verbüßen muß. *Der erste, welcher ein Angebot auf ihre Gefangenhaltung tat, war der Stadtpfeifer, ein vertrunkener Mann, der von seiner Frau hergeschickt war, um mit dem Erwerbe die zerrütteten Umstände etwas zu verbessern, insonderlich weil zu hoffen war, daß der Gefangenen aus ihrem elterlichen Hause offen oder heimlich allerhand Gutes zufließen würde, dessen man sich bemächtigen oder wenigstens teilhaftig machen könne ...*

Hierauf bot ein alter Seckler und Pelzkappenmacher auf Küngolt, welcher sie tapfer zum Nähen anzuhalten gedachte, um einen schönen Nutzen aus ihr zu ziehen. Er hatte aber einen offenen Schaden am Bein, welchen er den ganzen Tag salbte und pflasterte, und auf dem Kopf ein Gewächs wie ein Hühnerei, welches Küngolt als Kind schon gefürchtet hatte, wenn sie in die Schule und an seiner Werkstatt vorbei gegangen.[329]

Ein ganzes Welttheater ist hier auf engstem Raum zusammengedrängt: der Mißgestaltete, der durch hektische Hingabe an die Lust des Augenblicks seine verkürzte Anwartschaft auf die Freuden des Lebens wettzumachen sucht, das zur Frau erwachende Mädchen, das die von ihr ausgehende erotische Faszination zur Befriedigung von Machtgelüsten mißbraucht, das alternde Mädchen, das klug darauf bedacht ist, doch noch einen Mann zu bekommen, der Mann in den sogenannten besten Jahren, in denen das starke Geschlecht so leicht zu allerhand Torheiten zu verführen ist, der besonnene und etwas altgescheite Jüngling, der doch zu spät kommt, um das Unheil zu verhindern, und schließlich der Stadtpfeifer und der Pelzkappenmacher, schmutzige Gesellen, die aus Küngolts Unglück Gewinn zu ziehen hoffen.

Genauso bunt und umfassend wie dieses Typenspektrum ist die Vielfalt des Atmosphärischen: Das Harmlos-Skurrile im Hühnerei auf dem Kopf des Pelzkappenmachers, das Burleske im Tanz des krummen Schreibers mit der schönen Försterstochter, das Entsetzliche in der Messerstecherei der Ruechensteiner, das Trübe und Öde in der Ernüchterung am Tage nach der tollen Nacht und schließlich das Märchenhaft-Irisierende, eine Wirkung der kunstvollen Absichtlichkeit der ganzen Zusammenstellung, die nicht verhehlt, daß ein solch bunter Reigen in der alltäglichen Wirklichkeit gar nicht vorkommen kann. An die schöne Bemerkung Hugo von Hofmannsthals anknüpfend, Kellers «Stärke» liege «in der unbegreiflich feinen und sicheren Schilderung gemischter Zustände»[330], könnte man, sie abwandelnd, sagen, seine Kunst gipfle in der Kraft, mit der er eine bunte und disparate Mischung von Vorgängen und Gestalten in ein geschlossenes Panorama zu bannen vermag.

Das Mittel, mit dem er das erreicht, ist die Vielzahl der erzählerischen Perspektiven, das zweite Element der epischen Totalität, von der die Rede war. Keller hat später einmal *Briefform, Tagebuchform und die Vermischung derselben* als die *nicht stilgerechten epischen Formen* bezeichnet, *in welchen nicht der objektive Dichter und Erzähler spricht, sondern dessen Figurenkram*[331]. Im Grunde gehört auch diejenige Weise des Erzählens hierher, wo der Erzähler sich mit der Rolle eines zufällig anwesenden Zeugen begnügt, dessen Bericht durch diese Fiktion zwar authentisch wirkt, der seine epische Welt aber aus dem erstellen muß, was er von seinem begrenzten Ort aus gesehen und vor allem gehört, aus dem Munde seines *Figurenkrams* gehört hat. Das ist die Form der großen Romane des 19. Jahrhunderts, insoweit sie um die Darstellung einer gesellschaftlich und individualistisch verengten Welt bemüht sind, der man mit dieser mikroskopischen Methode auch am besten gerecht wird. Im deutschen Sprachraum ist der Roman Fontanes das klassische Beispiel dafür. Die Darstellung ist szenisch und die Erzählperspektive bleibt für die oft beträchtliche Dauer der Szene fixiert.

Ganz anders bei Keller. Unsere Textprobe zeigt es. Die Perspektive wechselt fortwährend. Der Erzähler hat seine Augen immer dort, wo es gerade am meisten zu sehen gibt. Erst ist er auf dem Tanzplatz, dann folgt er Küngolt in Violandes Kammer, dann erwartet er mit Violande den Forstmeister, schließlich geht er mit Dietegen an den Ort der Messerstecherei. Dabei erfährt er viel mehr als ein zufällig anwesender Zeuge. Er weiß nicht nur, was seine Figuren tun und sprechen, er weiß auch, was sie denken und planen, und zwar bevor sie es durch ihr Tun verraten: daß Küngolt allen Jünglingen den Kopf verdrehen will, daß Violande es auf den Forstmeister abgesehen hat, was im Kopf des Forstmeisters vorgeht usw. Mehr noch: er kennt den Seelenzustand seiner Figuren besser als diese selbst oder er kann ihn mindestens besser beurteilen. Des Forstmeisters *großmütiges Herz stieg in das aufgeregte Hirn und schaffte dort in aller Eile an allerlei Bildwerk herum.* Der Forstmeister selbst weiß natürlich nicht, daß sein Herz großmütig und sein Hirn aufgeregt ist, dazu ist er viel zu sehr mit dem Bildwerk beschäftigt, das er zurechtzimmert. Nicht nur die Gegenwart, auch die Vergangenheit seiner Figuren ist dem Erzähler bekannt: der Stadtpfeifer ist von seiner Frau auf die Versteigerung geschickt worden, der Pelzkappenmacher pflastert und salbt zu Hause den ganzen Tag sein offenes Bein, Küngolt hat sich schon als Kind vor dem Hühnerei auf seinem Kopf gefürchtet.

Der rasche Wechsel der Perspektiven ist nur eine Vorstufe zum perspektivelosen Erzählen. Die Wendung der Sache gegen Küngolt und ihre Gefangensetzung wird in dieser Weise dargestellt. Der Erzähler teilt nicht mit, was er bei welcher Gelegenheit gesehen hat, sondern nur Voraussetzung und Ergebnisse dieses Gesehenen. Und schließlich: das Erzählte wird Anlaß zu beiläufig eingestreuten allgemeinen Reflexionen. Die Leidenschaft, mit der die Ruechensteiner Küngolt umwerben, ist jene *Selbstsucht, welche sich allaugenblicklich stets dahin wendet, wo sie ein von Andern gewünschtes oder allgemein erstrebtes Gut locken sieht.*

Man sieht, Kellers Erzählstil ist nicht charakterisiert durch die Bevorzugung bestimmter epischer Mittel, sondern durch den souveränen Gebrauch aller denkbaren nach den jeweiligen Erfordernissen des Gegenstandes. Das macht ihn so luzid und gescheit. Der *objektive Dichter* spricht, wobei Objektivität entgegen dem heutigen Sprachgebrauch nicht bescheidene Beschränkung auf das, was man ganz sicher wissen kann, ist, sondern der kühne und selbstverständliche Anspruch auf Allwissenheit. Gerade darin gründet auch die humoristische Wirkung dieses Stils. Keller weiß alles und enthält sein Wissen dem Leser nicht vor. Er legt es nicht auf Spannung an, sondern auf Überschau. Daraus entsteht ein Behagen erzeugendes Überlegenheitsgefühl über den Gegenstand, auch wenn das Erzählte nicht komisch, auch wenn es, wie in unserer Textprobe, grausig ist. Es ist ein Humor des unbewegten Angesichts. Komisch ist nicht so sehr der dargestellte Gegenstand, sondern das beabsichtigte Mißverhältnis zwischen der Gelassenheit des Erzählers und der Vielfalt und Bewegtheit des Erzählten. Kellers Humor ist, nach einer glücklichen Formulierung Robert Faesis, der «kleine Überschuß an Kraft»[332], durch den die trübe und chaotische Welt hell und durchsichtig wie ein Kristall wird. Er ist die genaue Umkehrung des Jean Paulschen, der, nach der «Vorschule der Ästhetik», eine «im Hohlspiegel eckig und lang auseinandergehende Sinnenwelt» erzeugt und diese «sinnliche Welt zu einem zweiten Chaos ineinanderwirft – bloß um göttlich Gericht zu halten»[333], um sie an der Unendlichkeit der Idee zerschellen zu lassen. Dieser Humor hat mit dem Kellers weiter nichts als den Namen gemein.

Kellers literarischer Ruhm, der so lange auf sich hatte warten lassen, wuchs zusehends in der folgenden Zeit. Am 4. Juni 1874 lädt

Julius Rodenberg, um 1875

ihn der gescheite und großherzige Julius Rodenberg in einer für Keller sehr schmeichelhaften Weise zur Mitarbeit an der «Deutschen Revue», der späteren «Deutschen Rundschau», ein, die er gerade zu gründen im Begriff stand. «Denn die ‹Deutsche Revue›, welche bestimmt ist, ein repräsentatives Organ der deutschen Literatur zu werden, würde unvollständig sein, wenn der Verfasser des *Grünen Heinrich* und von *Romeo und Julia auf dem Dorfe* darin fehlte.»[334] Keller verspricht ihm *gerne vorläufig einen gelegentlichen Beitrag in Gestalt einer Novelle*[335]. Im Dezember des gleichen Jahres macht er Rodenberg einen konkreten Vorschlag. Er skizziert den Plan zu dem Zyklus der *Züricher Novellen,* ein zwar altes Projekt aus der Zeit unmittelbar vor dem Amtsantritt, das dann aber vollständig steckengeblieben ist. Also keine Überarbeitung eines in seinen Umrissen schon fertigen Textes, sondern – vielleicht mit Ausnahme des fragmentarischen Rahmens und des *Narr auf Manegg,* die, wie kürzlich zu zeigen versucht wurde, schon aus den frühen sechziger Jahren stammen[336] – eine von Grund auf neue Dichtung.

Nun zeigte es sich doch, daß Kellers Kraft nicht ausreichte, um eine solche neben seiner Amtsarbeit zu schreiben. Bis März 1875 wollte er *spätestens damit fertig*[337] sein. Ein gutes Jahr später hatte Rodenberg noch keine Zeile des Manuskripts in Händen. Jetzt endlich machte Keller Ernst mit dem Vorhaben, sein Amt aufzugeben. *Meine sanguinische Art, die sichere Ausführung einer Arbeit in bestimmter Frist vorzunehmen, hat mich wieder selbst gefoppt, da die Sache durch die sanfte aber eiserne Textur der Lebenstage ebenso sicher immer anders kommt. Ich kann das aber nicht mehr so haben und habe deshalb meine Amtsstellung auf 1. Juli gekündigt, um einige Jahre ungehindert und fleißig schreiben zu können, was mich freut.*[338] Auch glaubt er jetzt zuversichtlich, vom Ertrag seiner literarischen Arbeiten leben zu können. *Ich habe nun in poetisch-literarischer Beziehung so viel zugeschnittene Arbeit oder Werch an der Kunkel, daß ich es wohl wagen kann, meine mir noch vergönnten bessern Jahre damit zuzubringen, ohne in schlimme Zustände zu geraten, wie junge Literaten, oder anderseits einem schnöden Industrialismus zu verfallen.*[339] Der Hauptgrund war, wie er nach der Amtsniederlegung bekannte, die Angst, nicht fertig zu werden und in literarischer Beziehung ein *Bruchstück*[340] zu bleiben: *... es würde mir ein trübseliges Ende bevorstehen, wenn ich alles ungetan zurücklassen müßte, was ich hätte machen können.*[341]

Am 15. Juli 1876 ist er endlich frei von der lange getragenen Bürde. Er beginnt den neuen Lebensabschnitt mit dem bei seiner Neigung zu Zeitverschleuderung und träumerischem Müßiggang sehr angebrachten guten Vorsatz, *wo immer möglich die Regelmäßigkeit der Amtsgewöhnung* beizubehalten und will *gleich im Anfang ein gutes Stück rüstig wegarbeiten*[342]. Wirklich erhält Rodenberg Ende August die erste Manuskriptsendung für die *Züricher Novellen. Seien Sie wegen der Fortsetzung unseres Handels nicht allzu bange. Meine schriftstellerische Beweglichkeit verbessert sich zusehends und kommt schon wieder zurecht. Ich mußte mich erst daran gewöhnen, wieder in voller Freiheit alles aus den Fingern zu saugen, anstatt nur aus den Akten zu büffeln.*[343] Die in fünfzehn Jahren erworbenen Beamtentugenden kommen jetzt dem Schriftsteller zugute. *Erzogen bin ich endlich auch, wie ich glaube, so daß ich wohl wieder in die Freiheit hinaustreten darf.*[344] Diese zuversichtliche Prognose, die er sich selbst kurz vor der Amtsniederlegung gestellt hatte, trog nicht. Er lieferte die weiteren Manuskriptsendungen zwar nicht pünktlich, aber doch immer noch rechtzeitig. Von November 1876 bis April 1877 erschienen die *Züricher Novellen* mit Ausnahme der *Ursula* und des *Fähnleins der sieben Aufrechten* in der «Deutschen Rundschau». Die letzten beiden Erzählungen wurden erst in der Ende des Jahres bei Weibert herausgekommenen Buchausgabe dem Zyklus angehängt, ohne eigentliche Bestandteile von ihm zu sein.

Die 3–4 Geschichten oder Novellen spielen in Zürich; es sind Tatsächlich- und Persönlichkeiten aus dem 13., 14. und 18. Jahrhundert, mit der Rahmennovelle aus dem 19.[345] Historische Novellen also? Und dazu noch mit dem praktischen und kunstfremden Ziel, einen Abriß der Züricher Kultur- und Sittengeschichte zu bieten, wie die chronologische Abfolge, deren Lücken durch die Reformationsnovelle *Ursula* und *Das Fähnlein der sieben Aufrechten* leicht zu schließen gewesen wäre, vermuten lassen könnte? Huldigt Keller hier einer Zeitmode, der historischen Novelle, der Komplementärerscheinung zum Zeitroman, von dem er sich so energisch distanziert hatte? Mag er es beabsichtigt haben, es ist ihm glücklicherweise gänzlich mißlungen.

Vor allem die schönste der *Züricher Novellen*, der *Landvogt von Greifensee*, hat keine Spur dieser zwitterhaften Gattung an sich, und was Keller, etwa im Hanswurstelteil, an Kultur- und Sittengeschichtlichem hineinbringt – die strengen Züricher Kirchenmandate, die angestrengt würdevolle Aufführung Bodmers und seines Kreises, die liebenswürdige und heitere Grazie Gessners –, wirkt nicht als historische Intarsie, sondern paßt fugenlos in das Geflecht der Motive. Die Mandate und der Bodmer-Kreis sind Widerlager für Witz und Übermut Figuras, der Gessner schalkhaft sekundiert. *Hier wird überall nicht politisiert, sondern fabuliert und komödiert.*[346] In der Tat ist

Salomon Gessner

der *Landvogt* das Spiel der freien und heiteren Einbildungskraft eines Mannes, der ohne Wehmut entsagt hat und genügend Überlegenheit gegenüber seinem Schicksal aufbringt, um seine fünf inzwischen meist verheirateten Flammen um sich zu versammeln und mit ihnen eine Komödie aufzuführen, in der s i e diesmal die Düpierten sind. Auch formal ist die Novelle ein entzückendes Gebilde: ein Zyklus mit einem genauen Gleichgewicht von Rahmen und Binnenerzählungen, dessen besonderer Reiz in der Identität der Figuren in beiden Teilen liegt. Die fünf Damen erscheinen zuerst als junge Mädchen, dann als reife Frauen, der Landvogt zuerst als stürmischer Liebhaber, dann als überlegener und schalkhafter Mann.

Nur im *Hadlaub* steckt etwas zu viel Geschichte, zu viel Mittelalter. Aber das Historische ist hier doch in einer ganz anderen Weise Gegenstand des Erzählens als in den Geschichtsnovellen der Zeitgenossen Raabe und Storm, die in ihrer Bemühung um Patina ihre Figuren ein archaisierendes Deutsch sprechen lassen. Sie tun so, als rede ein Mann einer vergangenen Zeit über diese vergangene Zeit, ein Kunstmittel, das, wie die Augenzeugenfiktion des Zeitromans, Authentizität vortäuschen soll. Sprache und Psychologie der Figuren im *Hadlaub* sind dagegen ganz modern. *«Ihr habt mich zum Gegenstande Eueres Minnesingens gemacht und zum Vergnügen der wohlgeborenen Herren, ja meiner eigenen schwachen Eltern, ein artiges Spiel mit mir gespielt,*

Johann Jakob Bodmer

ohne mich zu fragen, ob das mir auch wohl oder wehe tue! Was habt Ihr Euch eigentlich dabei gedacht?»

Johannes, der bislang nur seine Augen auf ihr hatte ruhen lassen, schlug sie jetzt errötend nieder und suchte seine Gedanken zu sammeln.

«Ei», sagte er endlich, «wenn ich mich drauf besinnen soll, so habe ich immer nur das dabei gedacht, was in den Liedern eben steht, das heißt in denen, die Euch allein angehen, denn wie Ihr wißt, sind es zweierlei; es sind solche, die man selbst empfindet und erlebt und nicht anders machen oder unterlassen kann, und wieder andere, die man sonst so zur guten Übung hervorbringt, aus Lust am Singen und gewissermaßen zum Vorrat! So wißt Ihr ja selbst, daß ich zum Beispiel keine Ursache zu Tageliedern habe und in meiner Torheit doch solche singe!»[347]

Sogar die unnötig zahlreichen Minnelieder, die in der Novelle zitiert werden, hat Keller ins Neuhochdeutsche übersetzt. Und wo vom Stoff her die Illusion, der Erzähler sei ein Zeitgenosse seiner Figuren, sich von selbst einzustellen droht, kommt er dem durch den Hinweis darauf zuvor, daß es sich hier um längst vergangene Dinge handle.
Bald gelangten sie zu der Behausung der Herren Maness; erregt blickte Johannes an das steinerne Haus empor, welches d a m a l s an dem Turme lehnte und das Wohnhaus war ... Unter dem Torbogen waren die Steinstufen angebracht, von welchen die Frauen zu Pferde stiegen, wenn sie ausritten. Eine jener steinernen Schneckenstiegen, deren Tritte uns j e t z t, wo sie noch erhalten sind, so hoch und beschwerlich vorkommen, führte zum Saale hinauf.[348]

Nach den *Züricher Novellen* begann Keller mit der seit 1871 geplanten Umarbeitung des *Grünen Heinrich.* Wesentliche Anregungen verdankt er Emil Kuh, der ihm vorgeschlagen hatte, den ganzen Roman als Autobiographie umzuarbeiten. Keller konnte sich dazu nur schwer entschließen, da *die autobiographische Form zu unpoetisch ist und die souveräne Reinheit und Objektivität der wahren Dichtersprache ausschließt*[349]. Glücklicherweise hat er sich nicht dazu verleiten lassen, sich an die mit der Ichform scheinbar – aber eben nur scheinbar – Hand in Hand gehende Beschränkung der Erzählperspektive zu halten. Der Icherzähler berichtet über Vorgänge, bei denen er selber nicht dabei war – die Entwicklung des Verhältnisses von Rosalie und Erikson, die Lebensweise seiner Mutter während seiner Abwesenheit von zu Hause –, nicht in der Reihenfolge, in der sie zu seiner Kenntnis gelangten, sondern zusammenhängend und mit einer nachträglichen kurzen Bemerkung, woher er sein Wissen hat. Ja, bei der in der ersten Fassung noch nicht enthaltenen Peter-Gilgus-Episode macht er nicht einmal diese Konzession und erzählt unmittelbar nach seiner Bekanntschaft mit ihm, also noch bevor er sie gesprächsweise erfahren haben kann, die Geschichte dieses Apostels des Atheismus. Die *souveräne Reinheit und Objektivität der Dichtersprache* bleibt trotz der autobiographischen Form erhalten.

Ansonsten betraf die Umarbeitung die verschiedenen Teile des

Salomon Landolt, der Landvogt von Greifensee, als Jüngling

Romans in verschiedenem Grade. Der Eingang, der Abschied von Heimat und Mutter und die Reise in die Kunststadt, wurde als *zu inhaltslos geschwätzig* [350] ganz weggelassen. Die Jugendgeschichte ist kaum verändert. Einige Stellen sind gestrichen, unter anderen die Szene, in der Judith vor dem verblüfften und verlegenen Heinrich nackt im Flusse badet. Über diese Streichung weiß man sich bis heute nicht zu fassen und hält vor allem deshalb die zweite Fassung für schwächer. Sie geschah ebenfalls auf den Rat Emil Kuhs, aber Keller war auch selbst der Ansicht, *daß es die roheste und trivialste Kunst von der Welt ist, in einem Poem den weiblichen Figuren das Hemd überm Kopf wegzuziehen* [351]. Es ist denkbar, daß er mit dieser Streichung einen Nebenzweck verfolgte: er wollte die Möglichkeit ausschließen, auch nur von Ferne mit Zola verwechselt zu werden, der *von Haus aus ein gemeiner Kerl* sei. *Was liegt denn der Welt an den ewigen Lebensläufen dieser Pariser Huren und an ihrem täglichen, ja stündlichen Lakenreißen?* [352] Es ist allerdings nicht ganz sicher, ob er Zola in den siebziger Jahren schon gekannt hat. Seine zornigen Ausfälle gegen ihn stammen erst aus dem folgenden Jahrzehnt.

In den übrigen Teilen, besonders im letzten Viertel des Romans, wollte er *die Komposition ... sorgfältiger ausbauen und abrunden* und *durch gute Ökonomie etwas knapper und dadurch pikanter halten ...*[353] Das sollte vor allem *durch Streichung der Reflexionen und unrepräsentabeln Velleitäten*[354] geschehen. An diese Vorsätze hat er sich im wesentlichen auch gehalten. Das letzte Viertel des Romans war in der ersten Fassung etwas arm an Anekdotischem gewesen. Dieser Mangel wird jetzt durch Einfügung einer Anzahl von Episoden beseitigt. In der ersten Fassung beginnt Heinrich, als ihm der letzte Groschen ausgegangen ist, seine Habseligkeiten zu versetzen, als ob sich dieser Ausweg von selbst verstünde. *Am Morgen stand er in aller Frühe auf und pfiff, so gut es mit seiner immer ängstlicher schnappenden Lunge gehen mochte, munter ein Liedchen; es war ihm, als ob jetzt eine gute Mahlzeit sogleich vor der Tür sein müsse, denn weiter als an eine solche dachte er nicht mehr. Zugleich ergriff er unwillkürlich ein stattliches und höchst inhaltreiches Buch,*

Salomon Landolt in späteren Jahren

Johannes Hadlaub. Miniatur aus der Manessischen Liederhandschrift, 14. Jahrhundert

das da zunächst bestaubt auf einer Tischecke lag, ging damit zu einem Büchertrödler, dem er schon manches Buch abgekauft hatte, und trug einige Augenblick darauf mehrere nagelneue blanke Guldenstücke davon, welche der gute Jude freundlich aus seinem ledernen Beutelchen geklaubt.[355]

In der zweiten Fassung kommt ihm dieser Gedanke wie eine Erleuchtung, herbeigeführt durch eine phantasiereich ersonnene Erscheinung. *Ein paar Minuten hielt ich die Augen geschlossen. Du wirst doch aufstehen müssen! sagte ich mir und nahm mich zusammen. Wie ich nun so vor mich hinblickte, sah ich aus einer Ecke des Zimmers einen kleinen Glanz herüberleuchten wie von einem goldenen Fingerring, nahe dem Boden. Es blinkte ganz seltsam und lieb-*

lich, da sonst dergleichen Licht keines im Zimmer war. So stand ich auf, die Erscheinung zu untersuchen, und fand, daß der Glanz von der metallenen Klappe meiner Flöte herrührte, die seit Monaten ungebraucht in jener Ecke lehnte gleich einem vergessenen Wanderstabe. Ein einziger Sonnenstrahl traf das Stückchen Metall durch die schmale Ritze, welche zwischen den verschlossenen Fenstervorhängen offen gelassen war; allein woher, da das Fenster nach Westen ging und um diese Zeit dort keine Sonne stand? Es zeigte sich, daß der Strahl von der goldenen Spitze eines Blitzableiters zurückgeworfen war, die auf einem ziemlich entfernten Hausdach in der Sonne funkelte, und so seinen Weg gerade durch die Vorhangspalte fand. Indessen hob ich die Flöte empor und beschaute sie. «Die brauchst du auch nicht mehr!» dachte ich, «wenn du sie verkaufst, so kannst du wieder einmal essen!» Diese Erleuchtung kam wie vom Himmel, gleich dem Sonnenstrahl.[356]

Das Zustandekommen der Erscheinung ist jetzt verwickelt genug, um Heinrich für einen Augenblick an ein unmittelbares Eingreifen Gottes glauben zu lassen, was er in der ersten Fassung ebenfalls tat, aber ohne rechte Motivierung. Die zweite Fassung ist an dieser Stelle nicht nur reicher und phantasievoller, sondern auch, trotz des größeren Umfanges, ökonomischer und straffer. Keller hält den Faden der Erzählung besser in der Hand. In der ersten Fassung hatte Heinrich das Trödelmännchen vorher schon gekannt, hier lernt er es erst durch den Verkauf der Flöte kennen. Daraus ergibt sich die Gelegenheit, die äußere Erscheinung des Alten auf einmal und mit wenigen Strichen zu skizzieren, während er dort nur allmählich und schrittweise Gestalt bekam. *Es dauerte nicht lange, so stieß ich in einer Seitengasse auf einen kleinen dunklen Laden eines Trödlers, hinter dessen Fenster ich neben etwas altem Porzellangeschirr eine Klarinette stehen sah ... Hier ging ich hinein und fand inmitten seines Trödels eines seltsames ältliches Männchen, kurz und wohlbeleibt, in einen langen Hausrock gemummt und darüber noch eine weiße Frauenschürze vorgebunden. Auf dem rundlichen Kopfe trug er eine wunderliche Schirmmütze, die wie die Muschel des Papiernautilus gebaut war. Diese Figur stand über einen kleinen Kochherd gebückt und rührte in einem Topfe, als ich eintrat.*[357]

Weiterhin wird der Flötenverkauf mit einem kleinen Vorgriff auf das Grafenschloßabenteuer verbunden. Heinrich muß die Flöte probieren, ehe der Alte sich auf einen Handel einläßt. In diesem Moment *blickte gleich einem Sonnenaufgang das schönste Mädchengesicht herein, heiter wie der Frühlingstag, lachte holdselig und klopfte mit fein beschuhter Hand an die Scheibe. Es war ein offenbar vornehmes Frauenzimmer und der Trödelgreis beeilte sich eifrig, das Fenster so weit zu öffnen als es wegen der hinter demselben befindlichen Trödlerware anging.*[358] Das Frauenzimmer ist Dortchen Schönfund. Am Flötenspiel wird sie Heinrich später wiedererkennen. Hier zeigt sich die Kunst der Konzentration und Verknüpfung des inzwischen geübten Novellisten.

Die *Reflexionen und unrepräsentabeln Velleitäten* der ersten Fassung – Heinrichs Denkanstrengungen im Zusammenhang mit seinem Besuch der Universitätsvorlesungen und während seines Aufenthalts auf dem Grafenschloß – hat Keller, ebenso wie die weitläufige Beschreibung des Mummenschanzes auf dem Künstlerfest, nicht gestrichen, sondern nur etwa um die Hälfte gekürzt. Soweit sie sich um Sein oder Nichtsein Gottes drehten, waren sie ihm weniger wichtig geworden. *Ich konnte mich nicht mehr ganz so fassen wie vor dreißig Jahren, ohne vom freien Gedanken abgegangen zu sein. Das seither entstandene Getümmel hat letzteren kühler und ruhiger werden lassen.*[359] Zwar endet Heinrich auch jetzt als Atheist, aber er hält es für abgeschmackt, mit seinem Atheismus zu prahlen. Die Meinung Kellers selbst greifen wir am besten im scherzhaften Geplänkel des Kaplans mit Peter Gilgus: *Ein leidenschaftlicher Liebhaber Gottes und ein leidenschaftlicher Leugner Gottes zögen im Grunde an demselben Wagen, von dem der eine so wenig loskommen könne als der andere, und so biete er ihm als treuer Gefährte seine Freundschaft an. Eine so fleißige und beharrliche Gottesleugnerei sei eigentlich nur eine andere Art von versteckter Gottesfurcht, wie es in den ersten Zeiten Heilige gegeben habe, welche den Schein großer Lasterhaftigkeit zur Schau trugen, um in der Verachtung um so ungestörter der göttlichen Inbrunst sich hinzugeben.*[360] Sich zum Atheismus zu bekennen, bedeutet schon zu viel religiöses Engagement. Besser, man macht es wie Dortchen und läßt die Frage heiter und witzig in der Schwebe: *Bei Gott ist alles möglich, auch daß er existiert!*[361]

Keller hat versucht, die Dialektik von Sein und Schein, die ihn zunehmend beschäftigt, dem Roman nachträglich aufzupfropfen: durch die Geschichte des Albertus Zwiehan, der seinen Träumen mehr traut als seinem Verstand und daran zugrunde geht. Seinen Schädel nimmt Heinrich als ständiges Memento mit auf die Reise und hütet ihn sorgfältig. Dieser Versuch ist nicht überzeugend. Keller hat das selbst gesehen. *Namentlich wegen des Zwiehans und seines Schädels, dieser etwas gar zu deutlichen Allegorie und Prototypik für einen Verlierer seines Wesens oder seiner Person, hätte ich Strafe verdient ...*[362] Nicht viel glücklicher ist der neue Schluß. Der Gedanke, Judith zurückkehren zu lassen, stammt zwar von Keller. Aber es war Storm, der eine Reduzierung ihres Lebensalters vorgeschlagen hatte, so daß sie als Ehepartnerin Heinrichs durchaus noch in Frage käme. Dadurch wird die Entsagung wehmütiger und resignierter: eher ein Storm- als ein Keller-Schluß. Im ganzen hat der Roman durch die Umarbeitung gewonnen. Sein pikarischer Charakter, der durch das Totenschädelmotiv und durch den Schluß, der so etwas wie ein Ergebnis des Romans sein will, vertuscht werden sollte, wird durch die anderen, weit zahlreicheren Änderungen eher noch stärker betont.

In den Jahren 1879 und 1880 erschien die neue Fassung bei Ferdinand Weibert, der daran insofern wieder ein unmittelbares Verdienst hat, als er 1875 durch seine Absicht, die Verlagsrechte für den

Grünen Heinrich von Vieweg zu erwerben, die von Keller inzwischen zurückgestellten Umarbeitungspläne wieder in Gang brachte. Die deutschen Verleger rissen sich um das neue alte Buch, auch Vieweg verzichtete ungern auf seine Rechte und ließ sich den unverkauften Rest der ersten Auflage teuer bezahlen. Keller an Weibert: ... *inklusive Ihr und Viewegs Verlagsangebote habe ich sukzessive wunderlicher Weise nun sechs Verlagsanfragen erhalten.*[363]

Von allen Novellensammlungen Kellers hat das *Sinngedicht* die längste Entstehungszeit. 1851, fast 30 Jahre vor der Niederschrift, skizziert er die Idee zum Rahmen und zu zwei Binnenerzählungen. Im September 1855 übernimmt Franz Duncker den Verlag und zahlt dem Autor einen Vorschuß. Er hat nie auch nur eine einzige Zeile des Manuskripts zu sehen bekommen. 1878, nach dem Zusammenbruch des Dunckerschen Verlages, zahlt Keller den Vorschuß mit Zinsen zurück. Jetzt bemüht sich Julius Rodenberg um den Zyklus für die «Deutsche Rundschau». Dort erschien er vom Januar bis Mai 1881 ohne die Erzählung der Jugendliebe Lucies, die erst in der Ende des Jahres von Hertz in Berlin – Weibert war nicht interessiert, da er seinen Verlag aufzugeben beabsichtigte – veranstalteten Buchausgabe hinzukam.

Andererseits kann man sagen, daß das *Sinngedicht* die einzige fast in einem Zuge niedergeschriebene Novellensammlung Kellers ist. An Rodenberg: *Sie haben sich einmal nach der Entstehung des Manuskriptes erkundigt. Es ist, mit Ausnahme der Partie des Januarheftes, die erste und einzige Niederschrift, während die Novellen und der Rahmen vor zwei Dezennien schon im Kopf entworfen und seither meine stillen Begleiter auf Spaziergängen und beim Glase Wein gewesen sind. Dennoch wußte ich nicht viel davon, was aus jedem der Geschichtchen werden würde.*[364] Und auch das Manuskript zur Partie des Januar-Heftes ist nicht *im Jahre 1855 in Berlin geschrieben*[365], wie Keller behauptet, sondern ist – typische Abschreibefehler, auf die Fränkel[366] aufmerksam gemacht hat, zeigen das – eine Kopie der Berliner Niederschrift, eine stark veränderte Kopie, wird man vermuten dürfen, da er sich sonst kaum die Mühe des Abschreibens gemacht hätte.

Das *Sinngedicht* ist, um mit Rodenberg zu reden, Kellers «krönendes Werk ... eines, das an Mannigfaltigkeit der Gestalten, Kraft der Erfindung, Glanz des Kolorits, Originalität des Vortrags und Klassizität des Stils nur mit dem vielgeliebten Boccaccio kann verglichen werden»[367]. Das Vorbild der romanischen Novellistik ist, nicht nur wegen der Rahmentechnik, die Goethe und die Romantiker in Deutschland längst heimisch gemacht hatten, auch diesmal unverkennbar und braucht nicht, wie bei den *Legenden*, bloß vermutet zu werden. *Wir sind nachgerade gewöhnt, psychologisch sorgfältig ausgeführte kleine Romane Novellen zu nennen, und würden den «Werther», den «Vicar of Wakefield» u. dgl. heut ebenfalls Novellen nennen. Dem gegenüber, glaubte ich, könne man zur Abwechslung etwa auch wieder die kurze Novelle kultivieren, in welcher man puncto Charakterpsychologie zuweilen zwischen den Seiten zu lesen hat, respektive zwischen den Factis, was dort nicht steht.*[368]

Damit kann nur die Novelle gemeint sein, wie sie in Italien und Spanien vom 14. bis zum beginnenden 17. Jahrhundert gepflegt wurde. Dabei will uns scheinen, daß unmittelbare Anregungen mehr von Cervantes als von Boccaccio ausgingen. Das ist unübersehbar, wenn man das *Sinngedicht* und die «Novelas ejemplares» nebeneinander liest. C. F. Meyer, der ein großer Kunstkenner war, hat es mit sicherem Blick gesehen und es Keller gegenüber geäußert. Der aber «liebte es nicht verglichen zu werden»[369] und stritt es ab. Aber das Lob, das er einige Jahre später einer Erzählung Joseph Viktor Widmanns spendet, kann nur als Huldigung an Cervantes verstanden werden: sie sei *das Novellenstück par excellence ... es klingt, als wenn es nicht nur in Spanien spielte, sondern auch dort in älterer Zeit geschrieben worden wäre*[370].

Die *Sinngedicht*-Novellen wollen, gerade darin den «Novelas ejemplares» weit enger verwandt als dem schwankhaft-derben «Decamerone», Beispielerzählungen sein. Natürlich nicht im Sinne ästhetischer Vorbildlichkeit, sondern im Sinne des *Fabelmäßigen* und *Parabelhaften.* Sie wollen demonstrieren, daß das Leben nicht als Experiment betrieben werden kann und daß sich seine Fülle nur vorsatzloser Glücksbereitschaft erschließt. Epischer Gegenstand ist nicht eine wie immer geartete Wirklichkeit, sondern eine übergreifende Wahrheit. Epische Methode ist nicht die Wahrscheinlichkeitsfiktion, sondern, dem Gattungsgesetz von Fabel und Parabel entsprechend, die Wahrheit vermittelnde Erfindung. Storm konnte sich damit nicht befreunden, besonders der Schlußschnörkel der *Armen Baronin* war ihm gar zu roh und unwahrscheinlich. Er hat die erzählerische Intention des *Sinngedichtes* nicht erkannt, und Keller konnte seine Vorwürfe nicht gelten lassen. *Die Unwahrscheinlichkeit betreffend ... so ist sie in allen diesen Fällen die gleiche. Auch die Geschichte mit dem Logauschen Sinngedicht, die Ausfahrt Reinharts auf die Kußproben kommt ja nicht vor; niemand unternimmt dergleichen, und doch spielt sie durch mehrere Kapitel.*[371]

Reinhart und Lucie, die Hauptfiguren der Rahmen- und Kerngeschichte, sind beide keine ganz jungen Leute mehr. Reinhart hatte *in munterer Bewegung den größten Teil seiner Jugend zugebracht und dabei mit Aufmerksamkeit unter den Menschen genug gesehen ... um von der Gesetzmäßigkeit und dem Zusammenhang der moralischen Welt überzeugt zu werden und wie überall nicht ein Wort fällt, welches nicht Ursache und Wirkung zugleich wäre ...*[372] In Wirklichkeit hat er also, gerade weil er alles über sie zu wissen glaubt, gar nichts von der moralischen Welt erfahren. Das zeigt sich jetzt, als er, der jahrelangen naturwissenschaftlichen Betätigung müde und durch eine Augenschwäche zu einer Pause gezwungen, wieder Lust verspürt, *auf das durchsichtige Meer des Lebens hinauszufahren, das Schifflein im reizenden Versuche der Freiheit da oder dorthin zu steuern, wo liebliche Dinge lockten*[373]. Diese lieblichen Dinge bleiben aber dem verschlossen, der sich ihrer auf allzu praktische Art bemächtigen will. Als Devise wählt er das berühmte Sinngedicht von Logau:

Wie willst du weiße Lilien zu roten Rosen machen?
Küß eine weiße Galathee: sie wird errötend lachen.[374]

Und es ist bezeichnend für ihn, wie er es handhabt. *Er hatte die artige Vorschrift auf einen Papierstreifen geschrieben, wie ein Rezept, und in die Brieftasche gelegt.*[375]

Lucie dagegen hat so etwas wie ein Schicksal gehabt. Die Liebe zu dem falschen Leodegar mit all den damit verbundenen Torheiten und Demütigungen hat sie vor der Zeit reif gemacht. Sie weiß etwas vom Leben und lernt durch ihre Sammlung von *eigenen Lebensbeschreibungen oder Briefsammlungen vielerfahrener oder ausgezeichneter Leute*[376] immer noch mehr, *die Schicksale zu verstehen und jegliches bei seinem Namen zu nennen*[377]. Reinhart kommt mit seinen naiven Absichten, nachdem er vorher dreimal mühelos, wenn auch ohne das erhoffte Ergebnis, sein Experiment hatte ausführen können, bei ihr vor die falsche Schmiede. Vor dem reifen und klugen Mädchen gerät er, der seiner Sache so sicher ist, in immer größere Verwirrung. Zuerst händigt er ihr statt eines Briefes der Freundin, dessen Besorgung ihm übertragen worden war, irrtümlich sein sauberes Rezept aus, dann *berichtete er mit der unklugen Aufrichtigkeit, welche ihn seit seiner Ankunft plagte, den vollständigen Hergang und die Beschaffenheit seines Ausfluges, die Entdeckung des weisen Sinngedichtes, die Begegnung mit der Zöllnerin und diejenige mit der Pfarrerstochter sowie endlich mit der Waldhornstochter*[378]. Lucies unvermuteter Zorn öffnet ihm die Augen für die Ungehörigkeit seines Benehmens.

Nur mit Mühe kann er es verhindern, schimpflich davongejagt zu werden. Dafür muß er sich nun die ihm von Lucie als Lektion zugedachte Geschichte der schönen Waldhornstochter anhören, die zu küssen er unterlassen hatte, da er, von seinem guten Instinkt geleitet, voraussah, daß sie weder lachen noch erröten würde. Auch sie hatte mit einer freilich viel plumperen und gezielteren Planmäßigkeit ihr Glück machen wollen, und sie bringt es, durch Zufälle begünstigt, bis zur Verlobung mit dem ihr an menschlicher Unzulänglichkeit ebenbürtigen Drogo. Aber da sich die Brautleute *so vollkommen gleich an Narrheit*[379] sind, können sie nicht in ein wahres Verhältnis zueinander kommen. Nur der Schein eines solchen war manipulierbar, nicht aber die wesensmäßigen Voraussetzungen.

Reinhart versucht, Lucies Stoß zu parieren: Aus der Schönen hätte schon etwas Rechtes werden können, wenn sie nur in die Hände eines ihr wahrhaft überlegenen Mannes gekommen wäre. Zum Beweis erzählt er die Geschichte von der armen, ungebildeten Magd Regine, aus der ihr Mann Erwin Altenauer eine ihm ebenbürtige Lebensgefährtin macht. Für den tragischen Ausgang ist lediglich ein unglückliches Mißverständnis verantwortlich. Aber unversehens wendet sich seine Erzählung gegen seine eigene These. Von Anfang an hat Regine nichts mit der oberflächlichen Waldhornstochter gemein, und an ihrem Selbstmord ist zu einem guten Teil Erwin Altenauer selbst schuld, weil er, allzusehr auf die tadellose Durchführung seines Planes und damit auf den Schein bedacht, seine Frau erst nach dem völligen Abschluß ihrer Bildung in sein Elternhaus einführen will und, sie in guter Obhut wähnend, für einige Zeit allein läßt, während der sie unschuldig in ein falsches Licht gerät.

Alle folgenden Geschichten, gleichgültig, ob sie von Reinhart, Lucie oder von deren Oheim erzählt werden, wandeln die Dialektik von experimentierender Planmäßigkeit und spontanem Sichfinden, von Schein und Sein ab[380], am schönsten die von *Don Correa*, der unbedingt nur wegen *seiner nackten Person* und nicht wegen *Rang und Vermögen*[381] geheiratet werden will und durch diese komische Verstellung eine Teufelin einhandelt. Erst mit seiner zweiten Frau, um die er von vornherein als Admiral wirbt, hat er Glück. Sie ist sinnigerweise Reinhart in den Mund gelegt, der, ihm selbst unbewußt, immer gründlicher von seiner Experimentierlust geheilt wird.

Am Schluß küßt Reinhart Lucie doch noch – ohne an sein Rezept zu denken. *Da ein paar Kanarienvögel mit ihrem schmetternden Gesange immer lauter dreinlärmten, war eine Art von Tumult in der Stube, von welchem hingerissen Lucie und Reinhart sich küßten. Lucie hatte die Augen voll Wasser und doch lachte sie, indem sie purpurrot wurde von einem lange entbehrten und verschmähten Gefühle, und Reinhart sah deutlich, wie die schöne Glut sich in dem weißen Gesichte verbreitete ...*

«Bei Gott, jetzt haben wir doch Ihr schlimmes Rezept von dem alten Logau ausgeführt! Denn daß es mich gelächert hat, weiß ich, und rot werde ich hoffentlich auch geworden sein. Ich fühle jetzt noch ein heißes Gesicht!»

«Freilich bist du rot geworden, teure Lux», sagte Reinhart, «wie eine Morgenröte im Sommer! Aber auch ich habe wahrhaftig nicht an das Epigramm gedacht, und nun ist es doch gelungen!»[382]

Also war das Epigramm doch nicht bloßer Schein? Denn so sah es doch aus, da die Erzählungen den Zweck verfolgten, Reinhart zu dieser Einsicht zu bringen. Doch, es war bloßer Schein, so lange er seinen Sinn verkannte und es als Rezept mißbrauchte. Insofern es aber Symbol des zugleich sittlichen und freien Weibes ist – das Erröten steht für die Sittlichkeit und das Lachen für die Freiheit –, ist es wahr und gültig. Die Dialektik von Sein und Schein ist im *Sinngedicht* in sich gedoppelt. Der Schein ist nur scheinhaft, wenn man ihn für das Sein nimmt, wie es Reinhart anfangs tut. Als Erscheinung des Seins gehört er diesem wesentlich zu. Das ist in Kellers Epik nicht von Anfang an so. In den frühen Seldwyler Novellen ist der Schein leer, ein Phantom, das den Menschen narrt und vernichtet. Es sei erinnert an die Prozessierwut von Manz und Marti in *Romeo und Julia auf dem Dorfe*, an die Besitzgier der *Drei gerechten Kammacher*, an den literarischen Ehrgeiz Viktor Störtelers in den *Mißbrauchten Liebesbriefen.* Die letztgenannte Novelle bringt aber auch die Wendung. Wir hatten an entsprechender Stelle darauf hinzuweisen. Der Schein als Spiel wurde Brücke zum Sein. Erst im *Sinngedicht* wird er zu einem Moment desselben.

LEBENSHÖHE UND ALTER

Das Jahrzehnt zwischen 1871 und 1881 war nicht nur das produktivste des Dichters, es war auch das glücklichste des Menschen. Sein Duzfreund, der Bundesrichter Hans Weber, der von 1872 bis 1876 in Zürich wohnte, schreibt in seinen Erinnerungen, Keller sei «in jenen Jahren nicht nur bezüglich seiner geistigen Kraft, sondern auch bezüglich seines angenehmen Umgangs und froher Stimmung auf der Höhe seines Lebens»[383] gestanden. Die Staatsschreiberzeit bis zum Abschluß der Verfassungsrevision war arm an Freundschaften gewesen. Ein eigentliches Familienleben hatte Keller nie gekannt, eine emotionale Bindung an Mutter und Schwester hatte nie bestanden. Seine Gefühle für sie erschöpften sich in Achtung und Dankbarkeit, waren sie doch bis zu seinem 42. Lebensjahr zu einem großen Teil für seinen Unterhalt aufgekommen, die Mutter durch strenge Ökonomie in der Verwaltung des spärlichen Vermögens und in der Führung des Haushalts, Regula durch Schneidern und Bügeln. Aber sie brachten so gut wie kein Verständnis für die Kunst ihres Sohnes und Bruders auf. Bei seiner Heimkehr aus Berlin hat er ihnen *auch nicht im mindesten imponiert!*[384]

Nach dem Tode der Mutter besorgte Regula den Haushalt allein, mit noch mehr Sparsamkeit und Strenge, obwohl die materiellen Verhältnisse des Herrn Staatsschreibers eine andere Lebensführung erlaubt hätten. Mit den Jahren war sie immer herber geworden und, anders als Estherchen im *Pankraz,* ihr antizipiertes Konterfei, *puncto alte Jungfer auf die unglücklichere Seite dieser Nation zu stehen gekommen*[385]. Sie machte *allerlei unzulängliche Versuche,* ihn *zu tyrannisieren*[386], ärgerte ihn *mit ihren Staublumpen und Scheuerbesen*[387] und stritt im kalten Winter 1879/80 mit ihm *über das in die Öfen zu steckende Holz ... damit sie ihres jährlichen Triumphes nicht verlustig geht, die einzige im Hause zu sein, die im Sommer noch ein «schönes Restchen Holz» vom Winter übrig habe*[388].

Jedesmal, wenn der Bruder einen nicht genügend frankierten Brief nicht einfach zurückschickte, führte sie ein ungeheures Spektakel auf, wobei sie dann, *wenn sie das Strafporto von 40 Pfennigen in das Körbchen legt, das sie dem Briefträger an einer Schnur vom Fenster des 3. Stockes hinunterläßt, das Zetergeschrei erhebt: Da hat wieder einer nicht genug frankiert! Der Briefträger, dem das Spaß macht, zetert unten im Garten ebenfalls und schon von weitem; Jungfer Kel-*

Am Mondsee. Aquarell von Gottfried Keller

ler, es hat wieder einer nicht frankiert! Dann wälzt sich der Spektakel in mein Zimmer: Wer ist denn der wieder? ... Den nächsten Brief dieser Art, schreit die Schwester fort, wird man sicherlich nicht mehr annehmen! – Du wirst nicht des Teufels sein! schrei' ich entgegen. Dann sucht sie die Brille, um Adresse und Poststempel zu studieren, verfällt aber, da sie meine offenstehende warme Ofenröhre bemerkt, darauf, die Erbsensuppe von gestern zu holen und in die Wärme zu stellen, so daß ich den schönsten Küchengeruch in mein Studierzimmer bekäme, was sonderlich für den Fall eines Besuches angenehm ist. Raus mit der Suppe! heißt's jetzt, und stell sie in deinen Ofen! – Dort steht schon ein Topf, mehr hat nicht Platz, weil der Boden abschüssig ist! Neuer Wortkampf über die Renovation des

Bodens, endlich aber segelt die Suppe ab, und die Portofrage ist darüber für einmal wieder vergessen; denn mit der Suppe hat Angriff und Verteidigung, Sieg und Niederlage gewechselt.[389]

Adolf Exner. Fotografie um 1870

Die humoristische Schilderung dieser Zänkereien darf nicht darüber hinwegtäuschen, daß sich Keller zu Hause nicht recht wohl fühlen konnte. Ersatz boten ihm die vielen Freundschaften, die er in den siebziger Jahren schloß, meistens mit jüngeren Leuten, als wolle er in ihrem Kreis seine nicht gelebte Jugend nachholen. Da war der 1868 bis 1872 in Zürich lehrende junge österreichische Jurist Adolf Exner und der ebenfalls als Hochschullehrer wirkende Archäologe Karl Dilthey, der Bruder des Philosophen. Im Sommer 1872 besuchte Exners Schwester Marie ihren Bruder und lernte dabei auch Gottfried Keller kennen. Es hat den Anschein, daß er damals eine letzte kleine Herzensangelegenheit zu bestehen hatte.[390] In heiterer Runde hätte er sich beinah zu einer Erklärung hinreißen lassen. Adolf Exner konnte es verhindern und hat ihm und seiner Schwester, die mit einem Dr. Frisch so gut wie verlobt war, eine Peinlichkeit erspart.

Im Herbst 1873 folgte er einer Einladung der Geschwister zu einem Ferienaufenthalt am Mondsee im Salzburgischen. Die drei Wochen, die er dort verbrachte, waren, abgesehen von einer kurzen Reise im Jahre zuvor nach München, die erste längere Abwesenheit von Zürich seit seiner Rückkehr aus Berlin. Jetzt lernte er auch Dr. Frisch kennen, und er hat neben ihm eine nicht gerade glückliche Figur abgegeben. In die linke obere Ecke des Aquarells *Weg nach Unterach*, das er Marie Exner zum Geschenk machte – sie hatte ihn zu erneuter Pflege der längst aufgegebenen Kunst ermuntert –, hat er drei Vögel gesetzt. Auf dem hellen Streifen im Bild, links vom mittleren, steht in kaum erkennbarer Majuskelschrift der Name *Marie Exner*. Der so bezeichnete Vogel wendet sich dem schlanken am linken Bildrand zu, der offenbar Dr. Frisch darstellen soll, während der dicke gegen die Bildmitte, der verstohlen nach den beiden anderen blickt, *der schlimmste* ist und gerade *die Mauser zu haben scheint*[391]. Das ist Keller selbst, der dabei ist, sich in das Unabänderliche zu schicken.

Trotz dieser kleinen Nöte genoß er die Tage, die er mit den Exners am Mondsee zubringen konnte. Er malte, schrieb den *Dietegen*

Marie Frisch, geb. Exner.
Gemälde von Christian Griepenkerl, 1875

zu Ende und zechte abends ausgiebig mit den Freunden. *Wollen wir nicht nächstes Jahr wieder einmal an den Mondsee gehen, nur 2 oder 3 Wochen? Es war doch sehr vergnügt dort* [392], schrieb er im August 1875 an Adolf. Dazu ist es nicht mehr gekommen, obwohl der Briefwechsel mit den Exners sich fast bis zu seinem Tode hinzog. Im Jahre zuvor hatte er sie in Wien besucht, ein bemerkenswertes Ereignis bei seiner geringen Reiselust. Schon damals konnte er den Anblick von Maries Glück mit Dr. Frisch ertragen. Im *Landvogt von Greifensee* schließt er dann mit *all den vorübergegangenen Liebesstürmen,* auch mit dem kleinen von Marie verursachten Nachzügler, endgültig ab. Wir werden uns jedoch vor dem Versuch hüten, die fünf *Weibsbilder,* denen der Landvogt bzw. Gottfried Keller *die Haare ineinander* [393] knüpft, zu identifizieren.

Im Herbst 1876 verbrachte Keller noch einmal einige Tage in München. Das war die letzte Reise, die ihn über die Schweizer Grenze hinausführte. Sein Bewegungsbedürfnis wurde immer geringer. Ein

Weg nach Unterach. Aquarell von Gottfried Keller

Gottfried Keller. Fotografie um 1870. Mit einer Widmung für Marie Exner

Grund dafür ist seine zunehmende Korpulenz. Seine zu kurzen und schwachen Beine hatten immer größere Mühe, den schwerer werdenden Leib zu tragen. Dazu kam die *schließliche Lust,* in seinen *vier Wänden zu bleiben*[394]. Seine neue geräumige Wohnung auf dem Bürgli, die er im Frühjahr 1875 bezogen hatte, machte ihm den Verzicht auf das Reisen leicht. Er hatte die Natur vor der Haustür, denn das Bürgli liegt auf einer Anhöhe im heutigen Stadtteil Enge, der damals ein noch durchaus ländliches Gesicht hatte. Auf seine geliebte Züricher Landschaft blickte er von dort aus der Perspektive, in der er sie in seiner Malerzeit darzustellen liebte: aus der Vogelschau fast, die seinem epischen Temperament am besten entsprach. *In meiner Wohnung leb' ich wie ein König, weiteste Aussicht und Wolken und Wetter ganze Heerscharen. Das Haus hat großes Ausgelände, Bäume, Wiesen, Linden, die mir dicht vor dem Fenster stehen ... Abends bleibe ich fast immer zu Hause und schreibe am offenen Fenster, während der weite See im Mondschein schimmert, wenn's nämlich Vollmond ist. Aber auch wenn nur einzelne helle Sterne über dem See oder dem Gebirge stehen, ist es schön ...*[395]

Trotzdem lebte Keller auf dem Bürgli nicht wie ein Klausner. Er sei *ein kleiner dicker Kerl, der abends 9 Uhr ins Wirtshaus und um Mitternacht zu Bett geht als alter Junggeselle*[396]. So hatte er sich einige Jahre zuvor Emil Kuh vorgestellt. An dieser Lebensweise hat sich auch jetzt nicht viel geändert. Sein Stammlokal wurde in dieser Zeit für lange Jahre die «Meise». Er begann sein unfreiwilliges Junggesellentum zu genießen. Er konnte sich jetzt bessere Weine leisten. Aus dem Trinker, soweit er es jemals gewesen ist, wurde ein Fein-

Haus auf dem Bürgli in Enge. Kellers Wohnung in den Jahren 1875–82

Das Zunfthaus zur Meise in Zürich mit Fraumünster

schmecker. *Hier in Zürich ist jetzt ein hübsches Café auf der «Meise» ... Da sitzen wir in den schönen Sälen und trinken zum Andenken eine gute Flasche Gumpoldskirchner für 3 Fr. 50 Rappen! Öfter als nötig ist! Das heißt, ich bin jetzt doch abends meistens zu Hause auf meinem Bürglibühel. Aber am Samstag abends und sonntags da bleib' ich in der Stadt, und dann sauf' ich für sieben Mann! Ich sag Ihnen! Und provoziere die besten Weine, daß die anderen Viecher, die Weib und Kinder haben, mit sauersüßen Mienen in die Tasche greifen, wenn sie mir, wie projektiert, die Schmiere nicht haben anwürfeln können.*[397]

Auch nach dem Weggang Adolf Exners bevorzugte Keller die Gesellschaft junger Leute. Von dem um zwanzig Jahre jüngeren Hans Weber war schon zu sprechen. Weiterhin war da der Germanist und Gymnasiallehrer Jakob Baechtold, sein erster Biograph, mit dem er sich aber später entzweite; dann der junge Adolf Frey, der sehr lesenswerte «Erinnerungen an Gottfried Keller» geschrieben hat. Außerdem gehörten viele Dozenten und Professoren der Züricher Hochschulen zu seinen Bekannten. *Meinerseits habe ich das Alter meiner Gesellschaftsfreunde um dreißig Jahre reduziert, lasse die Siebziger und Sechziger sitzen und gehe mit fünfunddreißigjährigen jungen Gelehrten etc. um und dulde höchstens etwa einen Vierziger darunter* [398], schreibt er am 16. Dezember 1881 an Marie Frisch, was man indessen nicht so wörtlich nehmen darf. Die poetische Zunft mied er: *... unliterarisch sind die Bürgersleute, mit denen ich verkehre; sonst wächst hier ein wildes Literatentum heran, schöner als irgendwo, nur geht man nicht mit um.* [399]

C. F. Meyer.
Zeichnung von Karl Stauffer-Bern

Auch C. F. Meyer mied er. Den Dichter, besonders den Lyriker, schätzte er sehr hoch. *Meyers Bedeutung liegt übrigens in seinen lyrischen und halb epischen Gedichten. Wenn er sie einmal sammelt, so wird es wahrscheinlich das formal schönste Gedichtbuch sein, das seit Dezennien erschienen ist.* [400] Aber persönlich mochte er ihn nicht, *weil er voll kleiner Illoyalitäten und Intrigelchen steckt... So oft er mich sieht, macht er mir eine Sottise; z.B.: Erlauben Sie mir, Ihnen etwas zu sagen? Aber nehmen Sie es auch nicht übel? – Nein, nur los damit! – Also: Es ist schade um Ihre Gabe des Stiles! Sie verschwenden ihn an niedrige Stoffe, an allerlei Lumpenvolk! Ich arbeite nur mit der Historie, kann nur Könige, Feldherren und Helden brauchen! Dahin sollten Sie streben!* [401]

Ohne Einschränkung behauptete Keller das Recht, sich seine Freunde auszusuchen. Er war in gesellschaftlicher Hinsicht kompromißlos, um in seinen menschlichen Beziehungen nicht heuchlerisch sein zu müssen. Sein Verhalten gegenüber Meyer ist kein Einzelfall. *Ich war von jeher gewöhnt, alle falschen Verhältnisse wie ungezogene Kinder ihre Strümpfe abzustrampeln. Man wird nur schlecht und falsch, wenn man in dergleichen Wirrsal fortlebt.* [402] Drängte sich ihm jemand auf, so konnte er grob werden, besonders wenn er nicht mehr ganz nüchtern war. Jakob Baechtold berichtete davon. «Am schwierigsten aber gestaltete sich die Sachlage, wenn er sich unverhofft von einer größeren Gesellschaft umgeben sah. Es konnte leicht einer darunter sein, der ihm aus irgendeinem Grunde unbequem war. In die-

Theodor Storm

sen Fällen begann auf der hohen Stirne das bedrohliche Runzeln zu spielen, und das Gewitter hing in der Luft. Ein Wort, eine Miene konnte es zum Ausbruch bringen. Übrigens ging bei dem jähen Temperament Kellers das heilige Donnerwetter oft auch bei anscheinend klarem Himmel los. Dann ließ er sich zur Gewalttätigkeit, die ihm sonst fremd war, hinreißen. Der kleine Mann fuhr mit verblüffender Behendigkeit auf, stieß die Gläser um, wies einen harmlosen vom Tische weg oder wurde gern handgemein.»[403]

Vielleicht liegt es an seinem heftigen Temperament und an seiner Reizbarkeit, daß seine Brieffreundschaften dauerhafter waren als seine Beziehungen zu ortsansässigen Leuten. Nach der Niederlegung des Amtes weitete sich seine Korrespondenz immer mehr aus. Er wechselte Briefe mit alten und neuen Verehrern seiner Kunst, mit dem Regierungsrat Wilhelm Petersen aus Schleswig, der mehrere Male zu ihm nach Zürich kam, mit Marie Melos, der er einst seine Liebe verschwiegen hatte und die 1877 wieder etwas von sich hören ließ, um ihm dann alljährlich zum Geburtstag, der mit dem ihrigen zusammenfiel, zu gratulieren, mit Friedrich Theodor Vischer, der 1866 von Zürich nach Stuttgart gegangen war und 1874 in der «Allgemeinen Augsburger Zeitung» einen Artikel über Keller geschrieben hatte, in dem dieser *zum erstenmal hervorheben und zitieren* hörte, *was man in der Stille ... hervorgehoben zu sehen wünscht*[404], mit Emil Kuh und dem alten Freund Hettner bis zu deren frühem Tode, natürlich weiterhin mit den Exners und schließlich mit Paul Heyse, den er schon 1857 kennengelernt hatte und der ihn auf der Durchreise in Zürich öfter besuchte.

Es will uns heute unbegreiflich erscheinen, daß letzterer der einzige Zeitgenosse war, den Keller fast ohne Einschränkung und mit einer Art Bewunderung anerkannte. Schon in Berlin, vor der persönlichen Bekanntschaft, las er die Dichtungen des damals erst Vierundzwanzigjährigen mit großem Vergnügen. Er stecke zwar noch ganz *in strikter Goethetuerei*, aber *wer so nachahmen kann und eine solche Sprache führt, wird gewiß einmal etwas Tüchtiges aufstellen, wenn die Rinde fällt*[405]. Es ist vorstellbar, daß Keller vom formalen Können des Jüngeren und von dessen Mut zum Unzeitgemäßen angeregt wurde. Trotz des Rangunterschiedes ist der Novellistik der beiden eines gemeinsam: artistische Raffinesse und bewußte Formpflege. Es kann nicht bestritten werden, daß Heyse Keller darin vorangegangen ist.

Sein prominentester Brieffreund war Theodor Storm. Aber ihre Korrespondenz ist ein einziges großes Mißverständnis. Zu weit war ihre Kunstauffassung voneinander entfernt. Storm ist ohne Verständnis für Kellers beste Erfindungen. Die Versammlung der fünf von Salomon Landolt einst geliebten Frauen geht ihm «zu sehr ins Lalenbuch-genus, für das unsere Nerven zu fein geworden sind»[406]. Keller, wohlwollender und weniger direkt, aber nicht ohne Malice, lobt dort, wo Storm selber etwas ins «Lalenbuch-genus» gerät. Dessen «Vetter Christian», eine seiner wenigen Novellen voll witziger Grazie und schwankhafter Bewegung, scheint ihm *ein vortreffliches häusliches Lustspiel ... von der feinsten Sorte* zu sein. *Es ist alles aufs beste verteilt und vorbereitet bis auf die allerliebste Lehnken Ehnebeen. Freilich mag auch der Kontrast gegen Ihre poetischen, nordisch-melancholischen Sachen dabei mitwirken.*[407] Ein Lob mit Vorbehalt also, da es auf Kosten der *nordisch-melancholischen Sachen*, mithin auf Kosten des eigentlichen Storm geht. Nur den Lyriker hat er voll anerkannt.

Außer Heyse gibt es keinen zeitgenössischen Epiker im deutschen Sprachraum, dem er auf der Höhe seines Ruhmes und Schaffens Ebenbürtigkeit zugestanden hätte. Die neben ihm bedeutendsten, Fontane und Raabe, leisteten ihr Bestes erst nach seinem Tode oder waren überhaupt nicht in seinen Gesichtskreis getreten. Wenn er 1880 an Lydia Welti-Escher einige Fotografien von sich selbst schickte und dazu schrieb, daß sie *schofel geraten* seien und *eher das Bild eines alten Vorsingers und Schnapsbruders vorstellen, als dasjenige des ersten Schöngeistes und arbitri elegantiarum des Jahrhunderts*[408], so ist das nur scheinbar Selbstironie. Nicht seine Bescheidenheit, sondern sein Geschmack verbot es ihm, dem Bewußtsein von seiner eigenen Bedeutung direkteren Ausdruck zu geben.

Einen Augenblick noch wollen wir zu Kellers Briefwerk zurückkehren. Briefwerk, das scheint zu anspruchsvoll, doch wir müssen auf dieser Bezeichnung bestehen. Seine Korrespondenz war ihm nicht lästige Pflicht, sondern Bedürfnis, vielleicht die ihm gemäßeste Form der Geselligkeit. Er erledigte sie nicht, sondern pflegte sie und war bemüht, ihr ein fast literarisches Aussehen zu geben. Darüber an Wilhelm Petersen kurz nach der Beendigung des *Sinngedichtes*: *Seit Neujahr habe ich alles Briefschreiben in Privat- und Freundschaftssachen wieder einmal müssen liegen lassen, nicht weil ich nicht manche müßige Stunden oder Tage dazu gefunden hätte, sondern weil gerade das Briefschreiben con amore mit dem Schriftstellern zu nah verwandt ist, wenigstens wie ich dieses treibe, und daher ein Allotrion zu sein scheint, wenn die Setzer auf Manuskript lauern.*[409] Sie sind nicht bekenntnisfreudig, diese Briefe, auch wenn sie,

Paul Heyse

wie natürlich, meist vom Absender selbst sprechen. Denn sie tun dies so, als wäre er eine erfundene Novellenfigur, und zwar eine von der komischen Sorte. Marie Exner schildert er den Besuch bei einer gemeinsamen Bekannten, bei Emilie Heim, der Gattin eines Züricher Musikdirektors: *Ich erhielt schwarzen Kaffee und starken Cognak vorgesetzt, alles ganz gut. Bald jedoch kam Fräulein Fanny Ulrich, die Sie gewiß kennen, und nun war ich mutterseelenallein bei den beiden Tigerkatzen eingeschlossen und keine menschliche Hülfe in der Nähe. Nur in einem entlegenen Zimmer lag der alte, kranke Vater, der mir natürlich nicht beispringen konnte, wenn mein Jammergeschrei ertönte. Zum Glück verfielen sie zunächst auf das Cognak-Saufen. Frau Heim goß als Renommistin gleich ein Gläschen hinunter; Fräulein Ulrich dagegen lehnte sich im Stuhle zurück, schlug die Beine übereinander und hielt, auf den einen Arm gestützt, mit dem gebogenen anderen Arm und zwei Fingern das Glas in der Höhe ihrer Augen vor sich hin. Famos! Sie sah akkurat aus wie eine etrurische Dame auf dem Wandgemälde einer antiken Grabkammer, wo die Toten als im schönen Lebensgenusse sitzend abgebildet sind. Es war eine Weile ganz still; bald aber erschienen mir die Damen wie zwei Schatten aus der Unterwelt, welche warmes Hammelblut trinken müssen, um zu etwas Seele zu kommen. Ihre Blicke schienen sich glühend und gierig auf meine Korpulenz zu richten; ich begann zu ahnen, daß sie mich für einen fetten Schöps hielten, der zum Abschlachten gut sei. Frau Heim näherte sich ihrem Spiegeltischchen, wo sie ein elegantes Kästchen stehen hat. Als ich neulich einen Blick hineingeworfen, hatte ich bemerkt, daß zehn scharfe stählerne Klauen darin sind, scheinbar zehn Fingerhüte, für jeden Finger einen. Diesem Kästchen trat sie nahe und mir der Schweiß auf die Stirn. In dieser Not ertönte plötzlich die Stimme ihres Mannes, der nach Hause kam, und ich war gerettet und echappierte augenblicklich.*[410]

Daran wird genauso viel oder besser genauso wenig wahr sein wie an dem Erlebnis, das Keller in einem Münchener Hotel gehabt haben will: *Im Hotel Detzer mit einem andern Reisenden eintretend, wurden wir treppauf in unsere Zimmer geführt, vier, fünf, sechs Treppen, so daß ich kaum mehr schnaufen konnte; endlich wurde der Gefährte in ein Kämmerchen gestoßen, ich aber noch eine Treppe höher kommandiert, mußte dort unter dem Dach durchkriechen, und nun ging's eine Hintertreppe wieder hinunter fünf, sechs, sieben Treppen, bis auf den ersten Stock, wo ich ein schönes, großes, wohlausgestattetes Zimmer erhielt und atemlos in einen Fauteuil sank. Ich erhielt nun die Aufklärung, daß man mir vor dem andern Fremden nicht diesen Vorzug habe einräumen dürfen, mich aber noch wohl gekannt und wegen meiner Artigkeit und guten Sitten noch günstig im Gedächtnis bewahrt habe. Seht Ihr, so bin ich angeschrieben im Hotel Detzer!* [411]

Wie Keller im *Grünen Heinrich in der vorgerückten Tageszeit einen Lebensmorgen* erfand, den er *nicht gelebt hatte, oder, richtiger gesagt, die dürftigen Keime und Ansätze ... poetisch auswachsen* [412] ließ, so verziert er in seinen Briefen seine wohl hellere, aber, wir haben es gesehen, auch doch manchmal recht eintönige Lebensmitte mit launischen und mutwilligen Schnörkeln. Und doch ist Hans Frisch im Recht, wenn er seinen Briefwechsel mit den Exners unter dem Titel «Aus Gottfried Kellers glücklichster Zeit» publiziert hat, denn für männliche Naturen ist Glück nicht ein Geschenk der Götter, sondern eine Kraft der Seele, die auch banale und alltägliche Dinge zum Leuchten bringt.

Nach der Einbringung der Lebensernte alterte Keller unerwartet schnell. Adolf Frey, der 1882 «nach dreijähriger Abwesenheit aus dem Auslande zurückgekehrt» war, fand ihn «auffallend gealtert, die Haltung gebückter, den Nacken etwas eingesunken, das Antlitz öfter verschattet, die Zunge schärfer»[413]. Der große Anklang, den das *Sinngedicht* gefunden hatte, gab ihm noch einmal Auftrieb und täuschte ihn über den dunkel gefühlten Kräfteschwund für eine Zeit hinweg. Glücklicherweise sei er *noch nicht gezwungen ... mit dem Schreiben aufzuhören, und das ist in dem kritischen Alter, wo man jeden Tag Gefahr läuft, ein Simpel zu werden, schon ein willkommener Erfolg* [414]. Er sei noch *ganz produktionslustig und habe ordentlich Werg an der Kunkel, altes und neues* [415], heißt es um die gleiche Zeit. Er plane einen Roman – den *Martin Salander* – und die Umwandlung von drei dramatischen Projekten in Novellen, schreibt er am 5. Juni 1882 an Storm. *Außerdem ... ist eine kleine verdächtige Bewegung meiner Gedankenwelt im Gange, allerlei Ideen und Projekte scheinen flüssig werden zu wollen, so daß ich gern und viel still mit mir selbst beschäftigt bin ...* Leider ist die hinzugefügte Befürchtung, es möchte sich bei seiner Pläneschmiederei *um den Beginn der Alterstorheit handeln, welcher sich in Gestalt eines Nachsommers kleidet mit seinem flüchtigen Sonnenschein* [416], nicht ganz unberechtigt.

Der Roman wurde zurückgestellt, die Novellen sind nie geschrieben worden. Statt dessen macht sich Keller an eine typische Altersarbeit, an die Sammlung und Überarbeitung seiner Gedichte, die im Herbst 1883 erscheinen konnten. Er hat an dieser *Reparaturarbeit* wenig Freude. Er müsse seine *lyrische Dichterei, da sie einmal da ist, sammeln und zurechtstutzen, und da treten bittersüße Reminiszenzen und Gewissensfragen gleich zu halben Dutzenden auf*[417]. Er tat es vor allem *wegen der Nachlaßmarder*, denen er die Gedichte so *weit als möglich aus den Händen nehmen mußte. Das Buch ist gewissermaßen von selbst am Wege gewachsen, wie eine ungefüge dicke Distel.*[418]

Manches aus den Sammlungen von 1846 und 1851 bzw. 1854 wurde weggelassen, manches stark, das meiste aber nur geringfügig verändert. Nicht in allen, aber doch in den meisten Fällen sind diese Änderungen auch Verbesserungen. Dazu kam der neubearbeitete und hier zum erstenmal veröffentlichte *Apotheker von Chamounix* und das seit 1854 Entstandene: Festlieder und Gelegenheitsgedichte, die das Bild, das wir vom Lyriker Keller haben, nicht bereichern. Nur in den Jahren 1878 und 1879 hatte er noch einen kleinen lyrischen Nachsommer erlebt, dessen Ertrag in der «Rundschau» publiziert worden war und jetzt ebenfalls in die *Gesammelten Gedichte* aufgenommen wurde. Darunter befindet sich das bekannte *Abendlied* von 1879, ein Kuriosium insofern, als Keller hier Vollkommenes gelang zu einer Zeit, in der er schon lange kein Lyriker mehr war und die auf diesem Gebiet nichts auch nur von Ferne Vergleichbares brachte.

Die langsam fortschreitende Lähmung der schöpferischen Kraft war begleitet von mancherlei äußeren Mißhelligkeiten. Zwar hatte er schon seit langem keine finanziellen Sorgen mehr, da seine Schriften wieder und wieder aufgelegt werden mußten: *... ich verdiene, ohne eigentlich viel zu tun, doppelt so viel Barschaft, als ich als Staatsschreiber einnahm.*[419] *... am Ende geht mir noch die Sonne des Geldprotzentums auf, und ich werde fromm und scheinheilig.*[420] Aber es traf ihn hart, daß er die geliebte Wohnung auf dem Bürgli mit dem schönen Blick auf See und Alpen aufgeben mußte. Es geschah mit Rücksicht auf seine Schwester, die schwer herzleidend geworden war und nur mit Mühe den Höhenunterschied zwischen der Stadt und der kleinen Erhebung bewältigen konnte. Bei der Wohnungssuche hatte er selbstverschuldetes Pech. *Eine allerliebste Wohnung oder zwei habe ich wegen einigen lausigen hundert Franks mehr Miete oder sonstiger Phlegmatik verpaßt, was mir recht geschah.*[421] Schließlich mietete er im Herbst 1882 in Hottingen am Zeltweg: ein Mißgriff, wie sich bald herausstellte, denn er wurde dort sehr vom Straßenlärm behelligt.

Dazu kam eine wachsende Vereinsamung. *Ich habe hier durch die Jahre zerschlissene gesellige Verhältnisse, die Alten sind weg und die Jüngeren meistens alberne Streblinge oder sonst Esel, da bleibt man am liebsten allein*[422], schreibt er am 9. Februar 1884 an Paul Heyse. Nicht etwa daß die Zeit über ihn hinweggegangen wäre, daß er in Vergessenheit geraten wäre. Er wurde im Gegenteil eine immer größere Berühmtheit und hatte über die *Belastung durch unnütze Briefe fremder Menschen*[423] zu klagen. Es war ihm nun wirklich die Rolle des *ersten Schöngeistes und arbitri elegantiarum des Jahrhunderts*[424] zugefallen, eine Rolle, die er ungern spielte. An Lydia

Abendlied.

Augen, meine lieben Fensterlein,
Gebt mir schon so lange holden Schein,
Lasset freundlich Bild um Bild herein:
Einmal werdet ihr verdunkelt sein!

Fallen einst die müden Lider zu,
Löscht ihr aus, dann hat die Seel' Ruh;
Tastend streift sie ab die Wanderschuh,
Legt sich auch in ihre finstre Truh.

Noch zwei Fünklein sieht sie glimmend stehn,
Wie zwei Sternlein, innerlich zu sehn,
Bis sie schwanken und dann auch vergehn,
Wie von eines Falters Flügelwehn.

Doch noch wandl' ich auf dem Abendfeld,
Nur dem sinkenden Gestirn gesellt;+
Trinkt, o Augen, was die Wimper hält,
Von dem goldnen Ueberfluß der Welt!

Kellers «Abendlied» in der Handschrift des Dichters

Haus «Thaleck» in Hottingen am Zeltweg.
Kellers Wohnung von 1882 bis zu seinem Tode

Welti-Escher, die den prekären Auftrag übernommen hatte, ihn zum Begutachter eines Romans einer Anfängerin zu gewinnen: *Könnten Sie ihr nicht schreiben, ich stecke alle Manuskripte, die man mir schicke, sogleich in den Ofen? Oder so was. Oder: ich lese sie nicht und schicke sie auch nicht zurück? usw. Letzteres kommt auch wirklich vor. Wollen Sie sagen, ich sei im Wiener Unglück* – beim Brand des Ringtheaters am 9. Dezember 1881 – *mitverbrannt, so habe ich auch nichts dagegen.*[425]

Seine Einsamkeit war selbstgewählt und selbstverschuldet. Schon immer war er anspruchsvoll in der Wahl seiner Gesellschaft gewe-

Gottfried Keller, 1886. Fotografische Studie von Karl Stauffer-Bern

Arnold Böcklin: Selbstbildnis von 1885

sen; im Alter wurde er es mehr und mehr. Adolf Frey glaubt an ihm «ein mit den Jahren wachsendes Mißtrauen» zu bemerken; «mit Unrecht witterte er oft versteckte Absichten und zog sich dann spröde in sich selbst zurück»[426]. Er brach mit alten Freunden, mit Jakob Baechtold etwa, den er im Verdacht hatte, daß er seine Gesellschaft nur wegen der Biographie, die er nach seinem Tode schreiben wollte, suche. Für diesen Verlust wurde er entschädigt durch die Freundschaft mit Arnold Böcklin, der seit 1884 in Zürich wohnte und für Keller wie für einen Vater sorgte. Es sei mit seinem *Einsiedlerleben nicht weit her,* schreibt er am 5. Januar 1886 an Paul Heyse. *Daß man mit 66 Jahren nicht gern mehr häufig auf den Eisenbahnen rutscht, wirst Du vielleicht in 11 Jahren auch einsehen lernen. Sonst aber bin ich jede Woche 2 bis 3 Mal in lange dauernder Gesellschaft mit dem herrlichen Böcklin und 4–5 andern.*[427]

Ich nehme manchmal ... einen Ibsen oder Björnsen mit nach Haus und muß gestehen, daß mich die ewigen Wechsel- und Fabrikaffären, kurz alle die Lumpenprosa wenig erbaut[428], schreibt er im November 1881 an Heyse, und drei Jahre später bemängelt er an C. F. Meyers «Hochzeit des Mönchs», daß der Autor die Form der Rahmenerzählung gewählt und sich dadurch *ohne allen Grund des Selbsterzählens, d. h. des freien Stils*[429] begeben habe. Von diesen beiden Fehlern ist, wenn es welche sind, auch sein in dieser Zeit entstandener *Martin Salander* nicht frei. Unbegreiflich ist, daß er sie mit sehenden Augen und mit Vorsatz gemacht hat. Am 16. August 1881 an Storm, der bekanntlich seine skurrilen Novellen nicht sehr mochte: *Übrigens ist's jetzt doch zu Ende mit diesen Späßen. Ich gehe jetzt mit einem einbändigen Romane um, welcher sich ganz logisch und modern aufführen wird; freilich wird in anderer Beziehung so starker Tabak geraucht werden, daß man die kleinen Späßchen zurückwünscht.*[430]

Es sind zwar keine *Wechsel- und Fabrikaffären,* die die stoffliche Grundlage zum *Martin Salander* bilden, aber doch geschäftliche Transaktionen, leichtsinniger Konkurs, politisches Strebertum und Unterschlagung öffentlicher Gelder. Es ist ein Zeitroman im engeren Sinne des Wortes, denn zeitgenössische Schweizer Ereignisse und Zustände, oft bis in Einzelheiten im Roman wiedererkennbar, liegen ihm zugrunde. Die Unterschlagungen der Brüder Weidelich sind im Sommer 1881 im Kanton Zürich genau in der geschilderten Form verübt worden, nur waren die beiden Notare keine Zwillinge. Diese zu große Nähe zu den Zeitereignissen erkannte Keller als eine Gefahr für den Kunstcharakter des *Martin Salander*, und das veranlaßt ihn, die Arbeit für eine Zeit zu unterbrechen. An Heyse am 1. Juni 1882: *Das Romänchen habe ich einstweilen weglegen müssen, da es wegen zu großer Aktualität jetzt noch seine Schwierigkeiten hat und leicht als eine Art Pamphlet angesehen oder wirken könnte.*[431]

Den zweiten Punkt, die Aufgabe *des Selbsterzählens* und *des freien Stils* betreffend, ist der Sachverhalt etwas komplizierter. Der *Martin Salander* ist keine Rahmenerzählung, und doch hat Keller durch die szenische Komposition des Romans weitgehend auf das Selbsterzählen verzichtet. Was erzählt wird, erfahren wir nicht vom Erzähler, sondern aus dem Munde von dessen *Figurenkram*. Wir erinnern uns, daß er das in einem Brief an Storm[432] als schweren Fehler gebrandmarkt hatte, den er, wie er zu unrecht glaubte, in seinem *Grünen Heinrich* begangen habe. Jetzt macht er ihn wirklich und dazu noch vorsätzlich. *Es handelt sich darum, vor Torschluß noch aus dem ewigen Referieren heraus- und in das lebendige Darstellen hineinzukommen, ohne daß ich just auf endlose Dialoge ausgehe. Einen anschaulichen Anfang hab' ich schon, ebenso einige spätere szenische Motive ... Ich möchte mich gern in Spielhagens Romantheorien unterrichten, wie ich es anfangen muß. Er hat neuerlich wiederholt dergleichen von sich gegeben, aber ich kann den verkehrten Galimathias nicht lesen.*[433] Befremdet fragt man sich, aus welchem Grund er dann bei ihm in die Schule gehen will.

Glücklicherweise bleibt er seinem Vorsatz nicht treu. Immer wieder findet er zurück in den alten körnigen Erzählton, und reizende novellistische Pointen verhindern, daß das «sachliche» Interesse dominierend wird. Wenigstens einen Vorfall dieser Art wollen wir referieren, der Martins arglose Gutgläubigkeit und die berechnende und abgefeimte Hinterhältigkeit seines Freundes Wohlwend, der ihn früher um sein Vermögen gebracht hat und ihn jetzt mit Hilfe seiner Schwägerin um seine Selbstachtung bringen will, mit einem einzigen meisterhaften Zug präsentiert. Wohlwend hat, die Abwesenheit der von ihm gefürchteten Frau Salander ausnutzend, Martin zu Tisch gebeten. *Martin Salander befolgte in allen Lagen seines Lebens, wo eine Suppe vorkam, die Angewöhnung, ohne Verzug mit dem Genusse derselben zu beginnen, sobald er sie im Teller hatte. Da nun das Schöpfen beendigt war, säumte er auch nicht länger, versenkte seinen Löffel in die Brühe und führte ihn zum Munde. Als er damit auf dem halben Wege angelangt war, und auf diesen Augenblick schien der Tischherr gewartet zu haben, sagte Wohlwend unversehens mit trockenem Tone:*

«Georg, bete!»

Verblüfft hielt Martin Salander den Löffel schwebend in der Luft und schaute auf. Alle hielten die Hände gefaltet vor sich hin, während der Knabe ein Tischgebet verrichtete.[434]

Es ist Keller während der sich lange hinziehenden Niederschrift klargeworden, daß er gegen seine besseren ästhetischen Einsichten handelte. Er beendete den Roman nur, weil er ihn Julius Rodenberg für die «Rundschau» versprochen hatte und weil er bereits angekündigt war. *Ich hätte diese Arbeit längst aufgegeben, wenn sie nicht annonciert wäre und ich selbst nicht für notwendig und ehrenhaft hielte, sie trotz der Abneigung zu machen, d. h. mich zu zwingen. Die entstandene Abneigung rührt daher, daß ich mir zu spät inne geworden bin, wie sehr ich mich in die Reihe der auf allen Punkten auftauchenden Verfallspropheten und Sittenrichter stelle und so ein der Mode nachlaufender Skribent zu sein scheine, während das Bedürfnis, das Buch zu schreiben, mir ganz spontan entstanden ist.*[435] Die «Rundschau» brachte den Roman vom Januar bis September 1886. Die etwas erweiterte Buchausgabe kam an Weihnachten des gleichen Jahres bei Hertz heraus.

Martin Salander ist Kellers letztes Wort zu Politik und Gesellschaft. Man hat, je nach Standpunkt, mit Bedauern oder Genugtuung vermerkt, daß der in seinen Anfängen so radikale Poet jetzt endlich sich zum Konservativismus bekehrt habe. Wir meinen dagegen, daß vom *Martin Salander* her die Frage nach Kellers Vorstellungen von der besten Staatsform gar nicht beantwortet werden kann. Der Roman stellt nicht konkrete politische Probleme zur Diskussion, sondern ist ein Protest gegen die totale Politisierung des Lebens überhaupt, die hier zwar die absolute Demokratie zur Voraussetzung hat, jedoch nicht an diese Staatsform gebunden ist. In dem Brief an Rodenberg, in dem Keller Bedenken wegen des modischen Charakters des Romans äußert, heißt es weiter: *Der Umstand jedoch, daß es sich am Ende lohnt zu zeigen, wie keine Staatsform gegen das allgemeine Übel schützt, und ich meinem eigenen Lande sagen kann voilà, c'est chez nous comme partout, läßt mich über jenes Bedenken hinwegsehen und ausharren.*[436]

Der Roman ist nicht gegen den Fortschritt an sich, sondern gegen den Fortschritt um jeden Preis und gegen den naiven und unbesonnenen Fortschrittsglauben, der in Martin Salander verkörpert ist, gerichtet, darüber hinaus natürlich gegen die politischen Streber, die auf der Welle der allgemeinen Aufregung reiten und dabei egoistische Zwecke verfolgen. Für Keller selbst spricht nicht Martin, sondern dessen Sohn Arnold, der im Ausland durch einen älteren Landsmann von jedem unreifen Enthusiasmus geheilt worden ist. Nach dessen Meinung handelte es sich bei der Beseitigung von Übelständen im öffentlichen Leben *nicht sowohl um einen Mangel an frischen Kräften, die ja ohnehin schon durch das allgemeine Menschenschicksal unaufhörlich zuflößen, als im Gegenteil um einen bedächtigeren, beharrlicheren Ausbau des Geschaffenen. Er erzählte nun anschaulich, wie er zum drittenmal erlebt habe, daß nach einem*

Denkmünze zu Kellers
70. Geburtstag.
Vorder- und Rückseite.
Nach einem Entwurf
von Arnold Böcklin

kraftvollen Umschwung die Söhne der Männer, die ihn bewirkt und im besten Mannesalter standen, als Schüler sich zusammengetan und verabredet hätten, sie wollten noch etwas ganz anderes herstellen, wenn sie dran kommen würden. Ohne zu wissen, was das Unerhörte denn eigentlich sein solle, hätten sie später wirklich Wort gehalten, wie wenn sie auf dem Rütli geschworen hätten, und ihre Zeit lang die heilige Gesetzgebung verwirrt und gestört, bis ihre eigenen Sprößlinge den gleichen Schwur getan und als neue Generation ih-

nen vom Amte halfen oder wenigstens mit großem Spektakel ihnen zu helfen suchten. In diesem Lichte gesehen, sei der Fortschritt nur ein blindes Hasten nach dem Ende hin und gleiche einem Laufkäfer, der über eine runde Tischplatte wegrenne und, am Rande angelangt, auf den Boden falle, oder höchstens am Rande entlang im Kreise herumlaufe, wenn er nicht vorziehe, umzukehren und zurückzurennen, wo er dann auf der entgegengesetzten Seite wieder an den Rand komme. Es sei ein Naturgesetz, daß alles Leben, je rastloser es gelebt werde, umso schneller sich auslebe und ein Ende nehme; daher, schloß er humoristisch, vermöge er es nicht gerade als ein zweckmäßiges Mittel zur Lebensverlängerung anzusehen, wenn ein Volk die letzte Konsequenz, deren Keim in ihm stecke, vor der Zeit zu Tode hetze und damit sich selbst ...

Nachher sprach ich mit einem Freunde, dem ich näher stehe, wiederholt von jener Unterhaltung; wir dachten von dem Gesichtspunkte des Alten aus mehr über die politischen Tagesläufte nach, die wir aus der Heimat vernahmen. Kurz, wir gelangten endlich zu dem Entschlusse, im Gegensatz zu den Schulbankagitatoren, uns nicht als neue Generation aufzutun, sondern uns im stillen für alle Fälle brauchbar zu machen in Zeiten, wo es notwendig werden könnte, mit einzustehen und den Rank finden zu helfen. Am Allgemeinen mitzudenken, sei immer nötig, mitzuschwatzen aber nicht.[437]

Dem *Martin Salander* wollte Keller noch einen *Arnold Salander* folgen lassen. Darüber hinaus haben ihn noch weitere Pläne beschäftigt, mit denen er der ihm nicht liegenden Gattung des Zeitromans den Rücken kehren wollte. *So geht es, wenn man tendenziös und lehrhaft sein will,* schreibt er nach der kühlen Aufnahme, die der Roman beim Publikum gefunden hatte. *Ich bin froh, mich wieder an die «zwecklose Kunst» halten zu können, wenn es eine gibt.*[438] Aus all dem ist nichts mehr geworden. Keller fängt an zu kränkeln. Am 21. Juli 1886 an Maria Knopf, die ihn in Heidelberg zu treffen hoffte: *... ich ... kann ... während der guten Jahreszeit nicht mehr außer Landes gehen, da ich wegen auch im Sommer nicht weichenden Alte-Esels-Rheumatismen endlich eine heiße Quelle aufsuchen muß, zum ersten Mal!*[439] Ein Kuraufenthalt in Baden im Oktober dieses Jahres brachte ihm nur wenig Linderung.

Die Krankheit der Schwester hatte inzwischen bedenkliche Formen angenommen, so daß Keller sich in den folgenden Jahren wenig um seine eigene Gesundheit kümmern konnte. Nach ihrem Tode – sie starb am 6. Oktober 1888 – erlaubte ihm sein Zustand nicht mehr, eine Einladung von Marie Frisch an den Wolfgangsee anzunehmen. *Ihr Wolfgangsee wäre ein schöner Schlupfwinkel, aber ich kann nicht so weit reisen, ehe ich von dem permanenten Hexenschuß im Kreuz hergestellt bin, wenn das überhaupt noch geschieht. Die letzten zwei Jahre konnte ich nichts dagegen tun, weil ich die stets leidende Schwester nicht ganz allein in fremden Händen lassen konnte.*[440]

Das Sterben der Schwester war lang und qualvoll, nicht nur für sie selbst, sondern auch für ihre Umgebung. *Meine arme Schwester*

Kellers Totenmaske

ist fast zwei Jahre lang allmählich gestorben, zuletzt auf eine schreckliche Weise an desorganisiertem Herzen.[441] *Die letzten acht Tage konnte sie weder liegen noch sitzen, noch irgend anlehnen und fand keine Luft mehr. Ich mußte auch lange Nächte aufpassen und in der letzten die ganze Nacht mit der Wärterin dabeistehen und mit den Händen bereit sein, wenn sie in einer Art Verlies, das wir ihr gebaut, mit dem Kopf nach vorn oder seitwärts fallen wollte ... Ich habe über die Zeit immer mit Heulen zu kämpfen gehabt.*[442] Erst jetzt merkte er, was er an ihr gehabt hatte. Er mußte sich eine Haushälterin nehmen, mit der der immer mißtrauischer werdende Greis, möglicherweise ohne Grund, *reingefallen*[443] zu sein glaubte. *Jetzt lebe ich mit einer Person, die mir von milden Frauen oktroyiert worden ist und Köchin, Haushälterin, Ausläuferin und alles zusammen vorstellen soll, eine sogenannte bestandene Person, die wohl nicht bei mir sterben wird, wenn ich mich nochmals erholen kann, was möglich sein sollte.*[444] Seine Hoffnung auf Genesung war eine Täuschung. Sein Geist blieb hell und wach, aber der Körper versagte den Dienst. «Als ich 1888 wieder nach Zürich kam», schreibt Wilhelm Petersen in seinen Erinnerungen, «war Keller ein leidender Mann. Krankheit und Tod der Schwester und eigenes Leiden hatten ihm stark zugesetzt. Der Geist war der alte, aber der Körper hatte sichtlich gelitten, namentlich waren die Beine schwach geworden, und die kleine breite Gestalt im weiten Überrock und unter dem breitrandigen Schlapphut schob sich mit den kleinsten Schritten nur langsam vorwärts.»[445]

Im Juli 1889 zog er sich ins Hotel Sonnenberg auf dem Seelisberg zurück, *um dem schrecklichen 70. Geburtstag zu entgehen, mit dem man mich bedrohen möchte und den ich vermeiden muß*[446]. Dort erhielt er zahllose Briefe und Glückwunschtelegramme aus der Schweiz und aus Deutschland, von Privatleuten, von Vereinen und von kantonalen und eidgenössischen Regierungsgremien. Die Universität veranstaltete einen Festakt in der Aula. Die Mitwelt war sich Kellers Bedeutung bewußt geworden. Um die gleiche Zeit begannen seine *Gesammelten Werke* in zehn Bänden bei Hertz in Berlin zu erscheinen.

Zu Beginn des Jahres 1890 wurde er bettlägerig. Ein halbjähriges Siechtum stand ihm noch bevor. Er sehnte sich nach Erlösung. Gegenüber Petersen, der im April auf Kellers Wunsch eigens nach Zürich gekommen war, um von dem Freund Abschied zu nehmen, klagte er, «daß er ein alter zählebiger Mensch sei, der nicht sterben könne»[447]. Auf dem Sterbelager behielt er jenes objektive Verhältnis zu sich selbst, das die Lektüre seiner Briefe so genußreich macht. Der nahende Tod machte ihn weder sentimental noch furchtsam. Adolf Frey berichtet davon: «Er verbreitete sich über verschiedene Fährlichkeiten und Abenteuer seines bresthaften Zustandes völlig in einem Tone, als ob er zu dichterischer Hantierung eine komische Situation aufgetrieben hätte, die Keinen weniger anginge, als ihn selbst. Dieser Humor blühte ganz aus der Gewißheit eines nahen Endes, denn während er zur Zeit meines früheren Besuches noch Hoffnung gehegt und in diesem Sinne der Haushälterin mitgetheilt hatte, so fünf Jahre möchte er noch auf Erden verbringen, gab er sich jetzt keinem Wahne mehr hin ...»[448]

Am 15. Juli 1890, wenige Tage vor seinem 71. Geburtstag, wurde Keller von seinem Siechtum erlöst.

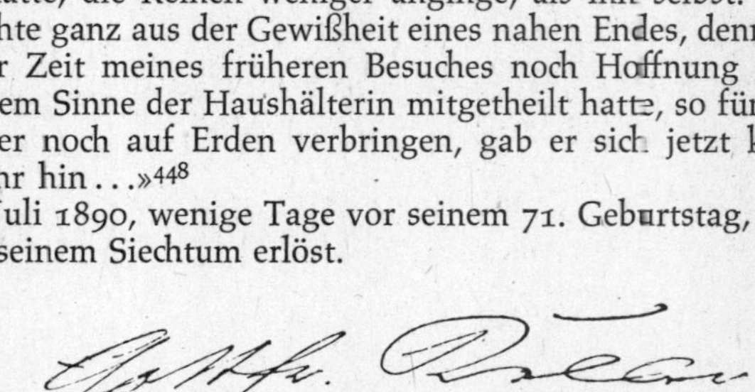

Kellers Beisetzung. Der Leichenzug

ANMERKUNGEN

Die durch Kommata abgetrennten arabischen Zahlen ohne Zusatz verweisen auf Band und Seite der von Jonas Fränkel und Carl Helbling herausgegebenen Gesamtausgabe der Werke Kellers, die mit einem vorangesetzten B auf Band und Seite der von Carl Helbling herausgegebenen Briefe Kellers. Genauere Angaben sind im bibliographischen Anhang zu finden.

1 B 2,28 f
2 17,201
3 16,86 f
4 B 4,255
5 19,347
6 7,196
7 21,21
8 16,159
9 16,163
10 16,162
11 16,128
12 16,124
13 16,135
14 16,142 f
15 16,204
16 16,245
17 16,268
18 16,207
19 16,245
20 16,248 f
21 16,253
22 16,253 f
23 16,266
24 17,15
25 16,258
26 16,260
27 16,265
28 21,12
29 16,152 f
30 16,153
31 16,157
32 16,246
33 21,14
34 21,17
35 16,231 f
36 16,267 f
37 16,269
38 21,13
39 16,267
40 16,269
41 21,13
42 Adolf Frey: «Erinnerungen an Gottfried Keller». Leipzig 1892. S. 99
43 B 4,255
44 17,122
45 17,123
46 21,16 f
47 B 1,154
48 18,22
49 22,327 f
50 B 1,156
51 B 1,18 f
52 B 1,21
53 B 1,175
54 B 1,190
55 B 1,191
56 B 1,233
57 21,18
58 21,18
59 21,18
60 21,18
61 21,18
62 21,19
63 Jean-Daniel Demagny: «Les Idées politiques de Jeremias Gotthelf et de Gottfried Keller et leur évolution». Paris 1954. p. 163
64 Luzius Gessler: «Lebendig begraben. Studien zur Lyrik des jungen Gottfried Keller». Bern 1964. S. 22 f
65 13,149 f
66 14,57
67 16,216
68 21,43
69 21,4
70 21,4
71 B 1,232 f
72 14,170 f
73 15,1,20
74 21,46 f
75 21,75
76 B 1,305
77 22,18
78 B 2,18
79 15,1,66
80 17,64 f und 17,298 f – Vgl. dazu auch Alexander Dürst: «Die lyrischen Vorstufen des Grünen Heinrich». Bern 1955. S. 78 f
81 15,1,62
82 21,81 f
83 B 2,10
84 B 2,10
85 B 2,18
86 1,145
87 7,220 f
88 7,206
89 B 2,454
90 15,1,57
91 B 2,455 f
92 B 2,459
93 B 4,24
94 19,31 f
95 B 1,274
96 B 1,274 f
97 B 1,246
98 17,215 f
99 18,6
100 19,39
101 17,204 f
102 Sören Kierkegaard: «Philosophische Brocken». Übers. und hg. von Liselotte Richter. Reinbek 1964 (Rowohlts Klassiker der Literatur und der Wissenschaft. 147). S. 36 f
103 8,356 f
104 16,102
105 8,345 f
106 13,99
107 Vgl. dazu Fritz Redenbacher: «Gottfried Kellers reli-

giös-lyrisches Erlebnis», in: «Deutsche Vierteljahrsschrift für Literaturwissenschaft u. Geistesgeschichte» 8 (1930), S. 721
108 B 1,275
109 B 1,291
110 B 2,289
111 15,1,131 f
112 15,1,152
113 B 1,414
114 Conrad Ferdinand Meyer: «Sämtliche Werke. Historisch-Kritische Ausgabe». Besorgt von Hans Zeller und Alfred Zäch. Bd. 1. Bern 1963. S. 190
115 B 4,345 f
116 B 2,23 f
117 B 2,25 f
118 B 2,25 f
119 17,117
120 B 3,2,10
121 B 4,346
122 Karl Fehr: «Leben und Tod bei Gottfried Keller», in: «Schweizer Monatshefte» 30 (1950/51), S. 565–580; 569
123 B 3,1,67
124 B 1,296
125 B 1,256 f
126 B 1,314
127 B 1,296
128 Nach Adolf Vögtlin: «Gottfried Keller-Anekdoten». 9.–12. Aufl. Berlin 1919. S. 63
129 B 1,396
130 B 2,395
131 B 3,2,347
132 Zitiert nach Emil Ermatinger: «Gottfried Kellers Leben». 8. neubearb. Aufl. Zürich 1950. S. 210
133 B 1,295
134 B 1,248
135 B 1,335
136 B 1,213
137 B 1,306
138 B 1,335
139 B 1,293
140 B 1,112
141 B 3,2,17
142 B 3,2,36
143 B 3,2,76
144 B 3,2,94
145 B 3,2,102
146 20,232 f
147 B 1,338 f
148 B 1,340
149 B 1,451
150 21,28
151 21,199
152 B 3,2,81 f
153 15,1,295
154 B 1,292
155 B 1,367 f
156 B 1,389
157 B 3,2,80
158 B 3,2,97
159 B 4,351 f
160 B 4,46
161 B 1,330
162 B 1,256
163 B 1,256
164 B 2,36
165 B 1,250
166 B 1,397
167 21,18
168 19,343
169 17,119
170 Frey, a. a. O., S. 18
171 21,20
172 B 3,2,15 f
173 B 3,2,15
174 16,1
175 21,20 f
176 16,11
177 16,53
178 22,74 f
179 W. E. Süskind: «Vom ABC zum Sprachkunstwerk». München 1965. S. 15
180 16,124
181 16,129
182 16,155
183 16,240
184 17,137
185 22,89
186 16,205 f
187 18,5
188 18,8
189 21,21
190 16,152
191 16,159
192 Josef Hofmiller: «Der Ur-Heinrich». In: Hofmiller, «Über den Umgang mit Büchern». München 1948. S. 146–156; 147
193 22,114
194 22,70
195 22,71
196 22,81
197 22,81 f
198 22,108
199 5,287
200 B 1,391
201 17,206
202 19,47–53
203 18,25 f
204 B 1,418
205 B 1,409
206 B 1,130
207 B 1,130
208 19,243
209 19,273
210 7,61 f
211 B 2,152
212 7,66 f
213 B 2,170 f
214 B 1,407 f
215 B 3,2,97
216 B 1,428
217 B 3,1,249
218 B 1,428
219 Wolfgang Kayser: «Das Groteske in Malerei und Dichtung». Reinbek 1960 (rowohlts deutsche enzyklopädie. 107). S. 9 f
220 7,275 f
221 Wolfgang Preisendanz: «Humor als dichterische Einbildungskraft.

Studien zur Erzählkunst des poetischen Realismus». München 1963. S. 190
222 Preisendanz, a. a. O., S. 153
223 Preisendanz, a. a. O., S. 158
224 Emil Staiger: «Die Zeit als Einbildungskraft des Dichters». Zürich 1953. S. 188
225 B 4,53
226 B 2,145
227 B 1,132 f
228 B 1,133
229 B 1,131
230 B 2,157
231 B 2,43
232 B 1,429
233 B 2,161
234 B 3,2,174
235 B 2,171
236 B 2,146 f
237 B 1,261
238 B 2,161 f
239 1,245
240 21,113
241 B 2,174
242 B 2,53
243 B 4,58
244 B 3,2,142
245 B 3,2,212
246 B 3,2,144
247 B 1,441
248 B 4,76
249 B 2,154
250 B 1,268
251 B 3,2,188
252 B 3,2,145 f
253 B 3,2,268
254 B 3,2,188 f
255 10,31
256 10,71 f
257 21,27
258 B 3,2,190
259 22,142
260 22,143
261 22,152 f
262 22,156
263 22,153
264 21,118
265 21,124
266 21,123
267 21,118
268 15,2,93
269 21,128 f
270 21,114
271 21,129
272 21,151
273 10,72
274 21,130 f
275 21,148 f
276 B 3,2,212
277 21,9
278 21,9 f
279 B 1,191
280 21,10
281 B 3,2,216
282 B 3,2,205
283 21,169
284 21,169
285 21,172
286 21,173
287 B 1,301
288 8,275 f
289 15,2,20
290 B 4,318
291 B 2,105
292 B 3,2,146
293 8,37 f
294 8,68
295 B 3,1,434
296 B 1,219
297 B 3,1,17
298 B 2,126
299 B 3,1,18
300 B 3,1,156
301 B 3,2,255
302 B 3,2,232
303 B 3,2,237
304 B 4,41
305 Ludwig Tieck: «Schriften». Bd. 11. Berlin 1829. S. LXXXIV f
306 B 3,1,134
307 B 3,1,163
308 B 1,399 f
309 B 2,177
310 B 4,178
311 B 3,1,57
312 10,184
313 B 3,1,134
314 10,280 f
315 10,284
316 10,285
317 Karl Fehr: «Realismus in der schweizerischen Literatur». Bern–München 1965. S. 147
318 10,276 f
319 10,281
320 10,275
321 B 3,2,150
322 B 3,2,151 f
323 B 3,2,156
324 B 2,202
325 B 3,1,183
326 B 3,1,178
327 B 3,1,139
328 B 1,450 f
329 8,268–277
330 Hugo von Hofmannsthal: «Gesammelte Werke in Einzelausgaben». Prosa II. Hg. von Herbert Steiner. Frankfurt a. M. 1951. S. 193
331 B 3,1,456
332 Robert Faesi: «Gestalten und Wandlungen schweizerischer Dichtung». Zürich–Leipzig–Wien 1922. S. 301
333 Jean Paul: «Vorschule der Ästhetik». § 35
334 B 3,2,334
335 B 3,2,334
336 Karl Reichert: «Die Entstehung der ‹Züricher Novellen› von Gottfried Keller», in: «Zeitschrift für Deutsche Philologie» 82 (1963), S. 471–500
337 B 3,2,335
338 B 3,2,338
339 B 3,1,203
340 B 3,1,282
341 B 3,2,274
342 B 3,1,206
343 B 3,2,345
344 B 2,483

345 B 3,2,337
346 B 2,244
347 9,117
348 9,37 [Sperrungen vom Autor]
349 B 4,227
350 B 3,1,161
351 B 3,1,161
352 B 3,1,108
353 B 3,1,156
354 B 3,1,350
355 19,108 f
356 6,66 f
357 6,68
358 6,69 f
359 B 4,227
360 6,225 f
361 6,205
362 B 3,1,455
363 B 3,2,299
364 B 3,2,387
365 B 2,280
366 11,402 f
367 B 3,2,389
368 B 3,1,56
369 Zitiert nach *Gesammelte Werke.* 1. Erg.-Bd. Zürich 1943. S. 44
370 B 3,1,246
371 B 3,1,57
372 11,3
373 11,5
374 11,5
375 11,6
376 11,35
377 11,55
378 11,40 f
379 11,49
380 Dazu Wolfgang Preisendanz: «Gottfried Kellers ‹Sinngedicht›», in: «Zeitschrift für Deutsche Philologie» 82 (1963), S. 129–151
381 11,245
382 11,379
383 *Gesammelte Werke.* 1. Erg.-Bd., a. a. O., S. 69
384 B 2,146
385 B 3,1,478
386 B 2,387
387 B 2,398
388 B 3,1,446
389 B 3,1,437
390 Nach Eduard Kranner: «Gottfried Keller und die Geschwister Exner». Basel–Stuttgart 1960
391 B 2,214
392 B 2,243
393 B 2,245
394 B 3,1,222
395 B 2,241 f
396 B 3,1,165
397 B 2,243 f
398 B 2,279
399 B 3,1,52
400 B 3,1,472
401 B 3,2,471
402 B 2,231
403 Zitiert nach Ermatinger, a. a. O., S. 471 f
404 B 3,2,249
405 B 1,400
406 B 3,1,425
407 B 3,1,419
408 B 4,221
409 B 3,1,379
410 B 2,222 f
411 B 2,229
412 21,21
413 Frey, a. a. O., S. 55
414 B 3,2,386 f
415 B 2,287
416 B 3,1,475 f
417 B 3,1,147
418 B 3,1,338
419 B 2,293
420 B 2,284
421 B 2,295
422 B 3,1,101
423 B 2,478
424 B 4,221
425 B 4,224
426 Frey, a. a. O., S. 107
427 B 3,1,119
428 B 3,1,65
429 B 3,1,112
430 B 3,1,465
431 B 3,1,75
432 B 3,1,456
433 B 3,1,70
434 12,289
435 B 3,2,410 f
436 B 3,2,411
437 12,182 f
438 B 2,372
439 B 2,445
440 B 2,315 f
441 B 2,446
442 B 2,316
443 B 2,316
444 B 2,446 f
445 *Gesammelte Werke.* 1. Erg.-Bd., a. a. O., S. 54
446 B 2,447
447 *Gesammelte Werke.* 1. Erg.-Bd., a. a. O., S. 55
448 Frey, a. a. O., S. 139 f

ZEITTAFEL

1819 Am 19. Juli in Zürich geboren
1822 Geburt der Schwester Regula am 26. April
1824 Tod des Vaters am 12. August
1825 Besuch der Armenschule
1831 Schüler des Landknabeninstituts auf der Stüssihofstatt
1833 Seit Ostern Besuch der kantonalen Industrieschule im ehemaligen Chorherrengebäude zum Großmünster
1834 Ausweisung aus der Industrieschule am 5. Juli wegen eines disziplinarischen Vergehens. Seit Herbst Lehrling bei dem Vedutenmaler und Lithograph Peter Steiger
1837 Unterricht bei dem Maler Rudolf Meyer
1838 Im Frühjahr Abbruch des Unterrichts durch Meyers Weggang
1840 Abreise nach München am 26. April zu weiterer künstlerischer Ausbildung
1842 Nach einem ergebnislosen Aufenthalt in München Rückkehr nach Zürich im November
1843 Keller beginnt zu dichten. Die Malerei tritt in den Hintergrund
1844 Verkehr mit den deutschen Emigranten um Follen. Im Dezember Beteiligung am 1. Freischarenzug gegen Luzern
1845 Beteiligung am 2. Freischarenzug im März
1846 Marie Melos. Im Sommer Reise nach Graubünden
1847 Luise Rieter. Keller volontiert zeitweise in der Staatskanzlei unter Alfred Escher
1848 Keller erhält von der Regierung ein Stipendium. Abreise zum Studium in Heidelberg im Oktober
1849 Freundschaft mit Hermann Hettner und Ludwig Feuerbach. Johanna Kapp
1850 Seit Frühjahr in Berlin. Häufiger Theaterbesuch. Dramatische Pläne
1851 Verkehr im literarischen Salon der Fanny Lewald
1854 Keller ist häufig bei Varnhagen von Ense und dessen Nichte Ludmilla Assing zu Gast
1855 Im Frühjahr Höhepunkt der Leidenschaft für Betty Tendering. Im Herbst Rückkehr nach Zürich, wo er die nächsten sechs Jahre ohne Amt und Einkommen bei Mutter und Schwester verbringt
1861 Wahl zum ersten Staatsschreiber des Kantons Zürich am 14. September. Wohnung in der Staatskanzlei
1864 Tod der Mutter am 5. Februar
1866 Verlobung mit Luise Scheidegger. Selbstmord der Braut am 13. Juli
1869 Zürich begeht festlich Kellers 50. Geburtstag. Die Philosophische Fakultät der Universität ernennt ihn zum Ehrendoktor. Beginn der Freundschaft mit Adolf Exner
1872 Im Herbst erster Urlaub seit der Amtsübernahme. Reise nach München
1873 Ferien mit den Geschwistern Exner am Mondsee im Salzburgischen
1874 Keller besucht im Juli die Exners in Wien
1875 Seit Frühjahr Wohnung auf dem Bürgli in Enge. Am 15. Juli legt Keller sein Amt nieder, um sich ganz der Schriftstellerei widmen zu können. Fruchtbarer Lebensherbst
1882 Wohnung im Thaleck am Zeltweg. Zunehmende Vereinsamung. Abnahme der Schaffenskraft
1884 Freundschaft mit Arnold Böcklin
1888 Tod von Kellers Schwester Regula am 6. Oktober
1890 Keller stirbt am 15. Juli

ZEUGNISSE

Friedrich Theodor Vischer

Kurz, es ist ein lebenstüchtiger Realismus in jenem guten Sinne des Worts, der die echte Idealität in sich begreift. Aber ein Realismus von besonderem Charakter. Was ihn eigentümlich unterscheidet, ist eine gewisse ausnehmende Herbigkeit, eine Art von Unerbittlichkeit, womit er uns die Nase auf den Granitgrund der Realität drückt ... es ist eben schwer, dieses ganz eigenartig Herbkräftige zu bezeichnen, was ich an Keller in ganz anderem, edlerem Sinn als an dem doch gar zu erdigen, zu breit und grob lehrhaften, wiewohl tüchtigen, schilderungs- und erzählungskundigen Jeremias Gotthelf das echt Schweizerische nennen möchte, d. h. in dem Sinne, daß hier ein solcher etwas knochiger Realismus unlöslich gebunden ist mit einem freien Gemüt und einem Höhenzuge des Geistes, der uns nicht nur an das Gestein der Hochgebirge, die Hütten und die stattlichen Häuser an den Berglehnen und in den Tälern, sondern auch an die silbernen Gletscher, an die reinen Lüfte, die dort wehen, an die brausenden Winde erinnert, nämlich von selbst, auch wenn sie nicht beschrieben werden.

Augsburger Allgemeine Zeitung. 1874

Emil Kuh

Auf Kellers Erzählungen ruht ein romanischer Glanz; in ihnen waltet die Freude an dem Gaukelspiel der Erde, welche Lopen durchatmet, das heitere Behagen an den Kreuz- und Querzügen menschlicher Bosheit und Thorheit, das uns aus dem Dekameron anweht, die Leichtigkeit und Raschheit im Aufbau der Fabel, welche uns an den alten Poeten des Südens entzückt, denen die schnellen Übergänge der Tages- und Jahreszeiten mit gutem Beispiele vorangegangen sind. Gegen diesen Glanz heben sich die dunklen Elemente seiner Dichtung umso eindringlicher ab. Seiner Lust am irdischen Gaukelspiel ward eine schicksalskundige Betrachtung des Menschenloses verschwistert und in sein Behagen an dem Weltgewirr von Bosheit und Thorheit mischt sich ein bitterer Tropfen des Wehs. Dies Alles aber umfaßt und bindet, klärt und gleicht aus ein unbeschreibliches Etwas, der lächelnd ernste Geist des Humors.

Wiener Abendpost. 28. Dezember 1874

Theodor Fontane

Gottfried Keller, und dies erklärt alles, ist au fond ein Märchenerzähler. Was nach dieser Seite hin liegt, ist mustergültig, wenigstens in den meisten Fällen. Er erzählt nicht aus einem bestimmten Jahrhundert, kaum aus einem bestimmten Lande, gewiß nicht aus ständisch gegliederten und deshalb sprachlich verschiedenen Verhältnissen heraus, sondern hat für seine Darstellung eine im wesentlichen sich gleichbleibende Märchensprache, an der alte und neue Zeit, vornehm oder gering gleichmäßig partizipieren. Historie, Kultur- und Sittengeschichte kümmern ihn nicht; er ordnet alles einem poetischen Einfall, der auf ihn selber wirkte und von dem er sich deshalb auch Wirkung auf andere verspricht, unter und legt sich nicht die Frage vor, ob all das, an gegebenem Ort und zu gegebener Zeit, überhaupt möglich war. Die meisten Leser, unbefangen wie Kinder, weil sie mit ihrem historischen Wissen auf einem Kinderstandpunkt stehen, gehen leicht darüber hin, bemerken es nicht oder bestreiten wohl gar die Berechtigung dieser Ausstellung; wer aber die begangenen Fehler als solche erkennt, zuckt mitunter zusammen und wird unwirsch, weil ihn die Unwahrheit der mit einer gewissen Prätention auftretenden Situation verdrießt... Man darf also füglich sagen: Je mehr nach dem bewußten Wollen Gottfried Kellers, also nicht bloß von ungefähr, seine Erzählungen Märchen sind, desto besser sind sie auch. Denn dies ist sein eigentlichstes Gebiet.

Aus Fontanes Nachlaß, geschrieben um 1874

Hugo von Hofmannsthal

«Was aber willst du in der Gottfried Kellerschen Welt dann schließlich alles auf die Zahl zurückführen?»

«Alles und nichts, je nachdem eure Phantasie gelaunt ist, diesen Dingen nachzugehen. Jedenfalls ist es eine Welt, in der eine gute und starke Harmonie herrscht, und zu fühlen und nicht zu fühlen, wieweit diese auf einer wundervollen Verteilung von Maß und Zahl und Gewicht ruht und verankert ist, das ist schließlich jedermanns eigene Angelegenheit. Aber etwas Kleines kann ich nicht darin sehen und noch weniger etwas Unwesentliches oder Zufälliges, wenn ich in diesen so zahlreichen und bunten Schicksalsverflechtungen und -abwicklungen auf Schritt und Tritt den merkwürdigsten und dabei simplen Formen und Figurationen begegne, wenn ich die Lebensläufe, erst verflochten, sich lösen sehe und jäh auseinanderstreben, dann rechtwinklig umbiegen und gesondert dem Lichte zuwachsen und endlich wieder die Kronen ineinanderflechten wie Apfelbäume an Spalieren; wenn ich unter buntem, abenteuerlichen Geschlinge die Figur des Lebenskreises ahne, der rein in sich selber zurückkehrt; wenn mir alles, bei üppigstem Reichtum, doch reingestuft und wohltuend sich entgegenhebt wie in der Musik, die alle Zwischentöne fortläßt, die keine reinen, einfachen Schwingungszahlen haben; wenn ich in diesen Erzählungen die Altersstufen herauf und hinab geführt sehe, den Vater im Sohn, die Tochter in der Mutter sich spiegeln, ein jedes Teil im Gleichgewicht gehalten von einem Gegenteil, ein jedes Geschick melodisch bezogen auf Geschicke, die in geheimnisvoll richtig geteiltem Abstand zu ihm schwingen.»

Die Rheinlande. 12/1906

GERHART HAUPTMANN

Kellers Werk ist gewachsen und ist gearbeitet. Es ist, natürlich in übertragenem Sinne, gegossen, gehämmert, gefeilt. Es hat jenes Köstliche an sich, was recht wohl mit reicher Goldschmiedekunst vergleichbar ist. Aber es geht in seinem beweglichen Glanz, in der unausweichlichen, lebendigen Realität seiner Gestalten darüber hinaus. Es ist durchdrungen von kindhaftem Lebensglück. Davon ist ein Vibrieren in seinen kleinsten Teilen. Es ist durchleuchtet von einer warmen Festlichkeit, jener wundervollen Festivitas aller wahren Kunstwerke. Die deutsche Romantik ist dagewesen: das Kellersche Werk verleugnet sie nicht. Allein die Romantik hat keinen Gestalter von gleicher Kraft und gesunder Männlichkeit.

Kellers Kunst ist im wesentlichen jugendlich. Der Dichter ist reif, aber niemals alt geworden. Das Lachende eines Züricher Frühlings- und Sommertages ist ihm treu geblieben.

Frankfurter Zeitung. 1919

CARL SPITTELER

Kein Satz, der nicht genau dem Gedanken folgte. Kein überflüssiges Ton- oder Schmuckwort. Seiner Wahrhaftigkeit verdankt es Keller, daß es gänzlich Unbedeutendes bei ihm nirgends gibt, daß jede Zeile von ihm lesbar ist... Aus Schamgefühl vor Keller hat sich der gesamte Prosastil der schweizerischen Schriftsteller um eine Stufe gehoben. Man schreibt seither durchschnittlich besser als vorher.

In der Lyrik wirkte Keller hauptsächlich hygienisch. Als Magenbitter nach den Zuckerschleckereien.

Rede zum hundertsten Geburtstag. 1919

WALTER BENJAMIN

Die einzige Gestaltung seiner Prosa verdankt ja Keller gerade dem, daß kein andrer Deutscher seit Grimmelshausen so gut um die Ränder der Sprache Bescheid wußte, so frei das ursprünglichste Dialekt- und das späteste Fremdwort handhabt. Der Sprachschatz der Dialekte ist Scheidemünze, die in den Prägungen vieler Jahrhunderte umläuft. Und wenn der Dichter im Worte eine besonders innige, beseligende Anschauung begleichen will, so greift er instinktiv nach diesem ererbten Schatze... Demgegenüber ist in seiner Prosa das Fremdwort gleichsam der Wechsel, ein prekäres Dokument von weither, das er mit Vorsicht und Spannung handhabt. Er legt es übrigens in Briefe am liebsten ein. Nach diesen Briefen kann gar nicht bezweifelt werden, daß das Schönste und Wesentlichste diesem Schriftsteller mehr noch als andern unter dem Schreiben kam, weswegen er sich qualitativ immer weniger zutraute, als er konnte, quantitativ immer mehr.

Literarische Welt. 1927

Josef Hofmiller

Wenn sich hinter einem Dichter die letzte Tür zugetan hat, schreitet der Zug seiner Geschöpfe weiter durch die Lande und die Zeiten, und wie *sie* sind, so war er. Es gibt keine strengere, aber auch keine schönere Probe für einen Künstler, als diese stumme Prozession. Was für glorreich wundersame Figuren gehen her hinter Gottfried Keller! Da sind seine Käuze und Schnurranten, wie er allein sie auf die Beine hat stellen können: die gerechten Kammacher und der Schmied seines Glücks, Wenzel Strapinski und Buz Falätscher, Züs Bünzlin und Viggi Störteler. Da sind seine aufrechten Mannsbilder, da der Landvogt von Greifensee. Die Krone aber sind seine Weiber, von Judith und Anna an bis zu den Mädchen und Frauen im Salander. Ich könnte mir vorstellen, wie Albert Welti etwa den seltsamen Zug gemalt hätte als langen, bunten Fries: Bräuchten wir zu einer einzigen Gestalt ein Wort der Erklärung? stünde nicht jede fest und lebenswarm da, keine der anderen gleich, jede mit einem gemeinsamen Familienzuge, selbst die unholdeste noch durch einen feinen, goldenen Faden verbunden mit der Schönheit der Welt?

1929

Hermann Hesse

Bei Gottfried Keller sehen wir aus einem Leben von großer Bedrängtheit und Kargheit, sehen wir aus einem zu klein gewachsenen, schrulligen, armen, trotzigen Junggesellen- und Weintrinkerleben ein Werk losgerungen, das nichts von Nöten und Verkniffenheiten zu wissen scheint, wir sehen den zu kurz Gekommenen und Vergrämten im Werk eine Harmonie erreichen, eine Atmosphäre der Überlegenheit und der reinen Schau, eine Opferung des Ichs zugunsten der Schönheit, die nicht nur entzückt, sondern als Künstlertat im höchsten Grade vorbildlich ist, während doch das tatsächliche Leben so sehr wenig vorbildlich zu sein schien. Aber es schien nur darum so arm und unvorbildlich, weil der Biograph nur das zu zeigen vermag, was übrig bleibt, wenn man von seinem Dichterleben die Stunden der schöpferischen Arbeit abzieht.

Der Lesezirkel. 18/1931

Adolf von Grolmann

Die tiefste Dichterleistung Gottfried Kellers besteht in der Unterscheidung der großen und der kleinen Dinge; er wird sie beide erkennen und beschreiben, sehr im Wechsel übrigens, aber er wird sie niemals vertauschen oder verwechseln; denn dazu ist Gottfried Kellers Blick zu klar, zu gut und zu edel, und er wird – Gottfried Keller – ein langes Menschenleben hindurch die menschlichen Torheiten gelinde lächerlich machen, er wird aber immer das Böse grob und deutlich als böse zeigen und der Strafe und Abfuhr teilhaftig werden lassen.

Europäische Dichterprofile. 1. Reihe. 1947

Leopold Ziegler

Doch kann man Feuerbachs Entlarvung noch eine zweite, um vieles ernstere Auslegung widerfahren lassen. Nach ihr bleibt es nämlich auch des gottledig gewordenen Menschen oberste Pflicht, die ihm von den Jahrtausenden auferlegte Zucht in seiner neuen Lage nicht einfach preiszugeben. Vielmehr statt dessen das Erbe der Götter auf edle, will heißen «menschliche» Weise geschichtlich anzutreten, es weiter zu betreuen und das Äußerste daran zu setzen, den Pegel des Menschseins vor dem Absinken zu bewahren. Kein Zweifel, daß sich der Dichter des *Grünen Heinrich* für diese zweite Möglichkeit klar entschieden. Kein Zweifel aber auch, daß Keller mit dieser Entscheidung dem Atheismus Feuerbachs eine Tiefe gibt, um welche ihn manch theistische Dogmatik beneiden könnte. Denn dieser Entscheidung zufolge ist der den totgesagten Gott überlebende Mensch zum Schuldner einer Welt geworden, in welcher, Paradox aller Paradoxe, der Gottlose für den Gott unabdingbar haftet: der sich selbst so nennende Atheist für den von ihm verneinten Theos!

Dreiflügelbild. 1961

BIBLIOGRAPHIE

Die Bibliographie erstrebt nirgends auch nur annähernde Vollständigkeit. Von den Gesamtausgaben der Werke Kellers wurden nur die historisch und philologisch wichtigsten aufgenommen. Die Erstdrucke seiner zahlreichen kleineren Beiträge zu Zeitungen, Zeitschriften, Almanachen und Kalendern konnten nicht genannt werden. Die Sekundärliteratur bis 1934, bis zum letzten Berichtsjahr der Bibliographie Zippermanns, wurde nur in einer ganz knappen Auswahl berücksichtigt. Aus der Fülle des nach 1934 Erschienenen wurden die meisten Bücher und die größeren Zeitschriftenaufsätze verzeichnet, die kleineren jedoch nur dann, wenn sie für die Abfassung der Monographie von besonderer Wichtigkeit waren. Das gleiche gilt für Untersuchungen zu Kellers Leben und Werk in literargeschichtlichen Epochenüberblicken und größeren Sachzusammenhängen sowie für Einführungen zu Texteditionen. Auf die Aufnahme ungedruckter Dissertationen wurde weitgehend verzichtet.

1. Bibliographien, Forschungsberichte, Periodica

Baechtold, Jakob: Gottfried Keller-Bibliographie. Verzeichnis der sämtlichen gedruckten Werke. Berlin 1897

Zippermann, Charles C.: Gottfried Keller-Bibliographie. 1844–1934. Zürich 1935

Schwarz, Theodor: Gottfried Keller in der Literaturforschung der UdSSR. In: Schweiz–Sowjetunion 3 (1945)

Preisendanz, Wolfgang: Die Keller-Forschung der Jahre 1939–1957. In: Germanisch-Romanische Monatsschrift 39, N. F. 8 (1958), S. 144–178

Jahresbericht [der] Gottfried Keller-Gesellschaft. Zürich. 1, 1932 ff

2. Gesamtausgaben

Sämtliche Werke. Auf Grund des Nachlasses besorgte und mit einem wissenschaftlichen Anhang versehene Ausgabe. Hg. von Jonas Fränkel [Bd. 1–8, 11, 13–15,I und 16–19] und [seit 1942] von Carl Helbling [Bd. 9, 10, 12, 15,II, 20–22]. Bd. 1–22. Erlenbach-Zürich und München (Eugen Rentsch) und [seit 1931] Bern und Leipzig (Benteli) 1926–1949

Vgl. dazu: Helbling, Carl: Arbeit an der Gottfried Keller-Ausgabe. Bern-Bümpliz 1945, und

Fränkel, Jonas: Gottfried Keller-Philologie. In: Euphorion 46 (1952), S. 440–463

Gesammelte Werke. 10 Bde. Berlin (Hertz) 1890–1891

Werke. Hg. von Max Nussberger. Kritisch-historische und erläuterte Ausgabe. 8 Bde. Leipzig (Bibliographisches Institut) 1921

Werke. In 10 Teilen. Hg. und mit Einleitung und Anmerkungen versehen von Max Zollinger in Verbindung mit Heinz Amelung und Karl Polheim. Berlin (Deutsches Verlagshaus Bong) 1921

Werke. Kritisch durchgesehene und erläuterte Ausgabe mit einer Einleitung über des Dichters Leben und Schaffen von Harry Maync. 6 Bde. Berlin (Propyläen-Verlag) 1921–1922

Werke. [Hg.:] M[artin] Hürlimann. 8 Bde. Zürich (Atlantis) 1941–1942 [Bd. 8 bringt eine umfassende Ausgabe der Gemälde und Zeichnungen

Von wem ist die Rede, außer von Geld?

Der heutige Künstler ist reicher geworden . . .

. . . das schrieb ein Mann, ein Künstler; er meinte es freilich nicht in finanzieller Hinsicht. Der Mann, von dem hier die Rede ist, wurde in dem Jahr geboren, als «Der grüne Heinrich» seines Landsmannes Heinrich Keller erschien (die zweite Fassung mit dem Happy-End). Schon als Schüler zeigte er eine herausragende künstlerische Begabung als Musiker; er wurde in Bern ein anerkannter Geiger, der mit Vorliebe Händel und Bach interpretierte. Musik blieb zeitlebens ein prägender Faktor seines Schaffens, seine «verhexte Geliebte». Berühmtheit jedoch erlangte er auf anderem künstlerischem Gebiet.

Das Bernerdeutsch hat er zeitlebens nicht verlernt, obwohl er schon bald nach dem Abitur die Schweiz verließ und in München studierte. Dort verlobte er sich mit der Pianistin Lily Stumpf, die er später heiratete.

Im Ersten Weltkrieg mußte er – Ironie des Schicksals – in der Flugwerft im bayerischen Schleißheim Flugzeuge anstreichen, ehe er Kassenverwalter in einer Fliegerschule wurde. Nach dem Kriege setzte er seine künstlerische Arbeit fort, wurde Lehrer, unter anderem in Weimar und Düsseldorf. Würde man noch den dritten Ort nennen, wo er lehrte, so wäre der Mann, von dem hier die Rede ist, wahrscheinlich sofort erkannt.

Er wurde gefeiert und befeindet. Ossietzkys «Weltbühne» verspottete ihn als Scharlatan und Trottel, andere Kritiker nannten ihn genial, verglichen ihn mit Hölderlin, mit Joyce. Er, Pfeifenraucher und Linkshänder, mal mit, mal ohne Bart, arbeitete weiter an seinem Werk. Einige der 9146 Titel: Grenzen des Verstandes, Necropolis, Lachende Gotik, Abenteuer von Kurl und Kamen. Einige seiner Arbeiten haben später amerikanische Komponisten zu Zwölftonwerken angeregt.

1933 mußte er Deutschland verlassen; er ging in die Schweiz zurück, wo er von Kritikern als infantil und schizophren verschrien wurde. Er starb, nach langer Krankheit (Sclerodermie), 59jährig.

Wer war's? (Alphabetische Lösung: 11–12–5–5)

Kellers und der Kellerbildnisse u. d. T.:] PAUL SCHAFFNER, Gottfried Keller als Maler. Gottfried Keller-Bildnisse. Zürich 1942
Gesammelte Werke in 10 Bänden (und zwei Ergänzungsbänden). Zürich (Rascher) 1942–1944
[Die Ergänzungsbände enthalten die Briefe und Tagebücher Kellers sowie eine Auswahl von Erinnerungen an Keller.]
Sämtliche Werke und ausgewählte Briefe. Hg. von CLEMENS HESELHAUS. München (Hanser) 1956–1958
Gesammelte Werke. Hg. von HANS SCHUMACHER. In 3 Bänden. Köln und Berlin (Kiepenheuer und Witsch) 1960
Werke in 5 Bänden. Ausgewählt und eingeleitet von HANS RICHTER. Weimar (Volksverlag) 1963

3. Erstausgaben der Einzelwerke

Lieder eines Autodidakten. In: Deutsches Taschenbuch. 1. Jahrgang. Zürich und Winterthur (Verlag des literarischen Comptoirs) 1845. S. 167–236
Einundzwanzig Liebeslieder. Feueridylle, eine Allegorie. In: Deutsches Taschenbuch. 2. Jahrgang. Zürich (Julius Fröbel und Comp.) 1846. S. 75–141
Gedichte. Heidelberg (Winter) 1846
[Enthält u. a. auch die in den beiden Jahrgängen des Deutschen Taschenbuchs erschienenen Gedichte.]
Neuere Gedichte. Braunschweig (Vieweg) 1851
Neuere Gedichte. 2. verm. Aufl. Braunschweig (Vieweg) 1854
Der grüne Heinrich. Roman. In 4 Bänden. Braunschweig (Vieweg) 1854 und 1855
Die Leute von Seldwyla. Erzählungen. Braunschweig (Vieweg) 1856
Das Fähnlein der sieben Aufrechten. In: Berthold Auerbach's Volks-Kalender für 1861. Berlin 1861. S. 17–67
Die mißbrauchten Liebesbriefe. In: Deutsche Reichszeitung. Feuilleton. Oktober 1865
Sieben Legenden. Stuttgart (Göschen) 1872
Die Leute von Seldwyla. Erzählungen. 2. verm. Aufl. in 4 Bänden. Stuttgart (Göschen) 1873 und 1874
Züricher Novellen. 2 Bde. Stuttgart (Göschen) 1878 und 1879 – Vorabdruck in: Deutsche Rundschau 9 (1876), S. 169–202, 335–361; 10 (1877), S. 169–182, 335–361; 11 (1877), S. 20–55
Der grüne Heinrich. Roman. Neue Ausg. in 4 Bänden. Stuttgart (Göschen) 1879 und 1880
Das Sinngedicht. Novellen. Berlin (Hertz) 1882 – Vorabdruck in: Deutsche Rundschau 26 (1881), S. 1–38, 161–192, 321–342; 27 (1881), S. 1–38, 161–194
Gesammelte Gedichte. Berlin (Hertz) 1884
[Darin Erstdruck des «Apotheker von Chamounix».]
Martin Salander. Roman. Berlin (Hertz) 1886 – Vorabdruck in: Deutsche Rundschau 46 (1886), S. 1–29, 161–176; 47 (1886), S. 1–32, 262–289, 321–351; 48 (1886), S. 126–147, 321–359

4. Lebenszeugnisse, Gesamtdarstellungen und biographische Einzelstudien

Gottfried Keller. Gesammelte Briefe. In 4 Bänden hg. von CARL HELBLING. Bern 1950–1954

Paul Heyse und Gottfried Keller im Briefwechsel. [Hg.:] MAX KALBECK. Braunschweig 1919
Gottfried Keller und Josef Viktor Widmann. Briefwechsel. Hg. und erläutert von MAX WIDMANN. Basel–Leipzig 1922
Aus Gottfried Kellers glücklichster Zeit. Der Dichter im Briefwechsel mit Marie und Adolf Exner. [Hg.:] HANS FRISCH. Wien 1927
Der Briefwechsel zwischen Theodor Storm und Gottfried Keller. Hg. von PETER GOLDAMMER. Berlin 1960
Der Briefwechsel zwischen Gottfried Keller und Hermann Hettner. Hg. von JÜRGEN JAHN. Berlin–Weimar 1964
ZÄCH, ALFRED: Gottfried Keller im Spiegel seiner Zeit. Urteile und Berichte von Zeitgenossen über den Menschen und Dichter. Zürich 1952
[Darin die Erinnerungen an Keller von Hans Weber, Wilhelm Petersen, Conrad Ferdinand Meyer u. a.]
BLUNTSCHLI, MARIE: Erinnerungen an Gottfried Keller. Nachwort von HANS BLUNTSCHLI. Bern 1940
FREY, ADOLF: Erinnerungen an Gottfried Keller. Leipzig 1892
VÖGTLIN, ADOLF: Gottfried Keller-Anekdoten. Berlin 1914 – 17. und 18. durchges. und verm. Aufl. Zürich 1924
Gottfried Kellers Lebensraum. 75 Bilder. Eingeleitet von EDUARD KORRODI. Zürich–Leipzig 1930

ACKERKNECHT, ERWIN: Gottfried Keller. Geschichte seines Lebens. Leipzig 1939 – Neuausg.: Hg. von CARL HELBLING. Konstanz 1961
BAECHTOLD, JAKOB: Gottfried Kellers Leben. Seine Briefe und Tagebücher. 3 Bde. Berlin 1894–1897
BAECHTOLD, JAKOB: Gottfried Kellers Leben. Kleine Ausgabe ohne die Briefe und Tagebücher des Dichters aus dem Nachlaß des Verfassers. Berlin 1898
BALDENSPERGER, FERNAND: Gottfried Keller. Sa vie et ses œuvres. Paris 1899
BEBLER, EMIL: Gottfried Keller und Ludmilla Assing. Zürich 1952
ERMATINGER, EMIL: Gottfried Kellers Leben. Mit Benutzung von Jakob Baechtolds Biographie. 8. neubearb. Aufl. Zürich 1950
GUGGENHEIM, KURT: Das Ende von Seldwyla. Ein Gottfried Keller-Buch. Zürich–Stuttgart 1965
HEER, GOTTLIEB HEINRICH: Gottfried Keller und Julius Rodenberg. In: Deutsche Rundschau 80 (1954), S. 1157–1165
KRANNER, EDUARD: Gottfried Keller und die Geschwister Exner. Basel–Stuttgart 1960
KRIESI, HANS MAX: Gottfried Keller als Politiker. Frauenfeld–Leipzig 1918
RILLA, PAUL: Gottfried Keller. Sein Leben in Selbstzeugnissen, Briefen und Berichten. Mit 60 Abb. im Text und auf Tafeln. Berlin 1944
SCHIBLI, EMIL: Ein Mann aus dem Volk: Das Leben Gottfried Kellers. Zürich 1949
WEBER, WERNER: Freundschaften Gottfried Kellers. Versuch über die Einsamkeit eines Genies. Erlenbach-Zürich 1952
WIESER, EDWIN: Die Frauen um Gottfried Keller. Zürich 1950

5. Würdigungen und Überblicke

ADLER, H. G.: Gottfried Keller. Großer Dichter in kleiner Zeit. In: Hochland 58/1966, H. 3, S. 219–235
ARX, WALTER VON: Gottfried Keller. Basel 1940
BENJAMIN, WALTER: Gottfried Keller. Zu Ehren einer kritischen Gesamtaus-

gabe seiner Werke. In: Benjamin, Schriften. 2 Bde. Hg. von THEODOR W. ADORNO und GRETEL ADORNO unter Mitwirkung von FRIEDRICH PODSZUS. Frankfurt a. M. 1955. Bd. 2. S. 284–296
BOESCHENSTEIN, HERMANN: Gottfried Keller: Grundzüge seines Lebens und Werkes. Bern 1948
BRAHM, OTTO: Gottfried Keller. Ein literarischer Essay. Leipzig 1883
BURGENER, LOUIS: Perspectives sur Gottfried Keller. Bienne 1945
FAESI, ROBERT: Gottfried Keller. Zürich 1942
HOFMANNSTHAL, HUGO VON: Unterhaltungen über die Schriften von Gottfried Keller. In: Hofmannsthal, Gesammelte Werke in Einzelausgaben. Prosa II. Hg. von HERBERT STEINER. Frankfurt a. M. 1951. S. 191–201
HOFMILLER, JOSEF: Gottfried Keller. In: Hofmiller, Über den Umgang mit Büchern. München 1948. S. 138–146
HUCH, RICARDA: Gottfried Keller. Berlin 1904
LUKÁCS, GEORG: Gottfried Keller. Berlin 1946 – Wiederabdrucke in: Lukács, Deutsche Realisten des 19. Jahrhunderts. Berlin 1956. S. 146–228 – Lukács, Die Grablegung des alten Deutschland. Essays zur deutschen Literatur des 19. Jahrhunderts. Ausgewählte Schriften I. Reinbek 1967 (rowohlts deutsche enzyklopädie. 276). S. 21–92
MAYNC, HARRY: Gottfried Keller. Sein Leben und seine Werke. Ein Abriß. Leipzig 1923
ROBERTSON, JOHN GEORGE: Gottfried Keller. In: Robertson, Essays and addresses on literature. London 1935. p. 62–88
ROFFLER, THOMAS: Gottfried Keller. Ein Bildnis. Frauenfeld–Leipzig 1931
SPITTELER, CARL:: Gottfried Keller. Rede zum hundertsten Geburtstag. In: Spitteler, Gesammelte Werke. Bd. 7. Zürich 1947. S. 469–482
STOESSL, OTTO: Gottfried Keller. Berlin 1921
VISCHER, FRIEDRICH THEODOR: Gottfried Keller, eine Studie. In: Vischer, Altes und Neues. 2. Heft. Stuttgart 1881. S. 135–216
WALSEMANN, EDGAR: Gottfried Keller. Wedel in Holstein 1947
ZÄCH, ALFRED: Gottfried Keller. Bern 1945
ZIEGLER, LEOPOLD: Gottfried Keller. Die Unbescholtenheit des Auges. In: Ziegler, Dreiflügelbild. Gottfried Keller, Heinrich Pestalozzi, Adalbert Stifter. München 1961. S. 9–64

6. Einflüsse und Vergleiche

ALKER, ERNST: Gottfried Keller und Adalbert Stifter. Eine vergleichende Studie. Wien 1923
ADOLF, HELEN: A mid-century duel: Gottfried Keller and Heine. In: The Germanic Review 28 (1953), p. 180–189
BÄNZINGER, HANS: Gottfried Keller und Jeremias Gotthelf. Versuch einer Gegenüberstellung. Bern–Leipzig 1943
BUSER, RITA: Gottfried Keller und Salomon Gessner. Liestal 1963
DOBIJANKA, OLGA: Gottfried Keller und Goethe. Wrocław–Warszawa–Kraków 1963
DÜNNEBIER, HANS: Gottfried Keller und Ludwig Feuerbach. Zürich 1913
ERMATINGER, EMIL: Gottfried Keller und Goethe. In: Publications of Modern Language Association 64 (1949), p. 79–97
FAESI, ROBERT: Gottfried Keller und Goethe. Brief eines Schweizers an einen deutschen Zeitgenossen. In: Jahrbuch der Goethegesellschaft 6 (1919), S. 59–81 – Wiederabdruck in: Faesi, Gestalten und Wandlungen schweizerischer Dichtung. Leipzig–Wien 1922. S. 282–303

Jaeggi, Frieda: Gottfried Keller und Carl Spitteler in ihrem geistigen Verhältnis. In: Schweizer Monatshefte 21 (1941/42), S. 536–555
Muschg, Walter: Gottfried Keller und Jeremias Gotthelf. In: Jahrbuch des Freien Deutschen Hochstifts 40 (1936/40), S. 159–198
Muschg, Walter: Gottfried Keller und Johann Peter Hebel. In: Schweizer Monatshefte 20 (1940/41), S. 542–546
Nussberger, Max: Keller und Cervantes. In: Filologu Biedribas Raksti 10 (1930), p. 49–54
Reichert, Herbert W.: A comparison of the philosophies of Schiller and Gottfried Keller. In: Monatshefte für deutschen Unterricht, deutsche Sprache und Literatur 39 (1947), S. 170–177
Seiler, Therese: Gottfried Keller und die französische Literatur. Zürich 1955
Staiger, Emil: Gottfried Keller und die Romantik. In: Neue Schweizer Rundschau N. F. 5 (1937/38), S. 561–571

7. Probleme, Motive, Strukturen

Akert, Ernst: Gottfried Kellers Weltanschauung. Seine Stellung zu den Ideen von Gott und Unsterblichkeit, zu Religion und Kirche. Bern 1942
Brandenburg, Hans: Gottfried Kellers Weltbetrachtung. In: Brandenburg, Vom reichen Herbst. Bekenntnisse zur europäischen Kunst. Stuttgart 1950. S. 39–55
Buri, Fritz: Gottfried Kellers Glaube. Ein Bekenntnis zu seinem Protestantismus. Bern 1944
Demagny, Jean-Daniel: Les idées politiques de Jeremias Gotthelf et de Gottfried Keller et leur évolution. Paris 1954
Ehrlich, Kurt: Gottfried Keller und das Recht. In: Jahresbericht der Gottfried Keller-Gesellschaft 13 (1944), S. 3–18
Ermatinger, Emil: Gottfried Keller und die Demokratie. In: Schweizer Monatshefte 20 (1940/41), S. 172–184
Ermatinger, Emil: Die Religion Gottfried Kellers. In: Tatwelt 16 (1940), S. 67–80
Fränkel, Jonas: Gottfried Kellers politische Sendung. Zürich 1939
Mühlestein, Hans: Gottfried Keller und der polnische Freiheitskampf 1863–1865. Basel 1937
Reichert, Herbert W.: Basic concepts in the philosophy of Gottfried Keller. Chapel Hill 1949
Rölli, Willy: Das Bild des Volkes bei Gottfried Keller. Winterthur 1960
Schaffner, Paul: Gottfried Keller als Maler. Mit 60 Abb. Stuttgart 1923
Schmid, Martin: Gottfried Keller als Erzieher. Frauenfeld–Leipzig 1938
Wohlhaupter, Eugen: Gottfried Keller als Dichterjurist. In: Kunst und Recht. Festgabe für Hans Fehr. Karlsruhe 1948. S. 143–219
Zollinger-Wells, Werner: Gottfried Kellers Religiosität. Zürich–Stuttgart 1954

Allemann, Beda: Gottfried Keller und das Skurrile. Eine Grenzbestimmung seines Humors. In: Jahresbericht der Gottfried Keller-Gesellschaft 28 (1959), S. 1–16
Bollinger, Bruno: Mensch und Landschaft. Eine Studie zu den Werken Gottfried Kellers. Aarau 1961
Cowen, Roy C.: More about Gottfried Keller's concept of time. In: The Modern Language Review 58 (1963), p. 537–540
Demeter, Hildegard: Gottfried Kellers Humor. Berlin 1938

FEHR, KARL: Leben und Tod bei Gottfried Keller. In: Schweizer Monatshefte 30 (1950/51), S. 565–580
FEHR, KARL: Der Realismus in der schweizerischen Literatur. Bern–München 1965
[Darin über Kellers Realismus, passim.]
FEISE, ERNST: Vom Leben und Tod bei Conrad Ferdinand Meyer und Gottfried Keller. In: Monatshefte für deutschen Unterricht, deutsche Sprache und Literatur 45 (1953), S. 181–188
FLEISSNER, ELSE M.: Die künstlerische Bedeutung des Zufalls bei Gottfried Keller. In: The Germanic Review 17 (1942), p. 261–272
FLEISSNER, O. S.: Bilder und Gleichnisse in Gottfried Kellers Prosawerken. In: Publications of Modern Language Association 55 (1940), p. 484–510
HAHN, WALTHER: The motif of light in Gottfried Keller's prose works. In: Kentucky Foreign Language Quarterly 11 (1964), p. 86–100
HAHN, WALTHER: The motif of play in Gottfried Keller's Novellen. In: The German Quarterly 34 (1961), p. 50–57
HAUSER, ALBERT: Gottfried Keller. Geburt und Zerfall der dichterischen Welt. Zürich 1959
JENNINGS, L. B.: Gottfried Keller and the grotesque. In: Monatshefte für deutschen Unterricht, deutsche Sprache und Literatur 50 (1958), S. 9–20
KAISER, MICHAEL: Literatursoziologische Studien zu Gottfried Kellers Dichtung. Bonn 1965
KAYSER, WOLFGANG: Das Groteske. Seine Gestaltung in Malerei und Dichtung. Oldenburg und Hamburg 1957 – Neuausg. u. d. T.: Das Groteske in Malerei und Dichtung. Reinbek 1960 (rowohlts deutsche enzyklopädie. 107)
[Darin über das Groteske in Kellers Dichtung, passim.]
LIONEL, THOMAS: The prose fiction of Gottfried Keller (1819–1890). In: Proceedings of the Leeds Philosophical and Literary Society. Literary and Historical Section 12 (1966), part 1, p. 1–22
LOCHER, KASPAR T.: Gottfried Keller and the fate of the epigone. In: The Germanic Review 35 (1960), p. 164–184
NEIS, EDGAR: Romantik und Realismus in Gottfried Kellers Prosawerken. Berlin 1930
PREISENDANZ, WOLFGANG: Gottfried Keller. In: Preisendanz, Humor als dichterische Einbildungskraft. Studien zur Erzählkunst des poetischen Realismus. München 1963. S. 143–213
REIS, KURT: Die zweiheitliche Ordnung im Aufbaustil Gottfried Kellers. Vorstellung einer neuen stilistischen Betrachtungsweise. Köln 1957
REMAK, HENRY H. H.: Theorie und Praxis der Novelle: Gottfried Keller. In: Stoffe, Formen, Strukturen. Studien zur deutschen Literatur. Hg. von ALBERT FUCHS und HELMUT MOTEKAT. H. H. Borcherdt zum 75. Geburtstag. 14. August 1962. München 1962. S. 424–439
RITZLER, PAULA: Das Außergewöhnliche und das Bestehende in Gottfried Kellers Novellen. In: Deutsche Vierteljahrsschrift für Literaturwissenschaft und Geistesgeschichte 28 (1954), S. 373–383
STAIGER, EMIL: Die ruhende Zeit. In: Staiger, Die Zeit als Einbildungskraft des Dichters. Zürich ²1953. S. 159–210
[Untersuchungen zu Zeitgestaltung und Humor bei Keller.]
WALZEL, OSKAR: Gottfried Kellers Humor. In: Germanisch-Romanische Monatsschrift 18 (1930), S. 188–198
WEHRLI, MAX: Gottfried Kellers Verhältnis zum eigenen Schaffen. Bern 1965
WILDBOLZ, RUDOLF: Gottfried Kellers Menschenbild. Bern–München 1964

ALTWEGG, WILHELM: Gottfried Kellers Verskunst. In: Jahresbericht der Gottfried Keller-Gesellschaft 10 (1941), S. 3–18
BÖCKMANN, PAUL: Deutsche Lyrik im 19. Jahrhundert. In: Formkräfte der deutschen Dichtung vom Barock bis zur Gegenwart. Vorträge gehalten im deutschen Haus, Paris 1961/62. Göttingen 1963. S. 165–186 [Darin eine Interpretation von Kellers «Abendlied», S. 182 f.]
COWEN, ROY CHADWELL: The significance of Gottfried Keller's poem «An Lenau». In: Symposium 19 (1965), S. 325–358
FRÄNKEL, JONAS: Gottfried Kellers «Liebesspiegel». In: Corona 6 (1936), S. 473–493
FRÄNKEL, JONAS: Das lyrische Werk Gottfried Kellers. In: Fränkel, Dichtung und Wissenschaft. Heidelberg 1954. S. 84–95
GESSLER, LUZIUS: Lebendig begraben. Studien zur Lyrik des jungen Gottfried Keller. Bern 1964
GOES, ALBRECHT: «Du milchjunger Knabe». (Interpretation.) In: Goes, Freude am Gedicht. Frankfurt a. M. 1952. S. 25–31
HÖLLERER, WALTER: Gottfried Keller: Die Zeit geht nicht. In: Die deutsche Lyrik. Form und Geschichte. Hg. von BENNO VON WIESE. Bd. 2. Düsseldorf 1962. S. 201–216
Gottfried Keller. Ausgewählte Gedichte. Hg. von WALTER MUSCHG. Bern 1956 [Darin S. 11–40: Vorwort von WALTER MUSCHG.]
KORRODI, EDUARD: Gottfried Keller. Ein deutscher Lyriker. Leipzig 1911
LOCHER, KASPAR T.: Über Wahrheit und Wirklichkeit in Kellers Frühlyrik. Zwei Fassungen eines frühen Gedichtes. In: Deutsche Vierteljahrsschrift für Literaturwissenschaft und Geistesgeschichte 31 (1957), S. 509–526
REDENBACHER, FRITZ: Gottfried Kellers religiös-lyrisches Erlebnis. In: Deutsche Vierteljahrsschrift für Literaturwissenschaft und Geistesgeschichte 8 (1930), S. 717–752
STRICH, FRITZ: Gottfried Kellers Gedicht «Die kleine Passion». In: Neue Schweizer Rundschau N. F. 20 (1952/53), S. 176–182
WALDEN, HELEN: Gottfried Keller's «Apotheker von Chamounix». In: The German Quarterly 11 (1938), p. 21–28
WIESER, THEODOR: Das Baumsymbol bei Gottfried Keller. In: Euphorion 54 (1960), S. 109–120

PREITZ, MAX: Gottfried Kellers dramatische Bestrebungen. Marburg 1909
SAXER, JOHANN ULRICH: Gottfried Kellers Bemühungen um das Theater. Ein Beitrag zur Problematik des deutschen Theaters im späteren 19. Jahrhundert. Winterthur 1957
WEBER-KELLERMANN, J.: Volkstheater und Nationalfestspiel bei Gottfried Keller. In: Deutsches Jahrbuch für Volkskunde 3 (1957), S. 145–168

DÜRST, ALEXANDER: Die lyrischen Vorstufen des «Grünen Heinrich». Bern 1955
FÜRST, NORBERT: The conclusion of Keller's Grüner Heinrich. In: Modern Language Notes 55 (1940), p. 285–289
FÜRST, NORBERT: The structure of «L'éducation sentimentale» and «Der grüne Heinrich». In: Publications of Modern Language Association 56 (1941), p. 249–260
HEESCH, KÄTHE: Gottfried Kellers «Grüner Heinrich» als Bildungsroman des deutschen Realismus. (Unter Zugrundelegung der 2. Fassung des Romans.) Hamburg 1939

Hofmiller, Josef: Der Ur-Heinrich. In: Hofmiller, Über den Umgang mit Büchern. München 1948. S. 146–156

Müller, Günter: Aufbauformen des Romans, dargestellt an den Entwicklungsromanen Gottfried Kellers und Adalbert Stifters. In: Neophilologus 37 (1953), S. 1–14

Otto, Ernst: Die Philosophie Feuerbachs in Gottfried Kellers Roman «Der grüne Heinrich». In: Zeitschrift für deutsche Literaturgeschichte 6 (1960), S. 76–111

Pascal, Roy: Gottfried Keller – Green Heinrich. In: Pascal, The German Novel. Studies. Manchester 1956. p. 30–51

Preisendanz, Wolfgang: Keller. Der grüne Heinrich. In: Der deutsche Roman. Vom Barock bis zur Gegenwart. Struktur und Geschichte. Hg. von Benno von Wiese. Bd. 2. Düsseldorf 1963. S. 76–127

Rilla, Paul: Gottfried Keller und der Grüne Heinrich. In: Rilla, Essays. Kritische Beiträge zur Literatur. Berlin 1955. S. 51–108

Romberg, Bertil: Der grüne Heinrich. In: Romberg, Studies in the narrative technique of the first-person-novel. Stockholm 1962. p. 237–275

Stolte, Heinz: Gottfried Keller und sein «Grüner Heinrich». Gotha 1948

Waldhausen, Agnes: Gottfried Kellers Grüner Heinrich in seinen Beziehungen zu Goethes Dichtung und Wahrheit. In: Euphorion 16 (1909), S. 471–497

Würtenberger, Thomas: Rechtsphilosophie in Gottfried Kellers «Grünem Heinrich». In: Festschrift Guido Kisch. Rechtshistorische Forschungen. Stuttgart 1955. S. 283–309

Atkins, Stuart: Vestis virum reddit. (Gottfried Keller's «Kleider machen Leute».) In: Monatshefte für deutschen Unterricht, deutsche Sprache und Literatur 36 (1944), S. 95–102

Behrend, Fritz: Gottfried Kellers «Verlorenes Lachen». In: Behrend, Deutsche Studien 2. Berlin 1937. S. 100–109

Feise, Ernst: Gottfried Kellers «Romeo und Julia» und Stifters «Brigitta», Aufbau und Gehalt. In: Feise, Xenion. Baltimore 1950. p. 153–179

Fife, Hildegard W.: Keller's dark fiddler in the 19th century symbolism of evil. In: German Life and Letters 16 (1962/63), p. 117–127

Gonzenbach, Hans: Gottfried Kellers «Romeo und Julia auf dem Dorfe». Untersuchungen zum Wesen des Sprachkunstwerks und zu Kellers Weltbild. St. Gallen 1949

Hahn, Walther: Gottfried Keller's Verlorenes Lachen. In: The Modern Language Quarterly 22 (1961), p. 323–332

Höllerer, Walter: Gottfried Kellers «Leute von Seldwyla» als Spiegel einer geistesgeschichtlichen Wende. Diss. Erlangen 1949 [Masch.]

Ihlenfeld, Kurt: Jucundus und die Religion. In: Eckart 17 (1941), S. 294–300

Kuh, Emil: Die Leute von Seldwyla. Erzählungen von Gottfried Keller. (1874.) In: Kuh, Kritische und literarhistorische Aufsätze. In Auswahl hg. und eingel. von Alfred Schaer. Wien 1910. S. 361–375

Kultermann, U.: Bildformen in Kellers Novelle Romeo und Julia auf dem Dorfe. In: Der Deutschunterricht 8/1956, H. 3, S. 86–100

McCormick, E. Allen: The idylls in Keller's «Romeo und Julia». A study in ambivalence. In: The German Quarterly 35 (1962), p. 265–279

McHale, John L.: Die Form der Novellen «Die Leute von Seldwyla» von Gottfried Keller und der «Schwarzwälder Dorfgeschichten» von Berthold Auerbach. Bern 1957

Phelps, Reginald H.: Keller's technique of composition in «Romeo und Julia auf dem Dorfe». In: The Germanic Review 24 (1949), p. 34–51

Pregel, Dietrich: Das Kuriose, Komische und Groteske in Kellers Novelle «Die drei gerechten Kammacher». In: Wirkendes Wort 13 (1963), S. 331–345
Rehder, Helmut: Romeo und Julia auf dem Dorfe. An analysis. In: Monatshefte für deutschen Unterricht, deutsche Sprache und Literatur 35 (1943), S. 416–434
Richter, Hans: Einsatz und Anfangshöhe der Kellerschen Novellistik. In: Zeitschrift für deutsche Literaturgeschichte 4 (1958), S. 172–201
Richter, Hans: Gottfried Kellers frühe Novellen. Berlin 1960
Rowley, Brian Alan: Keller: Kleider machen Leute. London 1960
Silz, Walter: Keller. «Romeo und Julia». In: Silz, Realism and Reality. Studies in the German novelle of Poetic Realism. Chapel Hill 1954. p. 79–93
Silz, Walter: Motivation in Keller's «Romeo und Julia». In: The German Quarterly 8 (1935), p. 1–11
Wiese, Benno von: Gottfried Keller. Kleider machen Leute. In: Wiese, Die deutsche Novelle von Goethe bis Kafka. Düsseldorf 1956. S. 238–249
Wölken, F.: Gottfried Keller's «Pankraz der Schmoller». In: The Modern Language Review 30 (1935), p. 324–333

Bettschart, Oscar: Gottfried Kellers «Sieben Legenden». Eine Untersuchung. Freiburg (Schweiz) 1947
Goldammer, Peter: Ludwig Feuerbach und die «Sieben Legenden» Gottfried Kellers. In: Zeitschrift für deutsche Literaturgeschichte 4 (1958), S. 311–325
Henkel, Arthur: Gottfried Kellers «Tanzlegendchen». In: Germanisch-Romanische Monatsschrift 37, N. F. 6/1956, S. 1–15
Kürnberger, Ferdinand: Gottfried Kellers «Sieben Legenden». Juli 1872. In: Kürnberger, Literarische Herzenssachen. Reflexionen und Kritiken. Wien 1877. S. 239–254 – Wiederabdruck in: Meisterwerke deutscher Literaturkritik. Hg. von Hans Mayer. Bd. 2,I. Berlin 1956. S. 713–725
Reichert, Karl: Die Entstehung der Sieben Legenden von Gottfried Keller. In: Euphorion 57 (1963), S. 97–131
Reusse, Walter: Gottfried Kellers «Sieben Legenden». In: Der Deutschunterricht 15/1963, H. 4, S. 104–120
Wiesmann, Louis: Gottfried Kellers Sieben Legenden. In: Schweizer Monatshefte 39 (1959/60), S. 1201–1215
Wohlfahrt, Paul: Die Bildersprache in Gottfried Kellers «Sieben Legenden». In: Muttersprache Jg. 1952, S. 273–280

Bender, Elisabeth H.: The portrayal of the Swiss anabaptists in Gottfried Keller's Ursula. In: Mennonite Quarterly Review 17 (1944), S. 136–150
Gottfried Keller. Der Landvogt von Greifensee. Edited by Barker Fairly. Oxford 1948
[Darin p. VII–XX: Introduction von Barker Fairly.]
Reichert, Karl: Die Entstehung der «Zürcher Novellen» von Gottfried Keller. In: Zeitschrift für deutsche Philologie 82 (1963), S. 471–500
Reichert, Karl: Die Zeitebenen der historischen Dichtung. Dargestellt am Beispiel einer Interpretation von Gottfried Kellers «Zürcher Novellen». In: Deutsche Vierteljahrsschrift für Literaturwissenschaft und Geistesgeschichte 36 (1962), S. 356–382
Wiese, Benno von: Gottfried Keller: Der Landvogt von Greifensee. In: Wiese, Die deutsche Novelle von Goethe bis Kafka. Interpretationen. Bd. 2. Düsseldorf 1962. S. 149–175

ELEMA, J.: Gottfried Kellers «Regine». In: Neophilologus 33 (1949), S. 94–103
KRAMER, PRISCILLA M.: The cyclical method of composition in Gottfried Keller's «Sinngedicht». New York 1939
PETRICONI, HELLMUTH: «Le Sopha» von Crébillon d. J. und Kellers «Sinngedicht». In: Romanische Forschungen 62 (1950), S. 350–384
PREISENDANZ, WOLFGANG: Gottfried Kellers «Sinngedicht». In: Zeitschrift für Deutsche Philologie 82 (1963), S. 129–151
REICHERT, KARL: Gottfried Kellers «Sinngedicht»-Entstehung und Struktur. In: Germanisch-Romanische Monatsschrift 45, N. F. 14/1964, S. 77–101

GROLMANN, ADOLF VON: Gottfried Keller – «Martin Salander». In: Grolmann, Europäische Dichterprofile. 1. Reihe. Düsseldorf 1947. S. 93–106
KOHLSCHMIDT, WERNER: LOUIS Wohlwend und Niggi Ju. Eine vergleichende Studie zum Zeitgeistmotiv bei Keller und Gotthelf. In: Kohlschmidt, Dichter, Tradition und Zeitgeist. Gesammelte Studien zur Literaturgeschichte. Bern–München 1965. S. 309–321
MERKEL-NIPPERDEY, MARGARETE: Gottfried Kellers «Martin Salander». Untersuchungen zur Struktur des Zeitromans. Göttingen 1959
RITCHIE, J. M.: The place of «Martin Salander» in Gottfried Keller's evolution as a prose writer. In: The Modern Language Review 52 (1957), p. 214–222

9. Wirkungsgeschichte

ANDREWS, JOHN S.: The Reception of Gottfried Keller in Victorian England. In: Proceedings of the Leeds Philosophical and Literary Society. Literary and Historical Section 9 (1963), part 4, p. 167–185
ERNST, FRITZ: Gottfried Kellers Ruhm. In: Ernst, Bild und Gestalt. Aufsätze zur Literatur. Bern–Stuttgart 1963. S. 35–51

NAMENREGISTER

Die kursiv gesetzten Zahlen bezeichnen die Abbildungen

QUELLENNACHWEIS DER ABBILDUNGEN

Archiv für Kunst und Geschichte: 48, 126 / Aus: Herbert Eulenberg, Die Familie Feuerbach in Bildnissen (Stuttgart 1924): 50 / Helga Schmidt-Glassner, Stuttgart: 52 / Aus: Heidelberg im Bild dreier Jahrhunderte, nach 42 zeitgenössischen Originalen alter Meister. Heidelberg, 1945: 57 / Staatsbibliothek Berlin, Bildarchiv (Handke): 59, 66, 67, 148 / Ullstein-Bilderdienst, Berlin: 61, 150 / Aus: Paul Schaffner, Gottfried-Keller-Bildnisse (Zürich 1942): 108 / Aus: Paul Schaffner, Gottfried Keller als Maler (Stuttgart und Berlin): 140, 143 / Aus: Aus Gottfried Kellers glücklichster Zeit. Der Dichter im Briefwechsel mit Marie und Adolf Exner (Wien 1927): 141, 142 / Aus: Fritz von Ostini, Böcklin (Bielefeld und Leipzig 1909): 156

Alle anderen Bildvorlagen stammen aus dem Gottfried-Keller-Nachlaß, der in der Zentralbibliothek Zürich aufbewahrt wird. Wir danken der Nachlaßverwaltung für die Erlaubnis zur Wiedergabe.

rowohlts monographien

IN SELBSTZEUGNISSEN UND BILDDOKUMENTEN HERAUSGEGEBEN VON KURT KUSENBERG

NOVALIS / Gerhard Schulz [154]

POE / Walter Lennig [32]

PROUST / Claude Mauriac [15]

RAABE / Hans Oppermann [165]

RILKE / Hans Egon Holthusen [22]

ERNST ROWOHLT / Paul Mayer [139]

SAINT-EXUPÉRY / Luc Estang [4]

SARTRE / Walter Biemel [87]

SCHILLER / Friedrich Burschell [14]

F. SCHLEGEL / Ernst Behler [123]

SCHNITZLER / Hartmut Scheible [235]

SHAKESPEARE / Jean Paris [2]

G. B. SHAW / Hermann Stresau [59]

SOLSCHENIZYN / R. Neumann-Hoditz [210]

STIFTER / Urban Roedl [86]

STORM / Hartmut Vinçon [186]

DYLAN THOMAS / Bill Read [143]

LEV TOLSTOJ / Janko Lavrin [57]

TRAKL / Otto Basil [106]

TUCHOLSKY / Klaus-Peter Schulz [31]

MARK TWAIN / Thomas Ayck [211]

WALTHER VON DER VOGELWEIDE / Hans-Uwe Rump [209]

WEDEKIND / Günter Seehaus [213]

OSCAR WILDE / Peter Funke [148]

PHILOSOPHIE

ENGELS / Helmut Hirsch [142]

ERASMUS VON ROTTERDAM / Anton J. Gail [214]

GANDHI / Heimo Rau [172]

HEGEL / Franz Wiedmann [110]

HEIDEGGER / Walter Biemel [200]

HERDER / Friedr. W. Kantzenbach [164]

HORKHEIMER / Helmut Gumnior u. Rudolf Ringguth [208]

JASPERS / Hans Saner [169]

KANT / Uwe Schultz [101]

KIERKEGAARD / Peter P. Rohde [28]

GEORG LUKÁCS / Fritz J. Raddatz [193]

MARX / Werner Blumenberg [76]

NIETZSCHE / Ivo Frenzel [115]

PASCAL / Albert Béguin [26]

PLATON / Gottfried Martin [150]

ROUSSEAU / Georg Holmsten [191]

SCHLEIERMACHER / Friedrich Wilhelm Kantzenbach [126]

SCHOPENHAUER / Walter Abendroth [133]

SOKRATES / Gottfried Martin [128]

SPINOZA / Theun de Vries [171]

RUDOLF STEINER / J. Hemleben [79]

VOLTAIRE / Georg Holmsten [173]

SIMONE WEIL / A. Krogmann [166]

RELIGION

SRI AUROBINDO / Otto Wolff [121]

KARL BARTH / Karl Kupisch [174]

JAKOB BÖHME / Gerhard Wehr [179]

BONHOEFFER / Eberhard Bethge [236

MARTIN BUBER / Gerhard Wehr [147]

BUDDHA / Maurice Percheron [12]

EVANGELIST JOHANNES / Johannes Hemleben [194]

FRANZ VON ASSISI / Ivan Gobry [16]

JESUS / David Flusser [140]

LUTHER / Hanns Lilje [98]

MÜNTZER / Gerhard Wehr [188]

PAULUS / Claude Tresmontant [23]

TEILHARD DE CHARDIN / Johannes Hemleben [116]

GESCHICHTE

ADENAUER / Gösta von Uexküll [234]

ALEXANDER DER GROSSE / Gerhard Wirth [203]

BAKUNIN / Justus Franz Wittkop [218]

BEBEL / Helmut Hirsch [196]

BISMARCK / Wilhelm Mommsen [122]

WILLY BRANDT / Carola Stern [232]

CAESAR / Hans Oppermann [135]

CHURCHILL / Sebastian Haffner [129]

FRIEDRICH II. / Georg Holmsten [159]

FRIEDRICH II. VON HOHENSTAUFEN / Herbert Nette [222]

CHE GUEVARA / Elmar May [207]

GUTENBERG / Helmut Presser [134]

HO TSCHI MINH / Reinhold Neumann-Hoditz [182]

W. VON HUMBOLDT / Peter Berglar [161]

KARL DER GROSSE / Wolfgang Braunfels [187]

LASSALLE / Gösta v. Uexküll [212]

LENIN / Hermann Weber [168]
LUXEMBURG / Helmut Hirsch [158]
MAO TSE-TUNG / Tilemann Grimm [141]
NAPOLEON / André Maurois [112]
RATHENAU / Harry Wilde [180]
SCHUMACHER / H. G. Ritzel [184]
STALIN / Maximilien Rubel [224]
FREIHERR VOM STEIN / Georg Holmsten [227]
THÄLMANN / Hannes Heer [230]
TITO / Gottfried Prunkl u. Axel Rühle [199]
TROTZKI / Harry Wilde [157]

PÄDAGOGIK

PESTALOZZI / Max Liedtke [138]

NATURWISSENSCHAFT

DARWIN / Johannes Hemleben [137]
EINSTEIN / Johannes Wickert [162]
GALILEI / Johannes Hemleben [156]
OTTO HAHN / Ernst H. Berninger [204]
A. VON HUMBOLDT / Adolf Meyer-Abich [131]
KEPLER / Johannes Hemleben [183]
MAX PLANCK / Armin Hermann [198]

MEDIZIN

ALFRED ADLER / Josef Rattner [189]
FREUD / Octave Mannoni [178]
C. G. JUNG / Gerhard Wehr [152]
PARACELSUS / Ernst Kaiser [149]

KUNST

DÜRER / Franz Winzinger [177]
VAN GOGH / Herbert Frank [239]
MAX ERNST / Lothar Fischer [151]
KLEE / Carola Giedion-Welcker [52]
LEONARDO DA VINCI / Kenneth Clark [153]
MICHELANGELO / Heinrich Koch [124]
PICASSO / Wilfried Wiegand [205]

MUSIK

BACH / Luc-André Marcel [83]
BARTÓK / Everett Helm [107]
BEETHOVEN / F. Zobeley [103]
ALBAN BERG / Volker Scherliess [225]
BRAHMS / Hans A. Neunzig [197]
BRUCKNER / Karl Grebe [190]
CHOPIN / Camille Bourniquel [25]
DVOŘÁK / Kurt Honolka [220]
HÄNDEL / Richard Friedenthal [36]
HAYDN / Pierre Barbaud [49]
LISZT / Everett Helm [185]
MAHLER / Wolfgang Schreiber [181]
MENDELSSOHN BARTHOLDY / Hans Christoph Worbs [215]
MOZART / Aloys Greither [77]
OFFENBACH / Walter Jacob [155]
REGER / Helmut Wirth [206]
SCHÖNBERG / Eberhard Freitag [202]
SCHUBERT / Marcel Schneider [19]
SCHUMANN / André Boucourechliev [6]
R. STRAUSS / Walter Deppisch [146]
TELEMANN / Karl Grebe [170]
VERDI / Hans Kühner [64]
WAGNER / Hans Mayer [29]
WEBERN / Hanspeter Krellmann [229]

THEATER / FILM

CHAPLIN / Wolfram Tichy [219]
EISENSTERN / Eckhard Weise [233]
PISCATOR / Heinrich Goertz [221]
MAX REINHARDT / Leonhard M. Fiedler [228]